Peter K. Reichartz

S.

oder **der Mann im Schatten**

D1731813

edition winterwork

Bibliografische Informationen der Deutschen Nationalbibliothek:
Die Deutsche Nationalbibliothek verzeichnet diese Publikation in
der Deutschen Nationalbibliografie. Detaillierte bibliografische Da-
ten im Internet über http://www.d-nb.de abrufbar.

Bildnachweis (Cover):

Niccoló Tornioli (1598 – 1651), La Carita Romana, Galleria Spada,
Rom, mit freundlicher Genehmigung des Archivio Fotografico,
Soprintendenza SPSAE e per il Polo Museale della Cittá di Roma.

Impressum

Peter K. Reichartz, »S. oder der Mann im Schatten«
www.edition-winterwork.de
© 2014 edition winterwork
Alle Rechte vorbehalten.
Satz: Peter K. Reichartz
Umschlag: edition winterwork
Druck und Bindung: winterwork Borsdorf

ISBN 978-3-86468-655-9

Peter K. Reichartz

S.

oder

der Mann

im Schatten

Chronik einer sizilianischen Reise

edition winterwork

Für S.

Wieder einmal fand sich der Fürst einem sizilianischen Rätsel gegenüber; auf dieser das Verborgene liebenden Insel, wo die Häuser verrammelt sind und die Bauern behaupten, sie kennten den Weg nicht, der zu dem Dorf führt, in dem sie wohnen - auf dieser Insel ist, trotz des offensichtlichen Überflusses an Geheimnisvollem, die Zurückhaltung ein Mythos.

Giuseppe Tomasi di Lampedusa, Der Leopard

Niemand konnte damals ahnen, dass die Geschichte so dramatisch enden würde. Es muss sie überrascht haben, dass er noch einmal zurückkam. Nach allem, was man weiß, wollte er nur noch eine Frage stellen. Eine winzige Frage. Eine Frage nach der Bedeutung eines einzigen Buchstabens. Er wollte nur die unbedingte Gewissheit, wer oder was sich dahinter verbarg.

Das alles war für niemanden vorhersehbar. Und der Tod des anderen schon gar nicht. Trotz allem wäre es falsch, wenn ich sagen würde, mich hätte dessen plötzliches Ende überrascht. Er hatte die Spielregeln seiner Existenz außer Kraft gesetzt. Neben ihm lag ein Füllfederhalter mit vergoldeter Kappe und in der Tasche seines Sakkos fand sich eine leere Patronenhülse. Wahrscheinlich ein Talisman.

Ich bin dorthin zurückgekehrt, wo alles geschah. Wir haben für zwei Wochen die gleiche Wohnung bezogen und alle Orte noch einmal aufgesucht. Es hatte sich nur wenig geändert. Das Hotel in Syrakus hat einen anderen Namen und Caravaggios Bild hängt wieder in der Kirche der heiligen Lucia. Natürlich hatte die Pension in Pachino neue Besitzer. Und die alte Sommervilla? Sie ist seit Jahren ein Museum.

Nur der sizilianische Himmel war genau so. Die wenigen verwehten Wolken und der tiefe, abgrundtiefe blaue Raum.

Vor etwa 15 Monaten erhielt ich ein dünnes Briefpaket mit handgeschriebenen Notizen und Erinnerungen, mit Skizzen und drei heraus getrennten Seiten aus einem Reisetagebuch. Ein Kalenderblatt mit einem angekreuzten Datum: 12. April 2004. Und zuunterst lagen romanhafte Fragmente. Der Absender fehlte. Ein kleiner Zettel lag bei, mit einem einzigen kargen Satz: Vielleicht könnten die Aufzeichnungen helfen, die Wahrheit zu finden, warum und wieso alles geschah. Beim Durchblättern wurde ich unversehens in Geschehnisse zurückversetzt, die ich längst vergessen. – Ich hatte sie verdrängt. Jedes Blatt war wie ein verlorenes Puzzlestück zu einem unfertigen Mosaik und jedes enthielt die geheime Aufforderung, die weißen Stellen auszufüllen und alles noch einmal nachzuzeichnen. Wenn nicht die Wahrheit, so doch ihre Umrisse, einen Entwurf ihrer Gestalt oder ein erinnertes Gesicht von ihr.

Die meisten Personen waren wie vom Erdboden verschwunden. Zufallsbegegnungen, die von der Zeit weggespült worden sind. Und einige, die ich fand, erinnerten sich an nichts oder wollten sich an nichts erinnern. Es sei ja nur eine Episode gewesen, und nicht einmal das.

Alles spricht dafür, dass die Reise genauso stattgefunden hat. Natürlich musste ich das ein oder andere ergänzen und einiges konnte ich nur vermuten. Immerhin ist es 22 Jahre her. Um bei der Wahrheit zu bleiben: Einige skizzenhafte Stücke aus dem Briefpaket kamen mir fremd vor und ohne Zusammenhang – bis ich verstand. Ich habe sie in Kursivschrift eingefügt. Manches, was geschah, konnte ich nicht zuordnen, oder es geschah gleichzeitig, an verschiedenen Orten, und doch wohl nicht unabhängig voneinander. Ich habe es dennoch aufgenommen.

Aber ich will nicht verschweigen, dass es auch meine Geschichte ist. Weil ich von Anfang an dabei war. Ich hätte es wissen können. Der Nachthimmel hatte am Rand diesen hauchfeinen Riss. Es war ein Zeichen. Sie sagte, es sei der Rest eines Kondensstreifens oder die Spur eines Sputniks. Und manchmal kreuzten sich ihre Bahnen. Ich wollte ihr damals nicht widersprechen, aber ich wusste es besser.

Auslöser war ein gewisser Niccoló Tornioli. Jedenfalls hatte ich vorher noch nie etwas von ihm gehört. Ein Maler, der vor etwa 350 Jahren in Rom gestorben war und den die Kunstgeschichte fast vergessen hatte. Und natürlich kannte fast niemand seine Bilder. Drei seiner Gemälde waren 1945 verschollen. Eines, die *Madonna mit Kind und Engel*, war am Ende des Krieges in Berlin aus der italienischen Botschaft verschwunden. Es gab nur diese vergilbte, alte Schwarzweiß-Fotografie. Von den beiden anderen wusste niemand etwas.

Eigentlich wollten wir nur herausfinden, wie alles eingefädelt wurde. Und ob und wo die alten Bilder wieder ans Licht kommen würden. Dann gab es diesen Anruf. Er kam aus Syrakus. Es gebe da einen Schattenmann. Ja, einen Schattenmann. Zuviel sei noch nebulös. Dafür brauche man einen Köder. – Ich habe mich später gefragt, ob der Plan nicht zu riskant war. Aber ein großes Spiel gewinnt man nur mit großem Risiko. Und wer verliert, muss bezahlen.

Zwei Gemälde sind seinerzeit wieder aufgetaucht und hängen seit langem an ihrem alten Ort. Hier, in der alten sizilianischen Sommervilla, befinden sich zwei sogenannte Originalkopien. So nannte er sie ... Doch ich will dem Ende nicht vorgreifen. Die Chronik einer Reise beginnt man am besten mit dem Anfang, auch weil alles, bereits mit dem ersten Tag, einen unerwarteten Verlauf nahm ...

Samstag, 3. April 1982

Das tiefe Blau des Himmels täuschte. Starke Turbulenzen hatten das Flugzeug beim Landeanflug kräftig durchgeschüttelt. Irgendein übellauniger Luftgott musste in großer Höhe sein Unwesen treiben. Er schlug mit seinen Armen und Fäusten durch das wolkenlose Blau und hinterließ im Himmel über Sizilien unsichtbare Löcher und Beulen. Im Flugzeug hatte sich, so schien es, eine gespannte Stille ausgebreitet, die auf etwas Unbestimmtes wartete.

Plötzlich, als hätte eine Laune mit dem Riesenvogel gespielt, sackte das Flugzeug nach links und aus zwei Gepäckablagen fielen Kleidungsstücke und Taschen heraus. Ein schwarzer Aktenkoffer war aufgesprungen und sein Inhalt lag wie ein großer, aufgeschlagener Papierfächer auf dem Mittelgang. Als habe er allzu lange der Schwerkraft widerstanden, fiel in einem Salto ein breitkrempiger Hut herunter und auf den Flügeln eines winzigen Luftzugs segelte ein Notizblatt auf den Boden. Niemand tat etwas. Nur ein Mann, sonnengebräunt und mit dichtem dunklem Haar, erhob sich plötzlich aus seinem Sitz und bemühte sich rasch um die herumliegenden Papiere. Dann griff er nach einem grauen Jackett mit Nadelstreifen, und schon war er wieder hinter den hohen Rückenlehnen verschwunden.

Der Hut und das handgeschriebene Notizblatt lagen vergessen wenige Meter von Heiner Richter entfernt, bis die rotblonde Stewardess sich erbarmte, von vorne durch den Gang hangelte und Blatt und Hut in eine ausgestreckte Hand drückte, die hinter einem Sitz hervorstieß.

Heiner Richter saß aufrecht in seinem Sitz und umfasste die Armlehnen mit seinen Händen. Es war ihm nicht anzusehen, ob er das alles wahrgenommen hatte, jedenfalls hatte er längst die Zeitung beiseite gelegt und verbarg seine elende Flugangst hinter einem gleichgültigen Gesicht.

Erneut sackte das Flugzeug durch. Es war dieser lange, luftleere Moment zwischen Schweben und Fallen. Er kämpfte gegen das aufkommende panische Gefühl. Sein ganzer Körper spürte das nach unten drückende Gewicht, und es ging ihm besser, wenn er den Atem anhielt und die Augen schloss. Er dachte an nichts. An gar nichts. Vielleicht an den lieben Gott. Bei jedem Flug war sein Leben eigentlich vorbei. 35 Jahre, das war verdammt wenig. – Einfach die Gedanken ausschalten, als könnte die Leere in seinem Kopf ihn und seine Angst narkotisieren. Er spürte nichts. Nicht einmal das leise Zittern, das durch den Rumpf des Flugzeuges lief.

Die Landung war weich, so weich, dass er den ersten Bodenkontakt nicht wahrnahm. Erst das lange, viel zu lange Ausrollen des Flugzeugs befreite ihn aus seiner Starre. Durch das Fenster fiel sein Blick auf die großen Leuchtbuchstaben: *Catania*. Seine Fäuste waren weiß.

„Hoffentlich gibt es einen Bus direkt zum Bahnhof ", hörte er Gregors Stimme sagen, „ ... sonst nehmen wir ein Taxi." Gregor Baier war seiner Zeit schon voraus, und er entschied immer schon, bevor sich die Dinge zuspitzten.

„Busse fallen nicht vom Himmel", sagte Sofie mit einer Prise sanfter Ironie. Sofie Krapp stand bereits im Mittelgang, lächelte Heiner mit ihren grünen Augen an und wischte sich mit einer leichten Geste die blonden Haare aus ihrem Gesicht. Heiner saugte alles ein. Er sagte nichts. Was sollte er jetzt auch sagen. Der neue Pagenschnitt steht ihr gut, dachte er.

Es war dieses verräterische Lächeln, das ihn beruhigen sollte. Und es war ihm so unangenehm, dass sie in diesem Moment so viel stärker war als er. Annette, seit einem Jahr mit Gregor verheiratet, lachte etwas zu laut. Beide standen etwas von ihnen entfernt, lachten und redeten miteinander. Heiner verstand nichts. Gregor besaß selbst ein zweimotoriges Flugzeug und beide hatten schon viele Tausend Flugmeilen hinter sich.

„Wie weit ist es noch von Catania nach Taormina?" Sofies Frage driftete an Heiner vorbei. Irgendwann fing sein Bewusstsein die Frage ein. Er hob die Schultern, schaute hoch und verzog das Gesicht: „ ... vielleicht eine Stunde?"

Vor dem Abflug hatte Gregor ihm einen Whisky spendiert, das entspanne, hatte Gregor gesagt. Whisky trank er sonst nie. Schon beim Start hatte er nach der Zeitung gegriffen. Sofie meinte, um sich daran festzuhalten. Jedenfalls behaupteten alle, er habe während des Flugs gar nicht lesen können. „Deine Zeitung stand auf dem Kopf", lachte Annette. Annette übertrieb wie immer.

Die Gepäckhalle war fast leer. Nur ein Laufband lief in einer Unendlichschleife mit zwei verwaisten Koffern. Sie warteten am Rande auf ihre Rucksäcke. Heiners Blick schweifte über die Köpfe der Anderen hinweg. Gregor knöpfte seinen dunkelblauen Blouson auf und suchte nach etwas in seiner Innentasche, dann in den Taschen seiner dünnen und schlabberigen Jeans. Es sieht zu billig aus, dachte Heiner, wie eine Verkleidung. Sein Blick wanderte und seine Augen tasteten die umstehenden Passagiere ab, aber er wusste nicht, wonach er suchte.

Die Weite der großen Gepäckhalle tat ihm gut. Sie kam ihm vor wie eine kleine Verheißung auf die nächsten Tage. Frühling auf Sizilien, eine Woche quer durch die Insel und die letzte Woche an der Nordküste. Ein Freund an der Hochschule hatte ihm einen Ort empfohlen. Wo sie die Tage vor Ostern verbringen würden, war noch ungewiss. Sofie war für Palermo. Gregor war es eigentlich egal. Annette wollte nur dorthin, wo es sonnig und warm war, und vor allem Kultur wollte sie sehen. Heiner war für das hoch gelegene Enna in der Mitte Siziliens, wegen der Kapuzenmänner. Er hatte davon gelesen.

Auf ihr Gepäck hatten sie nicht lange warten müssen, nur die Pass- und Zollkontrolle nahm mehr Zeit in Anspruch, als sie dachten. Die Zollbeamten waren ungewöhnlich gründlich. Wahrscheinlich war es das bekannte wildromantische Porträt des Revolutionärs, das auf dem Buchdeckel prangte, oder sein Name, den jeder kannte: *Che Guevara, Bolivianisches Tagebuch.* Heiner hatte sich vorgenommen, das Tagebuch irgendwo am Strand zu lesen. Er hatte eine Schwäche für Sozialromantiker, die im dünnen Gewand des Heroismus eigentlich den Tod suchten.

Als der Zollbeamte das Buch in seiner Hand hielt, musterte er Heiner mit einem kurzen Blick, fragte „Germania?", und blätterte ziellos, ohne eine Antwort abzuwarten. Dann fragte er in einem kargen Englisch, ob sie Italienisch sprechen.

Annette Baier schüttelte den Kopf und sprach für alle: „Leider nein! Nur ganz wenig."

Akribisch durchsuchte er ihre Rucksäcke, fragte beiläufig, wohin sie denn wollten?

„Nach Taormina!"

Sie sollten ihm das Hotel und die Adresse aufschreiben. Sie verneinten, sie wüssten noch nicht wo. Und wie lange? Auch das wüssten sie noch nicht. Er schaute sie ungläubig an, dann ließ er sie ihre Namen und ihre deutschen Adressen aufschreiben.

Nach einer Viertelstunde war die Kontrolle beendet und erst, als sie das Flughafengebäude verließen und ins Freie traten, hatten sie das Gefühl angekommen zu sein. Nur die Mittagshitze war wie ein Prellbock. Die Menschen draußen verströmten eine auffällige Gelassenheit, als hätten sie Zeit, ja mehr noch, als ginge die Zeit an ihnen vorbei. Niemand nahm Notiz von ihnen. Fast niemand.

Die Sonne Siziliens übertrieb. In den Mittagsstunden überschüttete sie alles mit ihrer Helligkeit und täuschte über das fahle Gelb der Mimosenbäume hinweg, die den belebten Vorplatz von einer breiten Straße trennten. Sie gingen eine wild wuchernde Forsythienhecke entlang und hielten Ausschau nach dem Abfahrtsplatz der Busse. Nach einigem Suchen fanden sie eine Buslinie, die sie direkt bis zum Zentralbahnhof von Catania bringen sollte.

Der Bus war nur halbvoll. Zwei oder drei Gesichter kamen Heiner bekannt vor. Sicher waren sie im selben Flugzeug gewesen. Ganz sicher der unrasierte, braun gebrannte Schönling, der Schwarzhaarige mit dem grauen Nadelstreifenanzug, der mit dem schwarzen Aktenkoffer. Er hatte einen blassroten Schal modisch um seinen Hals geschlungen. Irgendetwas störte die aufgesetzt wirkende Eleganz. Heiners Blick glitt weiter. Der graue Zweireiher schien nicht so recht zu ihm zu passen. Aus der Hose war offensichtlich schon seit längerem die Bügelfalte verschwunden. Und die hochhackigen, etwas abgeschabten schwarzen Stiefeletten waren ein wenig zu viel. Heiner schätzte ihn auf Ende Dreißig, vielleicht so alt wie Gregor. Es hätte ihn interessiert, was er so machte in seinem Leben.

Neugierig schaute er sich um. Die sind ja alle unrasiert, dachte er, oder fast alle. Auf der hinteren Bank saß ein Mann mit offenem Popelinmantel. Den braunen Hut ins Gesicht gezogen, schien er zu schlafen. Ein Borsalino, dachte Heiner, mit breiter Krempe. Sofie hatte ihm vor einem Jahr einen ähnlichen geschenkt, er komme jetzt in das reifere Alter, hatte sie augenzwinkernd gesagt. Getragen hatte er ihn nie. Er stellte fest, dass es unmöglich war, das Alter zu schätzen, wenn man das Gesicht nicht sah. Das Kinn war glatt rasiert. Und in seiner Unscheinbarkeit hätte man ihn leicht übersehen können, wenn da nicht sein schwarzes Hemd gewesen wäre, aus dem ein helles Halstuch quoll. Heiner war sich unsicher, ob nicht auch er in ihrem Flugzeug gewesen war.

Die Straße in die Innenstadt war holprig und der Bus schüttelte sich, als sei auch er gerade in Turbulenzen geraten. Ein Motorroller, eine alte silbergraue Lambretta, versuchte mit äußerster Geschwindigkeit zu überholen. Heiner erkannte den Fahrer sofort. Der hatte seinen Helm lässig weit nach hinten bis in den Nacken geschoben. Bereits am Flughafen war er ihm aufgefallen. Heiner schätzte ihn auf 18, vielleicht 20 Jahre; er war schlank, fast mager und sein gewelltes, dunkles Haar glänzte fettig. Seine Jeans hatte unten noch den modischen Schlag der frühen 70er Jahre. Hatte er nicht mit ihnen das Flughafengebäude verlassen? Einer der Carabinieri, die mit aufgesetzter Maschinenpistole vor dem Ausgang standen, hatte ihn aufgehalten und heftig auf ihn eingeredet. Er hatte seine silbergraue Lambretta direkt vor einem kleinen Nebeneingang geparkt.

Er hatte abseits der Passkontrolle gewartet. Alle mussten ja ihren Pass zeigen. Sie hatten ihm gesagt, dass er nur auf die Hand des Passbeamten achten sollte. Das Zeichen war nur für ihn. Er hatte es gesehen.

Jetzt ließ er ihn nicht mehr aus den Augen. Keinen.

Er hatte nur eine kleine Aufgabe bekommen. Sie konnten sich auf ihn verlassen. Er hatte ihn nicht aus den Augen gelassen. Die Carabinieri hasste er. Als sie sich umdrehten, spuckte er auf den Boden. Sie hätten ihn ruhig kontrollieren sollen. Seine Papiere waren immer in Ordnung.

Ja, sie konnten sich auf ihn verlassen. Er nahm den Bleistiftstummel und schrieb die Buslinie auf ein zerknittertes Stück weißem Papier. Dann schrieb er die Abfahrtszeit darunter und drückte alles zu einem kleinen Ball zusammen.

Er liebte seine Lambretta, von der Seite sah sie aus wie ein großer silbergrauer Schwan. Wenn er Chiara damit abholte, fuhr er manchmal mit ihr ans Meer und dann so nah am Meeressaum entlang, bis das Wasser spritzte.

Er überholte den Bus, bog einige Hundert Meter später in eine kleine Nebenstraße und warf den Papierball durch das offene Fenster eines Autos, das mit laufendem Motor dort gewartet hatte. Aus den Augenwinkeln sah er, wie einer der beiden Männer das zerknüllte Papier ruhig auseinander faltete.

15

Der Zug nach Taormina hatte Verspätung. Bereits mehr als eine Stunde warteten sie auf dem Bahnsteig. Auch vor dem Bahnhof hatten sie drei Carabinieri gesehen, mit angeschlagener Maschinenpistole. Sie konnten sich keinen Reim darauf machen. Das kleine Wartehäuschen hatten sie schnell verlassen. Der kalte und säuerliche Geruch abgestandener Zeit hatte sie vertrieben. Mit dem Rücken lehnten die beiden Frauen an einer Wand und hielten ihr Gesicht in die Nachmittagssonne. Gregor war unterwegs, er wollte in der Bahnhofsbar etwas zu essen besorgen.

Entspannt saß Heiner auf dem Gestell seines Rucksacks und spielte mit seiner Baskenmütze. Sie war ihm mehr als eine Kopfbedeckung, sie war seine Lebensphilosophie. Offensichtlich waren sie die einzigen Touristen. Er beobachtete ein altes Paar. Sie bewachte ihre große schwarze Handtasche wie einen Schatz und redete unaufhörlich vor sich hin. Der Alte neben ihr knetete seine Hände und verzog keine Miene. Am Rande einer Gruppe spielte ein kleines Mädchen Karussell. Selbstvergessen umkreiste es mit ausgestreckter Hand ihre Mutter. Am unteren Ende des Bahnsteigs meinte er den Schönling mit dem Nadelstreifenanzug zu entdecken. Er war sich nicht sicher. Dann blätterte er in seinem Reiseführer und überließ sich den Schaumwellen seiner Phantasie.

Mit dem Rucksack quer durch Sizilien: Das versprach Begegnungen, mit dem Einfachen, dem Unvorhersehbaren. Das versprach Kultur. Ein kleines Abenteuer. Vielleicht sogar das Unverhoffte. Sich treiben lassen. Ohne genaues Ziel.

Keine vorreservierten Zimmer, das war Gregors Bedingung für die gemeinsame Reise. Er wollte nicht, dass sein und Annettes Name vorher auf der Buchungsliste eines Hotels erschien. Nur das Hotel an der Nordküste, wo sie, nahe am Meer, die letzte Woche verbringen wollten, war vorgebucht. Zwei Zimmer, vorsichtshalber unter dem Namen von Heiner Richter und Sofie Krapp. Und nur die Hausangestellte, Gregors Sekretärin und sein Geschäftsführer waren eingeweiht. Am liebsten wäre er inkognito gereist.

„Das klingt vielleicht etwas idiotisch. Aber ich weiß, dass sie Namenslisten durchforsten. Die Passagierlisten der Flugzeuge, die Hotelbuchungen, alles …"

Gregor hatte dabei ein wirklich todernstes Gesicht gemacht und die Muskeln um seinen Mund hatten gezuckt, als wollte er den Namen nicht aussprechen. Wo doch jeder wusste, wen und was er meinte. Sie hatten ihn etwas befremdet angeschaut. Woher er das denn wisse, hatte Heiner noch gefragt. Er wisse es eben, hatte er geantwortet. Vielleicht hatten sie etwas zu laut gelacht. Annette sagte noch ganz leichtfüßig: „Morituri te salutant." Gregor sah sie verständnislos an. Nichts an ihr verriet, woher sie den Satz hatte. Sofie ergänzte „Ave Cäsar!" Gregor ahnte, dass etwas Folgenschweres gemeint war. Und Heiner sagte: „Ich werde dich retten, mein Blutsbruder!"

Gregor war erfolgreich. Er war ein Selfmademan und mit seinen fast 40 Jahren war er bereits der größte und erfolgreichste Bauunternehmer seiner Heimatstadt. Wenn es etwas Besonderes an ihm gab, dann war das vielleicht sein Hang, sich mit modernen Kunstobjekten zu umgeben, die Heiner zwischen Dekor und Design einstufte. Dazu großflächige japanische Kalligraphien. Es war ihm schleierhaft, woher dieses Faible stammte. Es schien ihm eher wie ein Zeitvertreib. Seit einem halben Jahr hing ein altes großformatiges Ölbild in ihrem Atrium. Annette hatte es geerbt. Ein Seestück. Schiff im Sturm.

Gregor baute der Stadt gerade ein neues Stadtzentrum. Einen Teil davon wollte er vermieten, den größeren Teil verkaufen. Nun besaß er neben seiner Villa zwei größere Hotels, Mietshäuser und eine große Zahl an Grundstücken. Heiner war es schleierhaft, wie sein Freund in so kurzer Zeit zu solchem Vermögen kommen konnte. Hatte er nicht einmal gesagt, die Bauwirtschaft sei eine Geldmaschine?

„Es war nicht so einfach. Man müsste Italienisch können", sagte Gregor, als er mit drei Plastiktüten plötzlich vor ihnen stand. „Ich habe sie auch nach den Polizisten gefragt, aber sie haben mich nicht verstanden. Und ich sie schon gar nicht."

Dann packte er aus, was er in der Bar erstanden hatte. Von allem zuviel. Dazu zwei Flaschen Wein, eine rot, eine weiß, und als Nachtisch ein paar kleine süße Schweinereien, die mit Creme oder

Sahne gefüllt waren und die er *Pasticcini* nannte. Das italienische Wort ging ihm über die Lippen wie süffiger Perlwein.

Annette und Sofie, die beide wie auf Kommando ihre Sonnenbrillen ins Haar schoben, waren wählerisch wie Damen. Und Heiner gab zum Essen den Geschichtenerzähler. Sie würden gleich an der Zyklopenküste entlangfahren. Hier am Ätna solle Er dem Einäugigen begegnet sein. Das Wort Er betonte er so auffällig, dass keiner es überhören konnte. Vielleicht habe Er ihn mit diesem Rotwein besoffen gemacht. Obwohl Heiner meist zur Weitschweifigkeit neigte, beschränkte sich er diesmal auf die absolute Kurzform. Weil gerade der Zug einlief.

„Er! Er! Hat der keinen Namen?", fragte Gregor gegen den Lärm des einfahrenden Zuges.

„Manche Helden verschweigen ihre Namen. Sie fürchten die Vendetta." Heiner griff nach seinem Gepäck. Gregor blickte ihn fragend an und Heiner lächelte hintergründig. „So nennen die Sizilianer die Vergeltung."

Etwas später blickten sie vom Zug auf die mächtigen Zyklopeninseln, die vor der Küste säulenartig aus dem Meer emporstiegen. Der Rotwein machte redselig und Heiner wollte sie endgültig einweihen in die mythischen Ursprünge Siziliens. Hier müsse es wohl geschehen sein, als Er mit seinen Begleitern Zuflucht in der Höhle des einäugigen Riesen gefunden habe, wie einige seiner Freunde vom Zyklopen gefressen, wie Er ihn betrunken gemacht und ihm im Schlafe dann, mit der Spitze eines glühenden Holzpfahls, sein einziges Auge ausgebrannt habe. Und schließlich endete Heiner damit, wie der geblendete Zyklop diese Riesenfelsen, die nun im Meer lägen, dem   Schiff der Flüchtenden hinterher geschleudert habe, als diese ihm durch eine List entkommen.

Seelenruhig hatte Gregor die Reste gegessen, dann nahm er einen großen Schluck direkt aus der Weinflasche. Es war ihm nicht anzusehen, ob ihn das alles interessierte. „Deine alten sizilianischen Geschichten erscheinen mir etwas übertrieben. Irgendetwas stimmt da nicht", sagte er gemächlich, als überlege er noch.

Heiner schaute überrascht auf. „Du meinst den einäugigen Riesen?"

„Nein! Warum säuft er so viel Rotwein und die anderen trinken nicht. Das muss dir doch aufgefallen sein."

„Mir? Du meinst ihm, dem Zyklopen?"

„Ja, dir und ihm!"

„Es war ein Gastgeschenk."

„Aber, warum legt er sich einfach schlafen? Er musste doch mit der Rache seiner feinen Gäste rechnen."

„Er war ein Barbar, er fühlte sich überlegen."

„Ach, du meinst, wer sich überlegen fühlt, hat kein Auge ...", Gregor grinste breit, sagte dann mit Bedeutung, „für die drohende Gefahr."

Heiner zog die Schultern hoch. Er wusste nicht, was er antworten sollte.

„Meine Erfahrung ist ...", sagte Gregor und nahm einen weiteren Schluck aus der Weinflasche, „meine Erfahrung ist, wer sich überlegen fühlt, der hat mehr als zwei Augen, weil er fürchten muss, seine Überlegenheit zu verlieren."

„Dann haben nur Männer mehr als zwei Augen", mischte sich Annette ein. „Männer fürchten immer, ihre Überlegenheit zu verlieren."

Gregor schaute sie verdutzt an.

„Und deshalb neigen Männer häufiger als Frauen zum Verfolgungswahn." Sofie sagte es seelenruhig, als verkaufe sie eine Binsenweisheit. „Wenn der Zyklop eine Frau gehabt hätte, wäre das nicht passiert."

„Und wie viele Augen haben Frauen?", fragte Heiner.

„Meistens zwei, manchmal eins!", sagte Annette orakelhaft.

„Und in aller Regel ... keins!", ergänzte Sofie und zwinkerte ihr geheimbündlerisch zu.

Heiner fühlte sich herausgefordert. „Was meinst du damit?" Von Sofie erhielt er nur ein unbestimmtes weibliches Lächeln.

„Frauen können doch nicht ihr eigenes Orakel erklären. Ein Orakel muss man lösen.", sagte Annette mit lockendem Ton und warf Sofie einen Blick zu, den sie sofort verstand. Heiner dachte ernsthaft über das Orakel nach, ohne eine Lösung zu finden.

Der Zug hielt an jedem Bahnhof, und als sie am späten Nachmittag in *Giardini* aus dem Zug stiegen, war die Sonne bereits hinter den Bergrücken verschwunden. Für die eigenwillige Architektur des Bahnhofs hatte nur Sofie ein Auge. Die aufgesetzten Zierbögen über den schmutzig-blinden Fenstern sahen aus wie zu groß geratene Augenbrauen. Sie waren müde und der Wein tat seine Wirkung. Heiner glaubte kurz, einen grau gestreiften Zweireiher mit hochhackigen Stiefeletten zu sehen. Er machte die Augen zu und wieder auf. Vielleicht alles nur eine Halluzination.

Ein Taxifahrer von gedrungener Gestalt bot sich aufdringlich an. Sie lehnten ab und ein Bus trug sie hoch nach Taormina. Die Dämmerung kam schnell. Ein Schild lockte mit *Man spricht Deutsch.* In dem kleinen Hotel, das den Namen *del Sole* trug, nahmen sie zwei einfache Zimmer, mit Balkon. Das Hotel gehörte, wie sich herausstellte, einem schweizerischen Ehepaar.

Als sie einige Zeit später wieder auf die Straße traten, stand auf der anderen Seite, im mattgelben Lichtschein einer Laterne, ein Taxi, das offensichtlich einen weiteren Gast brachte. Ein schräges Licht fiel auf einen Schal, dessen Farbe im Halbdunkel nicht zu erkennen war. Vielleicht war es auch ein Halstuch.

Das Stadttor der Altstadt sog sie ein wie ein großes, offenes Maul. Sie flanierten die belebte Hauptstraße entlang und verloren sich dann in den engen Gassen, begierig nach der fremden, mediterranen Atmosphäre. Man sprach Deutsch, vor allem Deutsch, sprach Englisch, Französisch und hier und da Italienisch. Sofie und Annette verschwanden in einem Laden. Gregor sog die Luft ein wie ein Hund und folgte undefinierbaren Geruchsbahnen, bis sie sich in einer Seitengasse auflösten.

Als Heiner sich suchend umdrehte, war er plötzlich allein.

„He ... turned at the corner ..."

Heiner drehte sich ruckartig dorthin, woher die Stimme kam. Nur schemenhaft nahm er einen Mann wahr, der im Schatten eines

Hausdurchganges stand und ihn angrinste. Sein Gesicht war nicht zu erkennen.

Sie hatte ihn nicht sofort bemerkt. Er musste schon länger im Schatten der Eingangtür gewartet haben. Es sah aus wie ein höfliches Zögern. Als sie ihn mit ihrem Blick traf, schob er den Kopf leicht nach vorne und trat servil und doch leichtfüßig ins Licht der Rezeption. Er war klein und von gedrungener Gestalt. Auch wenn er rötliches Haar hatte, so war er doch, das erkannte sie sofort, unverkennbar Sizilianer.

„Entschuldigen Sie bitte, Signora!", sagte er unvermittelt. „Ich möchte Ihre Zeit nicht stehlen. Ich bin Taxifahrer und neu hier in Taormina", dabei schob er eine kleine Visitenkarte mit einer Telefonnummer über die kühle Marmorplatte.

„Ich stelle mich gerade allen Pensionen und Hotels vor, damit sie wissen, wer ich bin", lächelte er breit, aber höflich. „Wollen Sie meine amtliche Erlaubnis sehen?" Er tat, als wolle er in die Innentasche seines Rocks greifen, doch sie hob abwehrend die Hände. „Wir wollen ja alle unsere kleinen Geschäfte machen. Wissen Sie, ich habe ja auch Frau und Kinder." – Er schwieg, als warte er auf etwas ...

Das plötzliche Schweigen war ihr unangenehm. Doch, bevor sie antworten konnte, fuhr er fort: „Ich spreche auch ein wenig Deutsch." – Diesmal machte er eine Pause, als müsse er überlegen. „Wenn Sie deutsche Gäste haben ...", – sie nickte leicht –, „und wenn sie ein Taxi haben wollen, dann denken Sie an mich?" Der letzte Satz hatte den Tonfall einer Frage und klang doch so bestimmt wie eine Feststellung, was sie überraschte, ja befremdete. Höflich, aber verwundert schaute sie auf. Sie suchte nach einem Wink, der ihr Befremden hätte auflösen können. Sein Gesicht gab keine Antwort.

„Wissen Sie", sagte sie mit dem melodischen Tonfall einer Tessinerin, „wir haben hier natürlich einige Taxifahrer, die auch Deutsch sprechen. Aber, ich lege Ihre Karte gerne zu den anderen."

22

„Die Gäste, Signora, die eben Ihr Hotel verließen, sind Deutsche, nicht wahr ...?" Er machte eine Kunstpause und sie war sich nicht sicher, ob etwas Lauerndes in seiner Frage lag. „Ich bin sicher, Signora, wenn diese deutschen Gäste ein Taxi brauchen, dann rufen sie mich an."

Mit einem seltsam gewinnenden Lächeln hatte er sich bereits abgewandt, um sich dann doch noch einmal umzudrehen.

"Ach, fast hätte ich es vergessen, Signora, von einem sizilianischen Freund, den sie kennen, soll ich Ihnen einen Brief geben. Buona sera, Signora!"

Beinahe gleichgültig legte er einen Brief auf die Rezeption. Und mit fast katzenartiger Behändigkeit verschwand er nach draußen.

Sie hörte durch die offene Eingangstür, wie die Tür des Taxis zuschlug. Auf dem Rücksitz erkannte sie den Halbschatten eines Mannes. Sie sah auf den Brief, der keine Adresse trug. Sie öffnete den Brief und heraus fiel ein Faltblatt ihres Hotels, das an einer Ecke aussah, als sei es angebrannt. Wie mechanisch hob sie das Telefon, wählte eine Nummer und sagte nach wenigen Sekunden: „Sie haben uns einen zweiten Brief geschickt."

Sonntag, 4. April 1982

„**Vielleicht hat das** Datum etwas mit der Befreiung Italiens zu tun", sagte Heiner. Niemand hörte ihm zu. Der 9. April sagte ihm nichts. Sie standen am Rande der Piazza, die den Namen *IX. Aprile* trug. Heerscharen von Touristen überquerten den Platz, um die Stadt und ihre Denkmäler zu erobern. Die Cafetische der Bar auf der anderen Seite, mit dem viel versprechenden Namen *Wunderbar*, waren fast voll besetzt. Das Wunder war etwas in die Jahre gekommen. Die Buchstaben waren verbeult und abgeblättert, und der ganze Name hing windschief zwischen zwei Häuserblöcken in einem maroden und verrosteten Eisengerüst.

Zu seiner Verwunderung entdeckte Heiner am äußersten Rand der Bar einen Mann, der ihm bekannt vorkam. Er saß allein an einem Cafetisch und er trug einen Popelinmantel und ein schwarzes Hemd. Er erinnerte ihn an den Mann im Bus nach Catania, der sich auf die hintere Sitzbank zurückgezogen hatte, nur fehlte natürlich der Hut. Und ohne Hut schien er doch jünger, als Heiner gedacht hatte. Eine schwarzhaarige Frau begrüßte ihn und nahm an seinem Tisch Platz. Sie machte dem Kellner ein Zeichen. Heiner überlegte noch, als ein Satz von Sofie ihn ablenkte.

„Taormina liegt näher am Himmel als an der See."

„Ja, passt sehr gut", sagte Heiner, „von wem ist der Satz?" Heiner sammelte solche Sätze und der Doppelsinn dieser Zeile faszinierte ihn, nur hatte er nicht Sofies beißende Ironie bemerkt.

Sofie zuckte nur mit den Schultern, sie wusste nicht mehr, wo sie diesen Satz gelesen hatte. Vor allem hatte sie keine Lust auf diesen übervollen Platz. Ihr Himmel lag eher unten am Meer. Die Sonne war angenehm mild, aber nach dem langen Abend in einem Touristenlokal lag der späte Morgen etwas bleiern auf ihnen.

Nur Annette war seltsam aufgedreht. Ja, sie hatte ihre Empörung nicht zügeln können. Der kurze Besuch im Dom hallte nach. Der 500 Jahre alte Flügelaltar eines sizilianischen Malers nahm sie immer noch mit Gewalt gefangen. Die Darstellung der opferbereiten heiligen Lucia, deren Augen in einer Schüssel lagen, fand sie widerlich und, wie sagte sie, geschmacklos. Wie konnte man Augen opfern? Und das Bild der duldsamen heiligen Agatha, deren Brüste zwei Schergen mit glühenden Zangen abgeschnitten und dann ausbrannten, empörte sie immer noch. Den dumpfen, schönen Schmerz, den die Sizilianer beim Anblick ihrer Märtyrer empfinden, fand sie pervers.

Heiner suchte sie zu beschwichtigen. „Das ist doch inszenierte Grausamkeit oder, wenn man es religiös betrachtet, inszenierte Spiritualität."

„Was bitte ist an abgeschnittenen Brüsten spirituell?"

„Du nimmst das alles viel zu real. Das sind doch eher 500 Jahre alte, katholische Comicbilder für die vielen, die nicht lesen konnten."

„Ja, Bilder für sadistische Voyeure." Annettes Augen sprühten Feuer.

Heiner versuchte es mit Psychologie. Gewiss habe der sizilianische Maler Probleme mit Frauen gehabt, zumindest mit seiner Mutter … – Annette winkte ab. In Syrakus, sagte Heiner, in Syrakus gebe es allerdings ein ganz ungewöhnliches Altargemälde, die *Bestattung der heiligen Lucia*, von *Caravaggio.* Das stand in seinem Reiseführer. Er war nicht zu stoppen, doch ihr Protestantismus schäumte.

Sofie rieb sich die Stirn, um den leichten Kopfschmerz zu vertreiben. Sie hatte sich nicht einmischen wollen und hielt ihre Abneigung gegen die Altarbilder lieber bei sich.

Auch Gregor war eher wortkarg. Da es für ihn keinen Gott gab und jedes Martyrium ihm fremd war, hatte er eher mit Zweifel und ungläubigem Erstaunen die riesigen glühenden Zangen betrachtet, mit denen die heilige Agatha gefoltert wurde. Ja, wenn er sich an etwas erinnern sollte, dann nur an dieses Folterinstrument, die Heilige selbst war längst getilgt.

Jetzt war sein Blick stumpf. Er hatte jetzt auch kein Auge für die Schönheit, die sich, einige Meter von ihnen entfernt, am Rande der Piazza auftat. Ihn beschäftigte noch die kurze Begegnung mit einem Mann, der ihn am Eingang zum Dom angesprochen hatte. Der Mann musste einer der letzten einer größeren Gruppe gewesen sein, die vom dunklen Eingangsportal des Doms verschluckt wurden. Gregor war gerade wieder ins Helle getreten und er hatte noch seine Augen wegen der hellen Sonne zusammen gekniffen, als ihn die Stimme eines Mannes traf.

„Gregor? ... Gregor Baier ..." Der Rest war im Stimmengewirr untergegangen.

Reflexartig hatte sich Gregor umgedreht, er sah, wie jemand aus dem Halbdunkel des Eingangs mit hoch gerecktem Arm gestikulierte, dann, von der Gruppe mitgerissen, abtauchte und im Dom verschwand. Er versuchte sich das Gesicht vorzustellen, an das er sich nur schemenhaft erinnerte: großflächig, etwas aufgedunsen, ein spärlicher Haarkranz. Sonst nichts. Er rief sich noch einmal diese krächzende Stimme ins Bewusstsein. Nichts. Niemand. Einfach in seinem Gedächtnis verschollen.

Nach 11.30 Uhr

Man hatte eine Spur gefunden.

Niccoló Tornioli. Man hatte seinen Namen auf einem Blatt gefunden und dahinter diese lächerliche Summe. Man hatte ihn damit abgespeist. Vielleicht gab es ihn gar nicht und er war ein Phantom. Vielleicht existierten auch diese Bilder nicht. Fast absichtslos blätterte er in dem kleinen, dünnen Notizbuch. Es war sein zweites Gedächtnis, in dem nur das stand, was seine mäandernden Gedanken überlebten. Er hielt kurz inne, überflog mehrmals das Blatt, als könne er den Notizen, den Namen und Kürzeln noch etwas Neues abpressen.

Hatte B. etwas versteckt, von dem keiner wusste. Wie war er in dieses Geschäft gekommen? Eine größere Summe? Was konnte man ihm zutrauen? Er hatte dieses unbestimmte Gefühl. – Etwas, was er übersehen hatte. Er blätterte weiter.

Lollo. Nur sein Spitzname. Sonst nichts. Er würde ihm begegnen. Ganz sicher. Und was war mit M.? Irgendetwas stimmte nicht. Er klappte das Notizbuch zu und versuchte zu orten, was ihn beunruhigte.

Die Zeit lief ihnen davon. Sie hatten nur diese neun, vielleicht zehn Tage Zeit ...

Er sah, wie sie zwischen zwei Häusern stehen blieb und den belebten Platz mit ihren Augen abtastete. Zügig überquerte sie den großen Platz.

„Ich habe den Namen eines Bildes", sagte sie ruhig und setzte sich an seinen Tisch. „`La Carita Romana´. Jetzt weiß ich, woher sie ihren Namen haben: `Carita Siciliana´.

„Carita?", fragte er.

„Barmherzigkeit! Vor der sizilianischen Barmherzigkeit sollte man auf der Hut sein." Sie spitzte ihren Mund zu einem säuerlichen Lächeln und bestellte einen Caffé.

Mit dem Kopf wies er hinüber auf die andere Seite. „Dort ...!"

Ein feiner Dunst trübte ein wenig die Sicht auf die aufsteigenden Berge. Doch die Aussichtsterrasse am Rande der großen Piazza erlaubte Blicke auf die unter ihnen liegende Küste, als hätte man das Plateau eigens für Touristen erfunden, um ihre Sehnsüchte zu entfachen. Das Meer lag da, träge und selbstgenügsam, wie ein leicht bewegter smaragdgrüner Teppich, der sich zum Horizont ausdehnte, auf dem drei kleinere Schiffe v-förmige Linien und Muster eingravierten.

Was sie zu dem Zeitpunkt noch nicht ahnen konnten, dass der Tag doch einen anderen Verlauf nehmen würde, als ein jeder dachte. Und Gregor würde am Ende des Tages einen Satz fallen lassen, der grammatikalisch und logisch, ja psychologisch höchst umstritten war und seine Konsequenzen forderte: „Zwei Zufälle auf einmal, sind einer zuviel."

Sie waren bereits auf dem Weg zum antiken griechischen Theater, dem Ziel aller Touristenströme, als Sofie ein Schild fand, das einen Fußweg aufzeigte, hinunter zur Bucht von *Gardini* und zum Strand von *Mazzarò*. Wunschträume übernahmen die Führung, der salzige Geruch des Meeres, ein weißer, langer Sandstrand, vielleicht ein Fischerhafen …

Der schmale Asphaltweg führte an hohen Mauern entlang. Über das Lavagestein fielen blühende Kaskaden von Bougainvilleen, in leuchtendem Violett oder heftigem Purpur. Sie folgten einem breiteren Pfad unter einer Felskanzel, auf der eine kleine mittelalterliche Kirche stand. Etwas später schlängelte sich ein Felsweg in Serpentinen hinunter, gesäumt von wildem Fenchel, hier und da ein paar Zwergpalmen, vom Wind gebeugte Pinien und weiter unten, in kräftigem, üppigem Gelb, ein leicht abfallender Hang mit Ginsterbäumen, die sich im leichten Wind dehnten. Für kurze Momente genossen sie den Blick auf den schneebedeckten Ätna und auf eine schräg vor ihnen liegende Landzunge, die weit ins Meer ragte. Gregor baute im Ginsterhang bereits eine große Villa mit Pool. Heiner begnügte sich mit einer Hütte. Sofie und Annette bauten nichts.

Und nur wenig später hatten sie bereits den schmalen Küstenstreifen erreicht. Sie überquerten einen Schienenstrang und die stark befahrene Küstenstraße, die beide unmittelbar an Strand und Meer vorbeiführten. Der schmale Strand war leicht abschüssig und bestand aus einem Gemisch von grauem Kies und schwärzlichem Sand. Nach Süden öffnete sich eine sichelförmige Bucht, die zu dieser Tageszeit noch fast menschenleer war, nur ein Mensch mit einer Angel in weiter Ferne. Ein feiner, aber strenger Geruch wehte vom Meer herüber. Am Meeressaum verrottete angeschwemmtes Seegras, etwas weiter lagen angefaulte Holzstämme, die Gerippe zweier abgetakelter Boote und die Reste von Fischernetzen mit ihren Fliegenschwärmen. Ein vorbeifahrender Zug überschwemmte sie mit Lärm.

Sie beobachteten eine kleine Meute wilder Hunde, die einer Hündin, die offensichtlich läufig war, hinterherliefen. Blutig und entkräftet versuchte sie im Zickzack den kläffenden Verfolgern zu entkommen. Es gelang ihr einmal, es gelang ihr zweimal, bis die Hunde sie stellten. Schneller als die anderen bestieg sie ein graubrauner Mischling mit aufgerissener Lefze, noch einmal, bis sie im Knäuel der bellenden und kläffenden Meute unterging. Angewidert wandten sich die beiden Frauen ab; sie verließen fluchtartig den Ort und gingen den schmalen Strand zurück. Nur die beiden Männer starrten unvermindert in das kleine Grauen der Natur.

„Wenn oben der Himmel ist, dann ist hier unten das Fegefeuer", sagte Heiner bissig. Gregor sah ihn von der Seite an.

Heiner sprach von Hunderevier, dann sagte er ausdrücklich, „... Revier der Hunde", als wolle er damit sagen, dass sie ein fremdes, ja verbotenes Land betreten hatten, das bereits in Besitz genommen war. Das grausame Spiel der Hunde hielt die Beiden fest.

„Komm! Die werden uns schon noch einholen." Annette zog Sofie mit sich fort. „Vielleicht finden wir noch diese Paradiesinsel, von der Heiner gestern Abend gesprochen hat. Wie hieß die noch?"

Doch Sofie hatte sich kurz umgedreht, um zu sehen, wo die Hundemeute geblieben war. „Warum gibt es in diesem alten Kulturland wilde Hunde?"

„Ich vermute, Kultur ist hier erst, wenn die Strandsaison beginnt. Wir sind einfach noch zu früh."

Um ihre Augen zu beschatten, formte Sofie ihre Hände zu einem schmalen Trichter. „Siehst du ..., dort?" Sie wies mit dem Gesicht auf eine felsige Halbinsel, die sich weitab aus dem Meer erhob. „In diesem flirrenden Licht sieht sie aus wie eine Fata Morgana."

Sie drehten der sichelförmigen Bucht endgültig den Rücken zu und liefen in entgegen gesetzter Richtung auf die Halbinsel zu, vorbei an verschlossenen Strandcafes und Lokalen, die mit Brettern, Drahtgeflecht oder Reedmatten notdürftig verbarrikadiert waren. Sofie hatte eine kleine, silbrig glänzende Muschel gefunden und rieb mit ihrem Ärmel über die Oberfläche.

„Wie Perlmutt. Heißt es nicht, solche Muscheln bringen Glück?"

„Nur, wenn es eine Shellmuschel ist und an einem unsichtbaren Faden ein Mann daran hängt ..."

„... dem Shell gehört." Sofie streckte ihre Zunge heraus. „Und ich heiße Marilyn Monroe ..." Sie warf sich in Pose.

„Ich dachte immer, Heiner sei dein Froschkönig."

„Und ich die Prinzessin, die ihn erlöst?" Sie hob witternd den Kopf.

„Ja, die ihn küsst ...", Annette machte eine Kunstpause, „... und heiratet! Ihr kennt euch doch schon so lange."

„Vielleicht ist es umgekehrt. Nach der Heirat verwandeln sich viele Männer in Frösche und dann hast du ein Ekel im Bett." Sofie machte große Augen, um dem Satz die Schärfe zu nehmen.

„Aber Heiner gehört doch nicht dazu."

„Nein", sagte Sofie, „aber sie verwandeln sich und dann sind sie so anders und davor habe ich Angst."

„Angst? Wovor?"

Sofie rieb mehrmals mit der Muschel über ihren Ärmel. „Dass ich verrückt werde ... Nein, natürlich nicht. Dass ich mich rettungslos verliere."

„Verliere?"

„Habe ich verliere gesagt? Ich meinte ... verliebe."

Annette stocherte hilflos im Nebel „Das hört sich an, als wartetest du noch auf einen Ritter, der dich aufs Pferd hebt." Sie sah sie fragend an. „Vielleicht auf einen gut aussehenden Sizilianer?"

„Ach, nein", sagte Sofie, „es ist etwas anderes." Sie zögerte, „... wir hatten uns im letzten Jahr für drei Monate getrennt ..."

„Davon weiß ich ja gar nichts." Annettes Stimme klang vorwurfsvoll.

„So häufig haben wir uns ja noch nicht gesehen. Und wir wollten es für uns behalten." – Sofie machte eine Pause und schaute sie offen an. „Vor drei Jahren hatte unsere Beziehung schon mal einen Knacks."

„Er oder du?"

„Er." – Wusste sie wirklich nichts? Hatte Gregor ihr nichts erzählt?

„Und warum?"

„Vielleicht ..., vielleicht auch nicht. So einfach kann man das nicht sagen ..." Sofie murmelte etwas in die Muschel hinein, machte mit einem Finger unsichtbare Zeichen und warf sie in hohem Bogen in die nächste Schaumkrone.

„Und warum hast du ein zweites Mal geheiratet?" Sofies Frage legte sich über Annette wie ein Netz.

„Aääh ...", sie zupfte an ihrem Ohrring, „... man muss viele Frösche küssen, um einen Prinzen zu finden. Er wollte mich bereits nach zwei Monaten heiraten. Ich habe ihm gesagt, wenn er erraten würde, wie viele Kinder wir gemeinsam hätten, würde ich ja sagen. Natürlich lag er falsch!", sie zeigte auf ihren Bauch, „und ich habe trotzdem ja gesagt." Annette lachte lauthals, dann bleckte sie ein wenig ihre Zähne, als sei sie bereit, jeden versteckten Angriff abzuwehren. Nur das dünne Lächeln, das in ihren Mundwinkeln hängen blieb, konnte Sofie nicht deuten.

„Wo bleiben die Beiden?" Sie blickten sich um und waren überrascht, dass Gregor und Heiner sie fast eingeholt hatten. Die Hundemeute war wie vom Erdboden verschluckt.

„Wo sind die Hunde?", fragte Sofie, ihre Stimme klang misstrauisch. Gregor zeigte auf ein Trümmergrundstück hinter einer flachen Steinmauer.

Nach einigen Hundert Metern fanden sie eine Strandbar mit einer breiten Holzterrasse, auf der ein Mann Tische und Korbsessel rückte. Über dem Eingang vom Strand stand *Lido Medusa.* Gregor machte den Vorschlag, dort einen Caffé oder einen Wein zu trinken. Die beiden Frauen fanden den Ort obdachlos und das Etablissement, wie sie sich ausdrückten, mit dem hässlichen arabischen Stil, abgeschmackt. Nein, sie wollten den Strandspaziergang fortsetzen, sie hofften noch die Paradiesinsel zu finden, von der Heiner gesprochen hatte.

Kurz nach 14.00 Uhr

Sie saßen am hinteren Fenster. Das Restaurant hatte geschlossen. Er hatte es so eingerichtet. Der Alte saß leicht nach vorne übergebeugt. Die Hände hatte er auf die Krücke seines Gehstocks gestützt, der zwischen seinen Knien eingeklemmt war. Von hier aus konnte er hinüber sehen auf die Halbinsel. Er liebte den Blick. Er hatte sich einen Caffé bringen lassen. Mit Wasser.

Er ist wie immer, dachte der Jüngere, der auf der anderen Seite des Tisches saß. Wie immer. Er probierte den Rotwein, der vor ihm stand. „Ich habe Bus und Zug genommen. Du weißt warum."

Er nickte. „Es ist besser, wenn du nicht schon so früh Wein trinkst.."

„Ich habe schon lange keinen sizilianischen Wein mehr getrunken."

„Es gefällt dir dort nicht?"

„Einen sizilianischen Rotwein findest du dort nicht." Er nahm einen Schluck.

„Erzähl mir etwas über dein Deutschland!"

„Deutschland ist kalt und nass. Wo wir wohnen, gibt es nichts. Kein Meer, kein Fisch, kein Strand, kein Berg." Auch er sprach das gutturale, abgehackte Sizilianisch des Einheimischen.

Der Alte lachte kurz: „Ich sehe, dir fehlt Sizilien."

„Ja, Onkel. Vielleicht fehlt mir ein Stück von Sizilien. Und Chiara auch. Die Kinder haben sich schnell eingelebt. Sie haben schon Freundschaften und Kontakte geschlossen."

Der Alte neigte auffordernd den Kopf nach vorne und blickte ihn lächelnd an. „Erzähl mir etwas über deine Kontakte und Freundschaften."

Er wusste, was er meinte.

33

„Es dauert. Es ist nicht leicht. Es ist alles anders." Es war nicht einfach an Informationen zu kommen."

„Und, die Bilder ...?" Seine Stimme verriet eine gewisse Ungeduld.

„Tornioli ist nicht so bekannt. Ich muss erst alle Ergebnisse mit zwei Experten auswerten."

„Wann?", fragte er.

„Fünf, sechs Tage. Ich muss noch nach Enna. Alles wird rechtzeitig fertig."

„Ich weiß. Wir haben Geduld." Er hob die Hände wie zur Abwehr und faltete sie erneut über die Krücke. Dann erklang sein meckerndes Lachen.

„Ich bin nahe dran."

„Du weißt. Es ist wichtig für uns. Und für dich, Emilio. Wir brauchen dort einen Anker für unsere Aktivitäten."

„Er ist gestern in Catania gelandet. Ich saß im gleichen Flugzeug." Bestimmt wusste er es. Er wusste es.

„Er bleibt länger in Sizilien?" Seine Frage war keine Frage.

Der Jüngere nickte. „Wir werden einen Fisch auswerfen, einen künstlichen Fisch."

„Einen künstlichen Fisch?" Er zog die Lippe hoch, als sei er nicht einverstanden. „Es geht nichts über richtige Fische."

„Wir werden mit ihm Kontakt aufnehmen. In den nächsten Tagen."

„Das ist gut. Das ist schön." Er legte den Stock quer über den Tisch und schwieg. Er trank den Caffé, stülpte die Lippen nach vorne und schob seine Hände ineinander. „Ich wollte dich einladen. Zur Thunfischjagd. Im Mai. Zur Tonnara von Bognalia. Nach altem Ritus. Wir kreisen sie ein – alle, verstehst du, alle! Mit dem Netz. Dann holen wir sie raus, einen nach dem anderen." Seine Augen bekamen einen kühlen Glanz.

„Wenn du willst, kannst du deine Familie mitbringen."

Der Jüngere straffte seinen Oberkörper. Er blickte ihn starr an. „Nach altem Ritus ..., einen nach dem anderen?" Er betonte jedes Wort. Etwas brannte in ihm. „Nehmen alle daran teil?"

„Manche sagen ja. Manche wissen es noch nicht."

Er schaute hinaus. „La mattanza!" Eine Schlächterei. Er zögerte. „Ich weiß nicht Onkel, ob Chiara das blutrote Meer sehen will."

„Du bist zu weit weg von Sizilien, mein Junge." Er lachte rau und schlug mit dem Gehstock auf den Tisch. Es klang wie ein trockener Peitschenknall. Ein junger Mann kam.

„Mimmo", er bettelte wie ein Kind, „mach uns eine schöne Pasta, mit Muscheln. Und bring mir auch ein Glas." Er zeigte mit dem Stock auf den Wein. „Aber weiß! Und noch etwas." Er lächelte sanft. „Wenn ich sage, es ist geschlossen, dann ist geschlossen." Der junge Mann nickte.

„Du wohnst in der Pensione Sirene?" Er wusste es. Der Jüngere nickte. „Draußen steht ein Auto. Dieser Umschlag ist für dich." Er schob ein Briefkuvert über den Tisch.

Dann beugte er sich weit vor, lächelte und sagte: „Erzähl mir etwas von Chiara! Erzähl mir etwas von den Kindern!"

Auf der Holzterrasse des *Lido Medusa* waren sie die einzigen Gäste. Sie schauten noch einige Zeit den beiden Frauen hinterher, bis ein junger Mann auf sie zukam und sie in Englisch ansprach. „Entschuldigen Sie, die Bar ist eigentlich noch geschlossen und das Restaurant hat heute noch nicht geöffnet." Er schaute nach hinten. „Die wirkliche Saison beginnt erst in wenigen Tagen. Wir bereiten erst alles vor." Er versprach dennoch zwei Gläser Weißwein zu bringen.

Gregor holte seine Zigarettenspitze hervor, präparierte sie mit einer neuen Filterpatrone, öffnete dann ein silbernes Etui, entnahm eine Zigarette, steckte sie auf die Zigarettenspitze und zündete sie an. Es hatte eine gewisse Attitüde, wie er zurückgelehnt da saß, in dem Korbsessel, die Beine übereinander geschlagen, und, die Hand mit der Zigarettenspitze von sich streckend, den Rauch genießerisch einsog.

„Wie geht es Sofie, wie fühlt sie sich? Arbeitet sie bald wieder an der Schule?", fragte Gregor. Es klang beiläufig. Sie hatten sich vor der Reise lange nicht gesehen. „Ich habe bemerkt, dass du sie auf dem Felsweg häufig gestützt hast." – Es sollte beiläufig klingen.

„Ist doch begehrenswert, wenn Frauen sich auf Männer stützen? Oder?" Heiner grinste ein wenig zu breit. „Nein, sie hat wohl die falschen Schuhe angezogen. Sie fühlt sich stabil, sonst wären wir nicht hier." – Heiner reihte einen Satz an den anderen. Sie sei noch nicht so belastbar. Manchmal fehle ihr etwas die Kraft. Sie komme manchmal aus dem Gleichgewicht. Er war erstaunt, dass ihm der Doppelsinn des letzten Satzes erst spät bewusst wurde. Heiner, der eigentlich selten rauchte, zündete sich etwas umständlich eine Zigarette an.

„Du umsorgst sie, du spinnst einen Kokon um sie."

Er schaute an ihm vorbei. Er wusste, was Gregor damit sagen wollte.

„In der Wirtschaft wärst du ein Chef, der alle Entscheidungen trifft und alles in seinen Händen behält. Das sorgt für Profit, ist aber gefährlich. Was ist die Firma ohne ihn? Mein Geschäftsführer ist mein Partner, er betreut sogar große Teile meines privaten Vermögens. Ich habe ihn von einer Bank abgeworben."

Heiner verfing sich in einem Netz von klugen Rechtfertigungen. Er sprach von Hilfen, von Ratschlägen und Angeboten, um sie zu schützen, vor der nächsten Welle. Das Gespräch war ihm unangenehm.

„Und Annette, wie ist sie?", fragte er.

Gregor lachte über die Frage. „Wie soll sie sein?" Eigentlich war es eine überflüssige Frage, denn Heiner fand sie attraktiv, sportlich und burschikos, bisweilen etwas zu eigenwillig. Und als er sie kennen gelernt hatte, hatte er am wenigsten erwartet, dass sie einmal Latein studiert hatte, und dann Biologin wurde.

„Du kennst sie doch." Gregors Lächeln bekam eine gewisse Schärfe. – „Wie eine reife Frucht. Schlank, elegant, klug, gebildet." Dann sagte er mit der ihm eigenen Unbekümmertheit: „Rasse und Klasse!"

„So redet man unter Pferdebesitzern", sagte Heiner süffisant.

Bevor Gregor antworten konnte, brachte der junge Mann den Weißwein und einen Aschenbecher. Gregor zog an seiner Zigarettenspitze und ließ den Rauch langsam aus dem rechten Mundwinkel entweichen. Umständlich streifte er die Asche ab.

„Nein", sagte Gregor, „so redet man, wenn man einen Überraschungspreis gewonnen hat. Und sie hat einen adeligen Stammbaum. Ich habe gelernt, wie man mit der Welt spielt."

Gregor hatte Annette vor zwei Jahren in einer Bar kennen gelernt, die den sinnigen Namen *Jenseits* trug. Sie sprach immer etwas spöttisch von *Jenseits vòn Gut und Böse* und er behauptete, gemeint sei *Jenseits von Eden*. Wenn Gregor zwischen Himmel und Hölle hätte wählen müssen, er hätte die Hölle erwählt. Jeder von ihnen hatte bereits eine Tochter und nun hatten sie einen gemeinsamen Sohn.

„Ich habe meinen Vertrag mit der Hochschule zum Wintersemester aufgelöst", sagte Heiner gegen das aufkommende Schweigen.

„So?", sagte Gregor. Er nahm sein Glas, trank einen Schluck und verzog ein wenig das Gesicht. Er schaute ihn an und ließ ihm Zeit. Und als Heiner nicht antwortete, legte Gregor nach: „Und warum?"

Heiner drückte seine Zigarette aus. „Ich werde nach dem Sommer eine Regieassistenz am Schauspielhaus antreten."

Der Satz war wie aus dem Off gesprochen, als gehöre der Satz nicht zu ihm. Heiner nahm das Weinglas in die Hand und drehte es in seinen Fingern. „Theater machen, das wäre schon mein Lebenstraum." Er sprach häufig im Konjunktiv. Immer hatte er Träume.

„Du musst aufpassen, dass dein Leben nicht im Konjunktiv endet", lachte Gregor. Er schätzte das Talent seines Freundes, der als Kulturpädagoge an einer kleinen Hochschule auch erfolgreiches Studententheater machte. Aber richtiges Theater?

„Richtiges Theater?"

„Ja, richtiges Theater! Eine Figur auf dem Theater zu erfinden, das ist wie eine Geburt. Und eine Szene ...", Heiner nahm vorsichtig einen Schluck aus dem Weinglas, „du bist wie ein kleiner Gott." Vorsichtig setzte er das Glas auf den Tisch. So schlecht fand er den Wein nicht.

„Was sagt Sofie dazu?"

„Sie weiß noch von nichts." –

Gregor schaute ihn fragend an.

„Es ist ein göttliches Lustspiel, aus dem frühen 19. Jahrhundert. Deutscher Prinz und deutsche Prinzessin – sie kennen sich nicht – sollen verheiratet werden. Beide flüchten. Wohin? Ins Land, wo die Zitronen blühen. Italien!" Heiner schwärmte: „Ich habe dem Stück einen Untertitel gegeben. Es gibt kein richtiges Leben im falschen. Der Satz ist nicht von mir."

Heiner beließ es bei Anspielungen, er ließ bewusst etwas aus, er nannte Namen nicht. Es gehörte zu seinem Spiel mit dem Freunde. Es war sein Akt der sozialen Selbsterhöhung. Er teilte ihm mit, was ihm eigentlich noch fehlte.

„Ich hoffe Italien oder besser Sizilien heilt alles, oder es zerbricht."

„Du sprichst von deinem göttlichen Lustspiel ...?"

„Ja! Nein …". Heiner schaute auf die bläulichen Streifen seiner Turnschuhe. „Sofie und ich …, wir hatten uns vor ein paar Monaten wieder für einige Zeit getrennt."

Gregor schaute ihn groß an, dann nickte er.

„Wieso nickst du?"

„Habe ich genickt? Ist mir gar nicht aufgefallen."

„Du weißt …! Heiners Stimme blieb in der Schwebe. „Das weiß doch sonst niemand."

Gregor schob einen Satz über den Tisch: „Sofie hat es mir gesagt."

„Sofie …?" Er blickte ihn irritiert an.

„Ja, wir haben irgendwann einmal miteinander telefoniert."

„Davon hat sie mir nichts gesagt." Heiner versuchte seine Kränkung zu unterdrücken.

Gregor lachte. „Ein paar Geheimnisse solltest du ihr schon lassen." Er blickte aufs Meer, zog an seiner Zigarettenspitze und zauberte mit dem Rauch kreisrunde Kringel.

„Irgendetwas stimmt nicht mehr mit uns. Ich weiß nur nicht genau was. Als sei immer eine dünne Glasscheibe zwischen uns."

„Hast du schon mal angeklopft?"

„Wie angeklopft?"

„Dann müsstest sie dich doch hören. – Vielleicht bildest du dir alles nur ein? Und sie wartet darauf, dass sie aus ihrem Glashaus erlöst wird."

Heiner schüttelte den Kopf. „Manchmal glaube ich, sie hat eine unheilbare Angst vor dem wirklichen Leben. Das Leben ist immer da drüben. Und ich bin die Brücke über die tiefe Schlucht."

„Da musst du dich aber lang strecken. Was sich zu lang macht, zerbricht."

„Vielleicht sind wir schon viel zu lange zusammen. Wir kennen alles an uns, jede Bewegung, jede Andeutung, jedes Wort, jede Geste …, alles, alles ist schon vorher bekannt."

„Und Sizilien soll jetzt der Kitt sein?"

Heiner sagte nichts, dann schaute er Gregor aufmerksam an: „Weiß Annette eigentlich alles …, ich meine, alles."

„Was alles?"

„Du weißt, was ich meine …"

Gregor drehte seinen Kopf zu ihm hin. „Was …?"

„Deine alte Geschichte mit …" Heiner biss sich auf die Lippen.

Gregor ließ seine abgebrannte Zigarette in den Aschenbecher fallen. „Das ist doch vor Annettes Zeit, und das ist jetzt drei Jahre her. Ich musste bei ihr doch keine Beichte ablegen."

„Okay …!" Heiner hob abwehrend die Hände.

Sie beobachteten, wie Sofie und Annette langsam am Meeressaum zurückkamen. Es tat gut, die Augen zu schließen und nur auf die anlaufenden Wellen zu hören. Und es tat gut, die Augen nur so wandern zu lassen. Und wenn Heiner die Augen zusammenkniff, hätte man glauben können, die beiden Frauen wandelten über das Meer.

„Was hältst du von dem Spruch: *In allem siegt die Liebe!*" Gregors Stimme holte Heiner aus der Ferne seiner Gedanken.

„Seit wann bist du Romantiker? Und ein Idealist obendrein. So kenne ich dich gar nicht. Weißt du, das ist Literatur. Auf mein Leben passt er zurzeit jedenfalls nicht."

„Aber du weißt, wie das im Lateinischen heißt?" Gregors Frage segelte wie ein Blatt durch die Lüfte.

Nein, wusste Heiner so schnell nicht. Natürlich kannte er das Wort *amor*. Er kramte in seinem Gedächtnis.

„Ich werde eine Stiftung errichten … zur Förderung der Philosophie." – Gregor ließ den Satz wirken.

„Sie trägt den Namen ´Omnia vincit amor´ - In allem siegt die Liebe. Annette hat mir den Namen empfohlen. Von meinem privaten Kapital will ich eine ansehnliche Summe dafür bereitstellen. – Was hältst du von meiner Idee?" Gregors Sätze klangen so beiläufig.

Heiner verschlug es die Sprache. Er wollte lachen, tat es aber nicht. Ungläubig schüttelte er den Kopf.

„Was?" –

Er stolperte in seinen Gedanken herum … Gregor … und Stiftung … und Philosophie … und In allem siegt die Liebe, … idiotisch, anmaßend, klerikal … Ja, was sollte er jetzt sagen?

„Und das erzählst du mir jetzt, hier, am Strand, am Strand von Sizilien."

„Ja, warum nicht. Der Strand ist doch ein guter Ort dafür. Nichts lenkt uns ab. Nur Sand, Steine und Wasser. Und zwei hübsche Frauen natürlich." Gregor lehnte sich zurück und lachte breit.

„Und wieso Philosophie?" Heiner sprach das Wort Philosophie betont langsam aus, als wolle er sich versichern, dass er sich nicht verhört hatte. Er musste sich verhört haben.

„Und warum nicht für Kunst?"

„Ich denke noch darüber nach."

Irgendwie hörte er Gregor sprechen. Von japanischer Kalligraphie. Von Meditation. Von Selbstbescheidung. Von Abschiedlichkeit. Das Wort kannte er überhaupt nicht. Nicht, dass es wie auswendig gelernt klang, aber es war nicht sein Eigenes. Gregor kannte er so nicht. Was trieb den an? Gregor sprach von Spiritualität, von neuer Religiosität. Hatte er wirklich Religiosität gesagt? Ein Unternehmer auf Sinnsuche? Oder war alles nur ein soziales Opfer, sein sozialer Mehrwert. Oder sein Eintrittsgeld, zugegeben ein recht teures, in die Welt von philosophischer Bildung und höherer Kultur? Irgendwie hörte er ihm nicht richtig zu.

Dann rang er sich doch zu einem Satz durch. „Ich dachte bisher: In allem siegen die Triebe, oder noch besser, In allem siegt der Tod!" Heiner prostete ihm zu. Gregor lachte. Dann lachten sie beide. Aber alles Lachen hatte einen hellen, fast blechernen Klang. Sie wollten darüber noch einmal sprechen.

Gregor verschwand, um den Wein zu bezahlen. Als er zurückkam, war etwas mit ihm. Gregor hatte sich noch einmal kurz umgedreht, als suche er noch etwas.

41

„Hast du etwas verloren?" Auch Heiner blickte suchend nach hinten.

„Nein!", sagte Gregor. – „So ein Zufall!" Er erzählte, im hinteren Teil sei ein Restaurant. Ein Türflügel habe offen gestanden und zwei Männer hätten abseits an einem Tisch gesessen. Den einen habe er schon im Flugzeug gesehen, später dann im Bus, auch im Bahnhof, als sie ausgestiegen seien. Er habe ihn an seinem blassroten Schal und seinen grau gestreiften Anzug wieder erkannt. Über den anderen könne er nichts sagen, da er ihm den Rücken zugewandt habe. Nur, dass er älter war.

Heiner wusste, von wem er sprach. Er schaute an ihm vorbei und sah, dass Sofie und Annette den Strand empor kamen. Heiner sagte nichts. Aber er spürte, dass Gregor von einer feinen Unruhe begleitet wurde. Sie hatten beide einen ganz fernen Gedanken.

Weit draußen über dem Meer hatten sich einige kleine Wolken gebildet.

Sofie und Annette hatten die Paradiesinsel nicht gefunden. Vielleicht lag es aber nur daran, dass die Halbinsel, die sie gefunden hatten, kein Schild trug und, wenn man das Paradies aus der Nähe betrachtete, nicht aussah, wie ein Paradies, sondern wie ein riesengroßer bewachsener Felshaufen mit einem abbruchreifen Haus. Aber sie hatten entdeckt, wie sie auf leichte Weise nach Taormina zurückkehren konnten. Im nächsten Ort, in *Mazzarò,* ganz nahe am Strand, gebe es eine Seilbahn, die sie direkt hoch nach Taormina bringen könnte.

Früher Nachmittag

Seine Füße wippten im Takt. Mehrmals überflog er die ausgelegten Fotos. Mit auffälliger Eleganz schob er die Fotos wie ein Kartenspiel zusammen, mischte sie erneut und legte sie mit der Fingerfertigkeit eines Spielers wieder aus.

Sein Blick wanderte langsam über die Tischplatte, dann veränderte er ihre Lage, als suche er für die Bilder die einzig mögliche Reihenfolge. Er schüttelte den Kopf, nahm ein Foto, warf einen kurzen Blick darauf und zerriss es langsam. Zwei andere legte er beiseite, schob den Rest wieder zusammen und legte sie abermals auf den Tisch.

Dann griff er nach einem Foto, das am Rand lag, ... er schaute sekundenlang auf einen Mann, mit schmalen Augen und welligem, dunkelblondem Haar – drehte es um und kontrollierte die Beschriftung. Nicht unsympathisch für einen ..., dachte er. Dann nahm er ein weiteres Foto, und noch zwei und steckte sie in die Innentasche seiner alten Anzugjacke. Die übrigen packte er zurück in das große Kuvert. Die Fotos werden reichen. Er war gut zu erkennen. Der andere auch.

Er stand auf und schaute auf seine Uhr. Der Einsatz war hoch. Wie im Roulette. Wenn die Kugel einmal lief, war sie nicht mehr zu stoppen ...

Nur ein einziger Commissario spreche Deutsch. Und sie müssten warten, bis man sie aufrufen würde. Das hatte ihnen der junge Polizist gesagt, der in einer gläsernen Kabine über die Eingangstür der Polizeistation wachte und über die Besucher. Sie verstanden nicht, warum es so lange dauerte, denn sonst wartete niemand in dem schmalen Flur, der nach Salmiak roch und in seiner stumpfen Farblosigkeit noch an den kargen Geist der Fünfzigerjahre erinnerte.

Gregor und Annette standen einige Meter entfernt vor einer Plakatwand, auf der in Bildern und verschiedenen Sprachen Warnhinweise für Touristen angebracht waren, wie man sich vor Kleinkriminellen schützen könne. Heiner stand, die Hände lässig in die Taschen seines Cordjacketts versenkt, gegen die Flurwand gelehnt. Nur Sofie saß auf der einzigen Holzbank und betrachtete das antik aussehende Tonrelief, das, auf Seidenpapier und Plastiktüte gebettet, auf ihrem Schoß lag.

Im Nachhinein kam Heiner alles so unwirklich vor, ja eigentlich absurd. Und alles war so schnell abgelaufen, dass all seine Versuche, das Geschehene zu rekonstruieren, lückenhaft blieben. Wie bei den schnell wechselnden Szenen eines Traumes, an dessen Bildfolgen man sich zwar erinnerte, die aber keinen rechten Zusammenhang ergaben.

Es fiel ihm schwer, den Ort genau zu beschreiben. Nicht einmal den Straßennamen hatte er sich gemerkt. Irgendetwas blockierte seine Erinnerung. Sie hatten eine Abkürzung gesucht von der abseits gelegenen Seilbahnstation zu ihrem Hotel. Sicher waren es antike Mauer- und Gebäudereste, die, vernachlässigt und vergessen wie nach einem Jahrhundertschlaf, von Gras und Sträuchern überwuchert wurden. Und sie hatten beide auf Sofie und Annette gewartet, die aus unerfindlichen Gründen hinter ihnen zurück geblieben und nicht zu sehen waren.

Zuerst dieser dünne, unterdrückte Piff, fast lautlos, der wohl ihnen galt, oder wem sonst. Von dem unklar war, woher er kam und was er bedeutete. Er hatte sich mit Gregor sofort umgedreht. Mit einer gewissen Unsicherheit hatten sie hinüber geblickt in ein verfallenes Gemäuer aus Stufen und dunklen Gewölben. Doch, es war niemand zu sehen.

Dann mehrere abgehackte Zischlaute, wie durch die Zähne gepresst. Rhythmisierte Lockrufe, die mehr auf sich selbst aufmerksam machen wollten. Georg wies unauffällig mit dem Kopf auf die Zweige eines Strauches, die sich leicht bewegten, und auf einen Schatten.

Dann machte Heiners Erinnerung einen Sprung ...

Ein kleiner Mann in einer verschlissenen dunklen Anzugjacke, die viel zu groß war.

Der sich mit der rechten Hand ruckartig durch das struppige Haar fuhr.

Der sich sichernd nach allen Seiten umschaute.

Der ganz kurz mit der Hand winkte, ein vertrauliches Zeichen für Eingeweihte, für sie, als kenne man sich.

Der beiläufig auf eine Plastiktüte zeigte, die er in der anderen Hand hielt.

Der dann mehrere Male auffällig mit den Augen rollte, sie mögen ihm folgen.

Der im Schatten einer Mauernische wartete, die von halbhohem Gesträuch und einem Mimosenbaum verdeckt wurde.

Er hatte die Plastiktüte halb geöffnet auf einen Säulenstumpf gelegt.

„Ich dachte, Sie kommen nicht mehr", sagte er leise, aber bestimmt. Sein Blick wechselte schnell von Gregors erstauntem Gesicht zu Heiner und wieder zurück. „Hier ist das, worauf sie schon so lange warten." Er wies mit dem Kinn auf die halb geöffnete Einkaufstüte.

„Ich verstehe nicht ganz ...", sagte Gregor.

„Natürlich, verstehen Sie nicht", unterbrach er und grinste, als habe er erst jetzt begriffen.

„Ein Originalstück", sagte er mit unterdrückter Stimme, „über 2400 Jahre alt", und zeigte auf eine antik aussehende Tontafel, auf der zwei sitzende archaische Figuren zu sehen waren. Dann schlug er das weiße Seidenpapier darüber zusammen und das Stück verschwand vor ihren Augen wieder gänzlich in der Plastiktüte.

„Antik. Ganz antik. Wie bestellt und verabredet!" Sein Kopf war ständig in Bewegung und seine Augen wanderten unstet umher, als erwarte er jemanden, der ihn auf keinen Fall sehen sollte. Dann drückte er Gregor die Plastiktüte mit der Tontafel in die Hände.

„Wir haben nichts bestellt ..."

„Natürlich nicht! Natürlich nicht!", wiederholte er und verzog den Mund, als verstehe er und wisse um das heikle Spiel.

Wahrscheinlich hatten sie ihn misstrauisch, ja argwöhnisch angeschaut, denn er kam mit seinem Kopf nahe an Gregors Gesicht und sagte halblaut: „Da ist noch die Provision, Signore, meine Spesen ... Sagen wir 100.000 Lire!"

Gregor zog unschlüssig die Schultern hoch ..., Hilfe suchend warf er Heiner einen Blick zu.

„... 80.000 Lire! Für meine Auslagen und ein wenig Trinkgeld." Er berührte fast zärtlich Gregors Arm.

Glatte hundert Mark. „Ich habe nicht soviel Geld mit", entfuhr es Gregor, um der verfänglichen Lage und der Aufdringlichkeit des Mannes zu entkommen. Er suchte einen Ausweg. Als Gregor die Plastiktüte von sich streckte, hob der Alte entwaffnend beide Hände.

„Aber ihr Freund ...?" Er blickte auf Heiner.

Der schüttelte mit dem Kopf.

„Wo wohnen Sie?"

„Hotel del Sole!", sagte Heiner mechanisch. Er fühlte, dass er einen Fehler gemacht hatte.

„Ich werde mich melden. Sie haben mir sehr geholfen. Aber, Sie wissen ja ...", er legte den Zeigefinger verschwörerisch auf die Lippen. „Polizei!"

Erst jetzt erinnerte sich Heiner, dass der Mann nur Englisch gesprochen hatte, ein einfaches Englisch. Und sie hatten, wie selbstverständlich, in Englisch geantwortet. Ganz deutlich hörte er noch seinen abgehackten und halblauten Tonfall, bevor der Mann sich wegduckte und von einem dunklen Gewölbegang verschluckt wurde, der ins Unterirdische zu führen schien.

Eine Tür ging auf und schloss sich wieder. Heiner hatte nicht bemerkt, dass der junge Polizist seine gläserne Kabine verlassen hatte.

„Sie wird eine Königin gewesen sein", sagte Sofie. Sie betrachtete versunken die Tontafel und fuhr dann vorsichtig mit ihren Fingerkuppen über das Relief der weiblichen Figur, die im Vordergrund zu sehen war. „Und sie ist jung, und sie sitzt auf einem Thron."

„Wieso Thron?" Heiners Stimme kam von weit her und verriet Skepsis.

„Weil sie ihre Füße auf ein kleines Podest stellt und der Thronsessel erhöht wurde." Sie zeigte mit einem Finger auf zwei kleinere Sockel.

„Und was macht der Hahn neben dem Sessel und der Hahn dort in ihrer Hand?"

„Wahrscheinlich war sie eher eine Dorfkönigin, oder die Dorfschöne." Gregor war mit Annette unbemerkt hinzugetreten.

Sofie zog genervt die Schultern hoch. „Vielleicht sind es eher Hühner als Hähne. Männer sehen immer nur Hähne." Ihr Blick zur Seite verriet viel.

„Darf ich noch mal?" Mit spitzen Fingern nahm Heiner die Tontafel hoch und untersuchte die schmale Bruchkante, wo ein kleines Teilstück des Tonreliefs fehlte und mit ihm der Kopf der zweiten Figur. „Jedenfalls ist die sitzende Figur hinter ihr ein Mann. Wahrscheinlich ein älterer Mann."

„Wie kommst du darauf?", fragte Sofie. „Die zweite Figur hält doch Blumen oder so was in der Hand."

„Was meint ihr?" Heiner schaute erst Annette an, dann Gregor. „Der fehlende Kopf ist von einem Mann mit Bart."

„Eine Frauenfigur mit einem Mann ohne Kopf. Das überzeugt mich!" Annettes Stimme tropfte wie Öl. „Weißt du Gregor, wenn wir es behalten, dann hängen wir es Zuhause auf."

„Hier …", Heiner zeigte auf eine kleine erhabene Spitze aus feinen Wellen, die direkt an der Bruchkante abbrachen. „Das ist die Spitze seines Bartes. Bart heißt älterer Mann." Heiner drehte die Tontafel um und untersuchte zum x-ten Male den handgeschriebenen Zettel, der auf der Rückseite aufgeklebt war. Mit den abgeschrägten Ecken ähnelte er den Namens-Schildchen auf alten Schulheften.

„Der Aufkleber ist uralt, das Papier ist zum Teil schon ausgefranst." Heiner beugte sich tief über den vergilbten Zettel, um noch einmal die Aufschriften auf den vier Linien zu betrachten. Vielleicht hatten sie etwas übersehen.

P. e Pro.

5. sec. a. Chr. – Tomba L.

Inv. No.: MN5312

Anno: 1926

„Ich bleibe dabei", sagte Heiner, „5. Jahrhundert vor Christus. Und darunter steht die Inventar-Nummer. Wahrscheinlich aus einem Museum. "

„Wenn das stimmt, dann hat er uns einen Goldschatz in die Hände gedrückt." Gregor grinste milde.

„Einen geklauten …", warf Annette dazwischen.

„Er hat uns verwechselt", stellte Heiner fest. „Ich dachte schon, Sie kommen nicht mehr", Heiner imitierte den abgehackten Tonfall des Alten. „Er sprach Englisch, also wartete er auf zwei Engländer und zufälliger Weise kamen wir."

„Sehen wir aus wie Engländer?" Gregor zog Stirn und Nase hoch.

„Tomba L.? Was meint Tomba L.?" Sofie wiederholte die Wörter wie eine Beschwörung.

„Die Handschrift ist altertümlich und mit breiter Tinte geschrieben, sicher mit einem Federhalter." Heiner hielt inne. „Wer oder was ist P. und wer ist Pro.?"

„Vielleicht weiß es der Kommissar", hoffte Sofie.

„Wo wird er die Tontafel geklaut haben?", überlegte Gregor laut. „Vielleicht hier in Taormina?"

„Signore! Signori!", unterbrach sie eine Stimme in ihrem Rücken. Ein älterer Polizist mit kurz geschorenem Haar stand breitschultrig in einer offenen Tür und forderte sie mit einer kurzen Kopfbewegung und einem dienstlichen Lächeln auf einzutreten.

„Nehmen Sie Platz." Er schob die Stühle zusammen. „Sie sind Deutsche?" Sie nickten. Seine Stimme war angenehm weich und sein Deutsch klang routiniert. "Was kann ich tun für Sie?"

Heiner packte das Tonrelief aus und legte es mit dem Seidenpapier auf eine freie Ecke des Schreibtischs.

„Aha", sagte er, indem er einen kurzen Blick darauf warf. „Haben sie es gefunden oder gekauft?" Er lehnte sich zurück auf seinen Stuhl und verschränkte die Hände über seinen Bauch.

Gregor schüttelte den Kopf. „Nein. Nicht gefunden, nicht gekauft. Ein Mann hat es uns gegeben ..." Er zeigte auf Heiner und sich.

„... aufgedrängt!", ergänzte Heiner

Der Polizist schob die Augenbrauen ungläubig nach oben. „Aha ...", sagte er bedächtig, „... gegeben und aufgedrängt. Und wie kann ich Ihnen helfen?" Er richtete sich auf.

„Offen gesagt", begann Gregor zögernd, „wir glauben, es stammt aus einem Museum ..."

„... wahrscheinlich wurde es gestohlen", mischte sich Heiner ein. Er drehte die Tontafel um und zeigte auf den vergilbten Aufkleber. „Sehen Sie, das ist doch ein Inventarschild von 1926, mit Inventar-Nummer, das Relief stammt wohl aus dem 5. Jahrhundert vor Christus. Wir wissen nur nicht, was es darstellt."

„Und sie haben dafür nichts bezahlt?", sagte der Polizist stirnrunzelnd. Mit betonter Vorsicht legte er die Tontafel vor sich hin, genau in die Mitte des Schreibtisches.

„Erzählen Sie! Wie sind Sie daran gekommen!"

Aufmerksam betrachtete er den Aufkleber und die Rückseite, während Gregor und Heiner sich mühten, die einzelnen Bruchstücke ihrer Erinnerung zusammen zu fügen.

„Wie alt war er?"

„Schwer zu sagen, zwischen vierzig und fünfzig, vielleicht auch älter."

„Und wie sah er aus?"

„Etwas abgerissen …!"

„Ich habe noch nicht genau verstanden, wo es war."

Genaueres konnten sie nicht sagen, nur dass der Ort nicht weit von der Seilbahnstation liegen musste.

„Wahrscheinlich das Odeon", murmelte er. Er drehte die Tontafel um und betrachtete schweigend die beiden Figuren.

„Nun", sagte er und erhob sich dabei, „ich habe zwar eine Einschätzung. Aber um sicher zu gehen, will ich lieber noch einen Kollegen befragen. Es dauert nicht lange." Er ließ die Tür hinter sich offen stehen.

„Was meinte er mit Odeon?", sagte Sofie.

„Keine Ahnung, sicher irgendein antikes Gebäude", sagte Heiner.

„Warum hat er sich keine Notizen gemacht?", fragte Gregor.

Annette zog ihre Stirn kraus und fuhr mit beiden Händen durch ihr rotschwarz gefärbtes Haar.

Schon nach zwei, drei Minuten kam er mit der eingewickelten Tontafel zurück und nahm mit seinem massigen Körper wieder Platz hinter seinem Schreibtisch.

„Über die Figuren kann ich ihnen nichts sagen. Ich bin kein Experte. Aber, solche Tafeln hat man in antiken Gräbern gefunden. Das Wort *tomba* heißt übrigens Grab."

„Also ist es ein Original und es wurde gestohlen." Heiner bemerkte, dass er nichts sehnlicher wünschte.

„Ob es gestohlen wurde, weiß ich nicht. Niemand hat einen Diebstahl gemeldet. Aber, wenn es ein Original wäre, dann könnten wir alle es nicht bezahlen. Nein!" Er schaute sie mitleidig an. „Es ist, wie immer, eine geschickte Fälschung. Da sind wir uns zu 95 Prozent ...", er schob auffällig die Augenbrauen hoch, „nein, da sind wir uns ganz sicher. Es scheint alles in allem ein neuer Verkaufstrick."

Er schob die eingewickelte Tontafel zu Gregor hinüber und erhob sich etwas schwerfällig. „Aber ich will gerne noch etwas für Sie tun ..." Er kramte in einem Wandschrank und holte nach kurzer Zeit eine Polaroidkamera hervor. Dann wickelte er das Relief wieder aus und machte umständlich zwei Fotos von der Vorderseite der Tontafel und von dem Aufkleber und wedelte auffällig mit den noch feuchten Bildern durch die Luft.

„Schreiben Sie mir Ihren Namen und Adresse auf die Rückseite, wo Sie sich morgen und übermorgen aufhalten. Ich werde die Bilder einem Freund im archäologischen Museum zeigen." Er schob die Bilder über den Schreitisch. „Vielleicht weiß er, was es ist. Und da bleiben ja noch fünf Prozent." Er lachte. „Und vielleicht finde ich noch heraus, wer es ihnen verkaufen wollte. Der Trick ist neu."

Gregor nahm den Stift, den der Polizist ihm reichte. „Deinen Namen auch?" fragte er. Heiner nickte ausdrücklich.

„Morgen sind wir wohl noch hier." Annette warf Gregor einen Blick zu. „Aber übermorgen werden wir wohl in Syrakus sein."

„Und ein Hotel haben wir noch nicht", warf Sofie dazwischen. Vorsichtig packte Sofie die Tontafel ein, als sei sie ihr besonders anvertraut.

„Ich gebe Ihnen die Adresse einer Polizeiwache im Zentrum von Syrakus, die kümmert sich insbesondere um geraubte antike Kulturgüter. Dort gibt es seit ein paar Monaten jemanden, der Deutsch spricht." Er suchte vergeblich in seinen Schubladen, dann in den Papieren, die auf seinem Schreibtisch lagen.

„Der Name ist, glaube ich, Bellini, wie unser großer sizilianischer Opernkomponist. Ich bin mir nicht sicher. Sonst fragen Sie sich durch." Nach einigem Suchen fand er ein kleines Kärtchen. „Auf der Piazza Federico di Svevia 1, in der Altstadt. Ich werde dort eine Nachricht für Sie hinterlassen. Mein Name ist De Santis, Commissario De Santis. Die Touristen sind doch unsere wichtigsten Freunde." Er lächelte mild und tauschte das Kärtchen gegen die Polaroidfotos, auf deren Rückseite Gregor ihre Namen und *Hotel del Sole* geschrieben hatte.

Noch in der Türe drehte sich Gregor plötzlich um. „Und was bezahlt man für solche Fälschungen auf dem Markt?" Gregors Ton wurde geschäftlich.

Der Polizist zuckte mit den Achseln. „Warten Sie ab", sagte er dann, „er wird sich bei Ihnen noch melden. Die wissen schon, wo Sie sind. Die wissen immer alles." Er grinste quer über das ganze Gesicht.

Sofie und Annette bedankten sich. Gregor nickte, Heiner lächelte irgendwie.

„Wir wollten doch heute noch zum griechischen Theater", unterbrach Annette die seltsam aufkeimende Stille.

„Ja", sagte Heiner geistesabwesend, „vielleicht treffen wir ihn dort."

Das antike griechische Theater lag am Ende einer schmalen Sackgasse. Am Eingang hingen noch die Plakate der Aufführungen aus dem vergangenen Sommer. Die *Orestie* des Aischylos. „Zweieinhalb Tausend Jahre alt. Das passt. Eine Familie schlachtet sich ab", meinte Heiner lakonisch. Ein Livekonzert von Carlos Santana. Das hätte sie interessiert. Der Rest war kulturelles Fastfood.

Als sie im steinernen Halbrund einen Platz gefunden hatten, wurde gerade ein Stück gegeben, das jeden Tag lief. Es war eine Art Daueraufführung. Es gab keinen Beifall, weil das Stück nie endete. Der Hauptdarsteller ragte über die Säulenstümpfe des Bühnenplateaus hinaus. Aber er schwieg. Kein Wort. Manchmal – nach ein paar Monaten oder gar Jahren – redete er in dunklen Andeutungen, die nur Eingeweihte verstanden. Sie nannten seine Sprache, wenn es denn ein solche war, Grummeln oder Grollen. Oder er äußerte sich in einer Zeichensprache, die Nichts und Alles bedeuten konnte. Insofern glich er einem Orakel.

Der Hauptdarsteller hieß: der Ätna. Die Nebendarsteller: der Wind, die Wolken, der Himmel. Je nach Zustand des Darstellers, je nach Wetter oder Jahreszeit wechselte der Titel des Schauspiels: Der umwölkte Ätna, Der rauchende Ätna oder Der feurige Ätna. Heute und in den nächsten Tagen hieß er einfach: Der schneebedeckte Ätna.

Als besondere Zugabe hatte ein unbekannter Regisseur ein frühes flammendes Abendrot hinzugefügt. Und als feine dramatische Zutat eine hauchdünne, verwehte Rauchfahne. Und ganz ferne, wie eine kleine himmlische Drohgebärde, ein paar dunklere Wolkenstreifen, die einen Wetterwechsel bedeuten könnten oder auch nicht.

Für Augenblicke sah Heiner Richter einen Mann im Popelinmantel. Sein Blick fiel auf die Plastiktüte, die Sofie in ihrer Hand trug. So sehr er sich auch mühte, ein Mann, der so aussah wie in dem alten Gemäuer, war nirgends zu entdecken.

Sie fühlten sich gestört, weil Andere ihnen den Blick verstellten. Es gab die „Ahs" und „Ohs" der neu Hinzugekommen. Es gab das Klicken der Fotoapparate. Es gab die viel zu lauten Deklamationen der Fremdenführer. Es gab das Treppauf und Treppab der Gruppen. Die guten Geister des Ortes mussten längst vor Zeiten geflohen sein. Sie flohen auch.

Ganz in der Nähe fanden sie ein offenes Tor, das sie unverhofft in einen alten Garten einlud, mit Palmen und hohen Lorbeerhecken, die als natürliche Rahmen dienten für die Büsten von namenlosen Göttinnen. Imitate aus Zementstein. Ein breiter Treppenaufgang führte auf die ausladende Terrasse eines Hotelgebäudes in klassischer Architektur. Und weil sie die einzigen Gäste waren, nahmen sie Platz an einem gedeckten Tisch nahe der alten Steinbalustrade. Ein livrierter Kellner fragte nach ihren Wünschen. Es war ihnen unangenehm, dass sie mit der Nachlässigkeit von Rucksacktouristen gekleidet waren.

Von hier oben hatten sie einen Blick über das ganze antike Theater. Von hier oben schauten sie auf den Ätna, der mit seiner rosa schimmernden Schneekappe so kitschig aussah, wie auf den Ölbildern, die man überall kaufen konnte. Das Meer lag spiegelglatt.

Vorsichtig hatte Sofie die Plastiktüte auf den Tisch gelegt. Umständlich packte sie die Tontafel aus, schlug das Seidenpapier zurück und fuhr mehrmals mit einem Finger langsam über das Relief der Frauenfigur, als könnte der Tastsinn ihr ein Geheimnis verraten.

„Und was machen wir damit?", sagte Gregor.

„Wir bezahlen es und hängen es in unsere Kapelle." Annette warf ihm einen langen Blick zu.

„Und wenn er nicht kommt?"

„Dann lassen wir es im Hotel. – Oder wir bringen es zur Polizei oder zurück ins Gemäuer." Heiner versuchte sich in Gelassenheit.

„Und wenn es doch ein Original ist?" Gregor genoss es sichtbar, mit dem Feuer zu spielen.

„Du schaust sie an, als sei sie eine Goldader."

„Dann haben wir ein Geschäft gemacht", sagte Annette und ihre Augen weiteten sich.

„Kulturgüter kann man nicht so einfach …", Heiner suchte nach dem richtigen Wort, „ … mitnehmen. Ich bin sicher, er hat uns verwechselt. Wie sagte der Polizist? Die wissen schon, wo sie sind." Heiner blickte hinunter in den Palmengarten.

„Lass mich nur machen", sagte Gregor zweideutig. Irgendetwas hatte er entschieden.

„Was sie wohl hinter diesem Lächeln verbirgt? Ich möchte zu gerne wissen, was." Sofie verzog ein wenig den Mund. „Dieses maskenhafte Lächeln. Irgendetwas versteckt sie."

„Zwei Zufälle auf einmal, sind einer zuviel."

Verwundert schauten sie ihn an. Gregor sprach von der anderen Zufallsbegegnung in der Strandbar. Er überraschte sie mit dem Vorschlag, morgen Taormina zu verlassen und einen Abstecher über den Ätna zu machen. Und es war sicher kein Zufall, dass Annette und Sofie in diesem Moment bedeutsame Blicke tauschten.

Der livrierte Kellner unterbrach ihr Gespräch. Auf silbernen Tabletts servierte er drei Campari und ein Bitter Lemon.

Hinter ihnen, ein Stockwerk höher, wurde ein Fenster geöffnet. Nur wenige Sekunden später öffneten sich nacheinander zwei Balkontüren. Doch niemand trat heraus.

18.50 Uhr

Das Telefon war noch aus altem schwarzen Baccalite, und als er den Hörer auflegte, fiel ihm auf, wie schwer er war.

„Hat er es schon einmal versucht ...?"

Er schüttelte den Kopf und blickte nach draußen.

„Sie bekommen heute keinen Kontakt."

„Aber, es war alles verabredet."

„Heute ist Sonntag!" Er spitzte den Mund. „Und Sonntage sind heilig, nicht wahr ...?"

„Wir sollten es morgen früh noch einmal versuchen!"

Er nickte und trat ans Fenster, dann schob er ein wenig den Vorhang zur Seite und blickte hinunter ...

Das sonnige Wetter schien stabil. Ein schmaler Streifen Sonnenschein lag faul auf der Straße und lockte. Die Schweizerin war in einem Nebenraum verschwunden, und sie warteten, ein wenig ungeduldig, an der Rezeption.

Sofie schaute sehnsüchtig nach draußen auf den Sonnenstreifen. Heiner suchte vergeblich Informationen über die Anfahrt auf den Ätna. Gregor ging es irgendwie nicht schnell genug und Annette war von einer redseligen Unruhe. Noch gestern Abend hatte sie mit der Hausangestellten telefoniert. Den Kindern gehe es soweit gut. Der Kleinste zahnte und wache nachts auf. Ein heftiger Sturm sei durchgezogen, seitdem sei die Kapelle undicht. Kapelle, so nannten sie das ehemals offene Atrium ihrer Villa, das ein Künstler mit einer drei Meter hohen Glaskuppel überwölbt hatte. Sie bestand aus Bronzewaben, die mit transparentem Kunstharz ausgefüllt waren. Annette hatte auch Sorge um ihre Bibliothek, die zwei Seitenwände der Kapelle füllte.

Gregor hatte bereits mit seiner Sekretärin telefoniert, damit ein Fachmann sich den Schaden anschaute. Sein Geschäftsführer habe sich krank gemeldet, habe sie gesagt, Magenprobleme. Gregor war sich nicht sicher, ob es nicht etwas anderes sei.

Die Hotelbesitzerin kam und brachte die Rechnungen. Sie schien nervös und abgelenkt, nahm die Geldscheine ohne nachzuzählen und ließ sie unter der marmornen Theke verschwinden.

„Und da ist noch das Geld, das Sie mir gestern Abend gegeben haben? Es hat sich nach Ihrer Rückkehr niemand gemeldet." Sie holte einen Umschlag hervor und schob ihn in Gregors Richtung. Heiner starrte verwirrt auf den Umschlag, dann auf seinen Freund.

Auch Gregor blickte auf den weißen Briefumschlag, der seine Schrift trug. „Und es hat sich keiner gemeldet?", fragte er kühl.

Wie in Gedanken griff sie nach den beiden Schlüsseln, die auf der Rezeption lagen, um sie in die Zimmerfächer zurück zu legen.

„Ach", sagte sie, „da ist wohl noch etwas für Sie."

Sie schaute Gregor und Annette an, zog dann ein gefaltetes Notizblatt aus einem Fach und überflog es halb geöffnet.

„Da muss jemand hier gewesen sein, gestern, am späten Nachmittag. Er war wohl mit Ihnen verabredet." Und wie zur Entschuldigung: „Es ist die Schrift meines Mitarbeiters. Es lag ganz hinten im Fach. Gestern Abend habe ich es nicht gesehen." Sie zuckte mit den Schultern, öffnete dabei hilflos ihre Hände, als wisse sie weiter nichts, und warf erneut einen Blick auf das Blatt.

„Wissen Sie, wer es war?", fragte Gregor.

„Vielleicht war es der Polizist?", murmelte Heiner leise.

„Oder sein Freund aus dem Museum", sagte Gregor.

„Oder sonst jemand …", Heiner machte eine vieldeutige Pause.

„Nein", sagte sie ruhig, „wenn es etwas Wichtiges gewesen wäre, hätte er es sicher notiert."

Gregor gab sich einen Ruck. „Ich bin sicher, dass er noch einmal kommt. Bitte, Signora, bitte behalten Sie das Geld!" Mit gespreizten Fingern schob er den Umschlag zurück. „Und geben Sie ihm den Umschlag, wenn er kommt."

Heiner hüstelte auffällig.

„Und wenn er nicht kommt, Herr Baier?"

„Dann …", mischte sich Heiner ein, „dann werfen Sie den Umschlag zu Ostern in den Opferstock des Doms." Annette und Sofie sahen ihn verblüfft von der Seite an. Irgendwie schien Heiner nicht einverstanden, doch Gregor reagierte nicht.

Sie schüttelte unsicher den Kopf. „Schade", sagte sie mit melodiösem Tonfall, dem sie ein Bedauern beimischte. „Ich dachte, Sie wollten noch ein paar Tage bleiben!" Es waren höfliche, aber nichts sagende Worte.

„Nein, Signora", sagte Sofie, „wir haben es uns überlegt. Wir wollen noch einen Abstecher auf den Ätna machen und dann nach Syrakus. Das sonnige Wetter ist dafür wie geschaffen. Meinen Sie nicht."

„Ja, das Wetter ist noch schön. Aber, ich sage es meinen Gästen immer wieder: Bleiben Sie auf den vorgeschriebenen Wegen, oder nehmen Sie einen Führer." Sie schien besorgt und weitere Ratschläge folgten. „Der Ätna ist zwar nicht gefährlich, aber, auch nicht ungefährlich ..." Sie suchte nach Worten. „Wie sagt man ...?"

Heiner gab das Stichwort: „ ... unberechenbar!"

Das Telefon unterbrach ihr Gespräch.

„Einen Moment bitte", sagte sie, ging drei Schritte zum Telefon und nahm den Hörer auf. Sie verstanden nur zwei lang gezogene „Si...! Si...!" Dann folgte ein längerer Satz in Italienisch.

„Herr Baier, Sie werden gewünscht!", sagte und schob das Telefon zu ihm hin. Gregor blickte sie erstaunt an, dann die übrigen, zögerte kurz und nahm dann den Hörer.

„Hallo ...!"

Gregor schaute auf den Hörer. „ ... Es meldet sich niemand." Er versuchte es erneut, diesmal mit seinen Namen. „Baier ...! – Es ist niemand dran."

„Dann ist das Gespräch zusammengebrochen oder er hat aufgelegt."

„Es war ein Mann?" – Gregor zog ungläubig seine Stirn kraus.

„Ein Italiener?"

Sie nickte und versuchte ein geschäftliches Lächeln.

„Komisch", sagte Gregor. „Und wie hieß er?"

„Nun, er hat keinen Namen genannt ..., möglicherweise war er von der Vermittlung, die nennen nie ihre Namen."

„Dann kam das Gespräch aus dem Ausland?" Gregors Stimme klang nachdenklich. „Es könnte ja meine Sekretärin oder von Zuhause gewesen sein." Er schüttelte verwundert den Kopf, als verwerfe er bereits die gefundene Antwort.

„Das kann ich ihnen leider nicht sagen, Herr Baier." Sie hob entschuldigend ihre Schultern, nahm den Hörer aus Gregors Hand und legte ihn behutsam aufs Telefon.

„Ja, der Ätna! Der Ätna", wiederholte sie, „ist unberechenbar. Ich muss ihnen etwas zeigen."

Sie blätterte in der italienischen Zeitung, die auf der Rezeption lag, und zeigte auf einen Artikel mit Bild, auf dem ein lang gestreckter, steiniger Abhang zu sehen war. „Sehen Sie hier ...", und ihre Stimme nahm einen bekümmerten Ton an, „hier ist gestern eine Französin zu Tode gekommen, Sie ist zu nahe an einen kleineren Seitenkrater herangekommen. Das kann passieren. Sie wurde durch eine Gaseruption getötet. Denken Sie, sie hatte zwei Kinder von fünf und acht Jahren. Die Kinder und der Ehemann wurden gerettet."

Sekundenlang schien sie vom Unglück der anderen so berührt, als sei es ihr eigenes. Sicher ist das der Grund für den feinen herben Zug um ihren Mund, dachte Annette. Vielleicht aber redet sie nur gerne über die großen Dramen des Lebens, um sich von dem kleinen Drama ihres eigenen abzulenken.

Sofie nahm ihren Mut zusammen und unterbrach die eingetretene Stille. „Ja Signora, Sie haben Recht, wir werden schon vorsichtig sein. Aber, können Sie uns sagen, wie wir am besten auf den Ätna kommen?"

Sie gab Auskunft mit einer Genauigkeit, die Routine verriet. „Nun, der Ausflugsbus hier von Taormina ...", sie schaute auf ihre Uhr, „aber der ist schon weg. Von Catania, ein öffentlicher Bus, zweimal am Tag. Catania ist zu weit, nicht wahr. Sie können auch die Rundbahn um den Ätna nehmen, vom Bahnhof in Giarre, das sind zwei Bahnstationen, allerdings, in Randozzo müssten Sie aussteigen und es dann weiter versuchen. Sonst, es bleibt nur ein Taxi, aber das kommt wohl nicht infrage." Sie umfasste ihre Gäste mit einem genauen und prüfenden Blick. Heiners Finger fuhren suchend über die Karte in seinem Reiseführer.

„Und wieweit ist es mit dem Taxi zum Ätna?", fragte Gregor.

„Gut 35 Kilometer!"

„Ich lade euch ein!", sagte Gregor.

Er sollte nicht so den Großzügigen spielen, dachte Heiner. Gregor wollte weg. „Rufen Sie uns bitte ein Taxi, Signora!"

Sie sahen, wie sie von einem kleinen Stapel die oberste Karte wegnahm, eine Nummer wählte und ein Taxi anforderte. Den Umschlag ließ sie auf der Rezeption liegen.

Viertel nach Zehn

Er drückte auf einen Knopf in seinem Auto. Er meldete sich nie mit Namen. Er sagte nur: „Ja?" oder manchmal „Ja, bitte?"

Nach wenigen Sekunden sagte er: „Ja, sag' der Signora: Ich komme gerne." Er stieg aus und ging zu der fünf Meter entfernten Telefonsäule. Er hatte einen Triumph in den Augen, den er vor den anderen verbarg. Das Netz war ausgeworfen. Der Fisch geht ins Netz.

Er warf eine Münze ein, wählte eine Nummer und sagte: „Zum Ätna. Rifugio Sapienza." Er machte eine Pause und horchte in den Hörer. „Ich melde mich wieder." Er stellte das Taxameter aus.

Sie wunderten sich, dass der Taxifahrer rothaarig war. Aber es verwunderte sie nicht, dass er ein wenig Deutsch sprach. Die Federung des Taxis war viel zu weich. Der alte Mercedes wippte und in den Kurven entwickelte er Fliehkräfte, wie sie es nur aus alten amerikanischen Filmen kannten. Sie schwiegen zunächst aus Höflichkeit, auch, weil sie nicht wussten, wie gut er Deutsch verstand.

Kein Wort über das Tonrelief. Das Objekt der Begierde ruhte wohlverwahrt in Sofies Rucksack. Sie habe noch genügend Stauraum, da doch Heiner einen Teil ihres Gepäcks trage. Im Übrigen sei die Tontafel nicht zu groß und nicht sehr schwer.

Aus dem Autoradio kamen sizilianische Lieder. Irgendwann drehte er die Musik leiser.

„Sie fahren mit … Rucksack?" Er hatte eine abgrundtiefe Bassstimme und sein Deutsch war einfach. „Wandern ist schlecht. Keine Wege … in Sizilien. Sizilianer wandern nicht. Sizilianer auswandern … nach Deutschland." Er lachte mit dunkler Stimme. „Wo in Deutschland … wohnen Sie?" Sein Deutsch wurde besser.

Er blickte Heiner an, der neben ihm saß, dann blickte er neugierig in den Rückspiegel. Heiner wollte schon antworten, als er Gregor hinter sich sagen hörte: „Im Rheinland." Er glaubte zu wissen, warum er so vage blieb.

„Colonia?", sagte der Taxifahrer. Er hatte einen gleichgültigen Gesichtsausdruck.

Gregor lächelte höflich. „Wo haben Sie so gut Deutsch gelernt?"

Er habe vier Jahre in Stuttgart gearbeitet, ob sie Kinder hätten, wie alt, sicher seien sie bei den Großeltern, er habe drei Kinder. Die Anderen warfen hier und da ein Wort ein. Gregor schwieg, er war ihm zu neugierig.

Annette fragte nach dem tödlichen Unfall am Ätna, nach der Französin, wie nahe man sich den kleinen Kratern nähern dürfe, wie häufig solch eine Gaseruption vorkomme.

Er wisse nichts, sagte der Taxifahrer reserviert. Eigentlich gar nichts. Zumindest nichts Genaues. Ja, der Ätna bringe manchmal Tod. Ja, wenn man ihn nicht respektiere. Sie alle lebten vom Reichtum, den der Ätna schenke. Er schwärmte von der fruchtbaren

Landschaft. Sie fuhren an üppigen Gärten vorbei, die mit Lavamauern umgeben waren, Weinreben, Granatapfelbäume und Feigenbäume, vorbei an endlosen Olivenhainen und blühenden Orangenplantagen. „Sanguinelle!" sagte er. „Blutorangen!", vermutete Annette. Am Ausgang eines kleinen Dorfes hielt er plötzlich an und stieg aus. Er ließ den Motor laufen. Gregor wurde unruhig.

„Was macht der hier?"

Heiner zog die Schultern hoch.

Er redete mit einem Mann und kam zurück mit einem Glas. „Ein Freund", sagte er, „Zagara-Honig." Sie verstanden, dass der Honig von den Orangenblüten stamme, dass sein Großvater sich den Honig auf blutende Wunden gestrichen habe, um die Heilung zu beschleunigen. „Das hilft!", sagte er und grinste in den Rückspiegel. Er grinste wie jemand, der gegen alles gefeit war, weil er ein Zaubermittel besaß.

Sie fuhren durch schwarze Lavamassen und lavaschwarze Orte. Wie schwarzblaue Kanäle waren die Straßen eingeschnitten ins Gestein. An das, was darunter begraben lag, erinnerte nur noch das Dach eines Hauses, das wie ein Mahnmal aus dem erstarrten Meer aus Stein herausragte. Einmal zeigte er mit lang gestrecktem Arm auf eine höher gelegene, größere Felshöhle. „Höhle des Zyklopen!", sagte er, zog bedeutsam die Augenbrauen hoch und grinste. „Die Höhle des einäugigen Polyphem?", fragte Heiner. Er nickte. „Polyphemo! Aber …, es gibt noch eine Höhle." Er grinste.

Ihre Fahrt endete auf einsamer Höhe. *Rifugio Sapienza* nannte sich die unwirkliche Ansammlung von wenigen kasernenähnlichen Gebäuden. „Zuflucht der Weisheit", übersetzte Annette. Eine trostlose Weisheit, dachte Heiner. Der Taxifahrer stieg aus und zeigte auf das Schild einer Bar: *Grotta di Ciclope*, und er lachte aus tiefster Tiefe.

Als Gregor bezahlte, fiel aus seiner Brieftasche eine Karte zu Boden. Der Taxifahrer bückte sich mit serviler Schnelligkeit.

„Ihre Visitenkarte?"

Gregor nickte. Ob er sie behalten dürfe? Er sammle die Visitenkarten seiner Kunden. Er bot sich an, sie in zwei oder drei Stunden wieder abzuholen. Wohin sie auch wollten. Zu einem guten Preis. Sie lehnten ab.

Etwas entfernt von ihnen hielt ein schwarzes Auto an. Der Beifahrer redete auf den Fahrer ein. Seine Gesten verrieten eine ungewohnte Heftigkeit. Es stieg niemand aus. Es war ein kalter, trostloser Ort.

Ihre Rucksäcke ließen sie in einem Abstellraum in der ´Grotte des Zyklopen´. Ob er auch abgeschlossen bleibe, hatte Sofie gefragt. Ein Geländewagen brachte sie hoch und ließ sie nach einiger Zeit auf einem schmalen Plateau alleine zurück. Breit gewalzte Wege aus Asche und Gestein führten in Serpentinen irgendwo hin in ein schwarzes Niemandsland. Sie wagten sich in die Nähe eines Geröllfeldes, aus dem vereinzelt weiße Dämpfe aufstiegen. Nur der beißende Schwefelgeruch trieb sie zurück. Die grauschwarzgrauen Schneeflächen in den Vertiefungen wirkten fremd. Wolkenschatten liefen in Wellen über die Geröllhänge. Was wollten sie allein in dieser Lavawüste? Ein Unbehagen beschlich sie. Sie fühlten sich am falschen Ort, dem jeder auf seine Weise zu entkommen suchte.

Wie es zu dieser Eruption kam, konnte später keiner sagen. Und ihre Heftigkeit überraschte alle. Gregor hatte einen Weg gefunden, der sie durch das dampfende Geröllfeld über eine kleine Anhöhe zu einem benachbarten Seitenkrater führen müsste. Ein Schild in verschiedenen Sprachen warnte: *Nur mit Führer!* Heiner und Annette waren strikt dagegen, Sofie fand die Idee wohl reizvoll, aber abenteuerlich. Gregor lockte das Verbotene wie ein Kind.

„Dann gehe ich eben alleine. Ihr könnt ja hier warten. Spätestens in einer Stunde bin ich wieder zurück." Er sagte es so leicht dahin, aber mit der Bestimmtheit des Entschiedenen und drehte sich zum Gehen weg.

Die Eruption kam plötzlich. Und ohne Ankündigung. Und sie folgte strikt dem Verborgenen ihrer Natur, einer psychischen Natur, einer bis dahin versteckten, tiefen Angst. Die Eruption war laut, unbeherrscht und so heftig, dass sie erschraken. Nur Gregor nicht. Annette lief hinter ihm her, riss an seiner Jacke, hielt ihn fest, redete laut, schrie auf ihn ein, schrie, der Berg sei unberechenbar, was er sich denn beweisen wolle, warum er nur an sich denke, nur an sich, an sein Abenteuer, an sein Ego, nicht an sie, wenn etwas passiere, nicht an die Kinder, er solle an die Französin denken …

Gregor hielt inne. Sie konnten sein Gesicht nicht sehen. Er redete leise auf sie ein. Sie waren beide still. Es war eine Stille, die liegen blieb wie ein Stein. Ja, es war diese beredte Stille, die mehr sagte, als allen lieb war.

Vielleicht war es diese Stille, vielleicht war es die Peinlichkeit, Zeuge dieses Ausbruchs zu sein, vielleicht war es der schwarze Berg. Heiner ertappte sich dabei, wie er in Ironie und Pathos verfiel. „Berg der Bekenntnisse", sagte er leise zu Sofie und schaute dabei auf die Schnürsenkel seiner Turnschuhe. „Vielleicht nennen sie den Ort da unten deshalb Zuflucht der Weisheit."

Aus ihrer Entfernung verstanden sie nicht, was Gregor zu Annette sagte. Es durften nur wenige Worte gewesen sein. Sie drehte sich brüsk weg und lief wortlos an ihnen vorbei, den breiten Serpentinenweg hinab. Nur langsam kam Gregor näher.

„Berg der Bekenntnisse?", sagte Heiner. „Ich finde, für eine Beichte könntet ihr Euch einen besseren Ort auswählen." Sofie sah ihn befremdet an.

„Sie wird sich wieder beruhigen! Wir sehen sie spätestens unten im Tal", sagte Gregor.

„Warum müssen Männer immer die Helden spielen?", sagte Sofie. Sie hatte sich bereits in Bewegung gesetzt.

„Ihr könnt ja dort unten warten", rief Gregor hinter ihr her. Er blickte den Serpentinenweg hinab und wartete, bis Annette an der dritten Spitzkehre Halt machte. Er wolle in dem Falle noch kurz auf die kleine Anhöhe, um vielleicht von dort oben nach dem Seitenkrater zu schauen. Und Heiner könne ihn ja, wenn er denn wolle, begleiten. Heiner nickte in einem Anfall von männlicher Solidarität.

Als Sofie nach ein paar Minuten Annette erreichte, blickte sie hinter ins Tal. Ohne ein Wort zu sagen, hakte sie sich bei Sofie ein und ging zielsicher hinab zu dem Lavafelsen, wo der Geländewagen sie abgesetzt hatte. Minutenlang verfolgten sie Gregor und Heiner mit ihren Augen, bis Annette nur einen Satz fallen ließ.

„Er ist manchmal ein Mistkerl!"

Dann entschuldigte sie sich für ihren Ausbruch. Gregor sei manchmal wie ein Junge bei einer Mutprobe. Natürlich sei das manchmal spannend und gewiss mochte sie das an ihm, aber immer wieder müsse er an seine Grenzen gehen und häufig darüber hinaus. Und manchmal habe sie Angst und halte das nicht aus. Vor Wochen habe er bei einem seiner Flüge einen der beiden Motoren seines Flugzeuges ausgeschaltet, um zu sehen, wie er einen solchen Notfall meistern würde. Der Motor sei nicht mehr angesprungen und er habe das Flugzeug nur mit Not und Glück landen können.

Sie schwiegen.

„Und …?" Annette machte eine kleine Pause. „Wie ist das mit Heiner? Zwar kein Froschkönig, aber was sonst?"

Sofie ließ sich einige Sekunden Zeit. „Was meinst du mit was sonst?"

„Ich meine, er ist verdammt klug, aber ist er auch, sagen wir, verdammt spannend?"

Sofie zog die Augenbrauen hoch. „Neugierig?"

Annette wackelte zögernd mit dem Kopf.

„Er ist kein Abenteurertyp, wenn du das meinst. Er ist eher …", Sofie suchte nach dem richtigen Begriff, „ein … Eroberer."

„Eroberer?" Annette machte ein Geräusch mit der Zunge und ihre Augen weiteten sich.

Sofie lächelte irgendwie. Sie wusste nicht, wie sie auf die kleine Anzüglichkeit reagieren sollte. „Ja, er erobert ständig …", sie suchte nach dem Faden ihres Gedankenspiels, „er erobert ständig … unbekannte, weiße Flächen …"

Annette sah sie verdutzt an. „… weiße Flächen von Haut!"

„… mit Heerscharen von Buchstaben." Sofie lachte. „Er schreibt und liest. – Nein, er liest die Bücher nicht, er besetzt sie, oder sie besetzen ihn. – Und manchmal habe ich das Gefühl, er besetzt auch mich."

„Wie meinst du das?", sagte Annette mit einem gewissen Unterton.

„Ach", sagte Sofie, „manchmal ist er etwas verbissen. Und manchmal will er mehr, als er kann. Stell dir vor. Neulich hat er gesagt …", Sofie lachte hinter vorgehaltener Hand, „er wolle mich ins Leben führen."

„Etwas poetisch, findest du nicht?"

„Er wirft solche Sätze aus wie ein Lasso und schaut dann, wer oder was sich darin verfangen hat. – Ein Romantiker. Er ist immer auf der Suche. Er flieht und sucht zugleich. Ich weiß nicht, wovor er flieht, und ich weiß nicht, wonach er sucht. – Ich glaube, er sucht immer die großen Gefühle. "

„Nicht ungefährlich", sagte Annette und zog kokett die Augenbrauen hoch. „Aber, er liebt dich!" Der Satz hörte sich so ausgedünnt an, so als wolle sie sagen, er frühstückt mit dir, er schließt abends die Tür ab, er küsst dich, er mag dich, oder gar, er geht mit dir ins Bett.

„Sicher!" Sofie hangelte sich an ihren Gedanken entlang. „Aber, was heißt das schon. Heiner sagt, wer heute das Wort Liebe in den Mund nehme, der lüge. – Es sei so abgegriffen, und ich glaube, er hat Recht. Liebe …? Ich weiß, du hast Gregor geheiratet …?"

„… Er hat mich geheiratet", korrigierte Annette. „Er wollte, dass sein Sohn seinen Namen trägt."

„Ich glaube, ich ertrage solche Nähe nicht. Und dann für immer. Zu große Nähe macht mir Angst. Es ist wie mit dem Mann auf der Tontafel, am besten ist es, wenn er nicht da ist. Und trotzdem da ist. Abstand macht attraktiv, ich glaube, ich wäre die ideale Geliebte …" Sofies Augen hatten einen somnambulen Schimmer.

„Also doch Marilyn Monroe …"

„Nein, die ist mir zu früh gestorben … und die war doch immer verheiratet."

„Na und!"

„Dann eher Simone de Beauvoir …"

„Aber Heiner schielt doch nicht. Und ist sie nicht auch mit einem anderen ins Bett gegangen?"

Sie kicherten ausgelassen. Sofie schaute den Berghang hoch, hinter dem Heiner und Gregor längst verschwunden waren … Warum konnte sie mit Heiner nicht darüber reden? Den Streit zwischen Annette und Gregor hatte sie nicht so ernst genommen. Sie wollte nicht ausschließen, dass Annettes Ausbruch, zumindest zu Beginn, ein kleines hysterisches Kunststück gewesen sei, das dann etwas außer Kontrolle geraten war. Sie glaubte gar, dass diese schwarze Wüste geradezu schwarze Gedanken provoziere, dass dieser trostlose Ort eher triste Empfindungen heraufbeschwöre, denen man etwas Anderes entgegensetzen müsse. Das war jetzt ihre Mutprobe.

„Annette", sagte sie, „du weißt doch, wie das ist. Woran erkennt man eigentlich, ob man wirklich schwanger ist?"

„Wenn man einen Test machen lässt", sagte Annette mechanisch.

„Und wenn man keinen Test machen lassen kann?"

„Ich wusste immer genau, wann es passiert ist", sagte Annette und schaute sie groß an.

„Ich glaube nämlich …", sagte Sofie, „ich bin schwanger!"

Annette nahm sie in den Arm und erzählte von den untrüglichen Anzeichen, woran sie erkannt habe, dass sie schwanger sei. Ihre Lippen zuckten.

„Weiß Heiner schon davon?" –

„Nein! Ich weiß es ja selber nicht wirklich, aber ich werde es ihm bald sagen." Sofies Lächeln hatte etwas Ungewisses. „Ich bin mir manchmal nicht sicher, ob ich überhaupt ein Kind will. Sag nichts! Auch Gregor nicht", bat sie.

„Ich kenne das." Annettes Blick wanderte den Serpentinenweg entlang. „Ich war neunzehn, als ich zum ersten Male schwanger wurde. Da stellt sich diese Frage hautnah. Ich habe …"

Berg der Bekenntnisse, dachte Sofie. Sie hörte ihr zu, ohne sie ein einziges Mal zu unterbrechen.

Der Seitenkrater sollte ihnen ein ewiges Geheimnis bleiben. Keinen Ausblick auf den Abgrund und sei er auch nur ein kleiner. Nichts hatten sie gefunden. Nur einen porösen Stein, der aussah wie ein Schwamm. Gregor zeigte ihn her wie eine Trophäe. Annette strafte ihn und seine Trophäe mit Ignoranz und Gleichgültigkeit. Die Fahrt abwärts mit dem schlingernden Geländewagen war Sofie diesmal unangenehm. Auf dem Weg nach unten kreuzten sie die abgeknickten Eisenpfeiler einer ehemaligen Seilbahn. Wie vergessene Mikadostäbe eines Riesen lagen sie übereinander im Berghang. Schon von weitem sahen sie das Taxi und den Taxifahrer. Es schien, als habe er auf sie gewartet.

„Ich dachte …, Sie kommen nicht mehr", rief er.

„Den Satz habe ich schon einmal gehört", murmelte Gregor.

Sofort kam er auf sie zu. Der Berg habe sie nicht verschluckt. Und Polyphemo nicht gefressen. Ob sie noch einen Caffé trinken? In der Bar? Wohin sie heute noch wollten? Er müsse nach Catania und fahre sie zum halben Preis. 30.000 Lire. Seine dunkle Bassstimme hallte nach. Es war ein verlockendes Angebot. Und so viel Zeit hatten sie nicht mehr. Sie wollten ja noch weiter mit dem Zug. Heiner überlegte und willigte ein, Gregor sagte nichts und blieb seltsam verschlossen.

Die Gespräche auf der Fahrt waren einsilbig. „Zu welchem Hotel? Wohin … soll ich euch fahren?" Euch, hatte er gesagt. Er wechselte ins Vertrauliche.

„Zum Bahnhof von Catania", sagte Heiner.

„Ihr wollt noch weiter?" Heiner spürte, dass Gregor ihn von hinten ansah. „Nach Syrakus?" Der Fahrer machte eine Pause, als erwarte er eine Antwort. Er habe einen Cousin in Syrakus. Der habe private Zimmer. Er habe die Adresse. Und sie müssten in den Süden. Dort gebe es weiße Sandstrände. In Pachino habe er einen Freund. Der habe eine billige Pension. Er sprach von Ballett, von einer Piazza und von Stühlen. Hatte er Ballett gesagt? Sie verstanden nicht alles.

Das Autoradio lief. Zwischendurch redete ein Mann. Wahrscheinlich waren es Nachrichten. Gregor meinte, das Wort *Mafia* verstanden zu haben. Der Taxifahrer hörte angespannt zu, murmelte etwas Unverständliches, vielleicht in einem sizilianischen Dialekt. Er drehte das Radio herunter. Seine Mundwinkel zuckten. An einem Ortsschild hielt er an. *Nicolosi.* Man spürte, dass er nachdachte. Eine Straße sei gesperrt, sagte er. Er müsse einen anderen Weg nehmen.

Dann entschloss er sich doch durch den Ort zu fahren. Vielleicht wollte er keine Zeit verlieren. Sie fuhren durch ein Gewirr von Einbahnstraßen. Es schien, als kenne er sich aus. Plötzlich stoppte er den Wagen, ein Polizeiauto stand quer und versperrte die Weiterfahrt. Weit hinten lag irgendetwas zugedeckt auf der Straße, halb verdeckt von einigen Polizisten. Zwei Carabinieri kamen auf sie zu, winkten harsch und verwiesen sie mit auffordernden Gesten in eine schmale Seitenstraße. Der Taxifahrer kurbelte das Fenster herunter, fluchte und spie einen kurzen Wortschwall auf die Straße. Vergeblich reckte Heiner den Hals, um mehr zu sehen.

„Ein Unfall?", fragte Gregor. Der Taxifahrer zuckte nur mit den Schultern. Er bog in die Straße und schwieg, bis sie Catania erreichten.

Als sie am Bahnhof ausstiegen, hielt ihm Heiner einen 50.000-Lire-Schein entgegen. Umständlich holte er aus den Tiefen seiner Hosentasche ein Bündel mit Geldscheinen, das nur von einer schmalen goldenen Klammer gehalten wurde, gab ihm zwei Banknoten zurück und sagte: „Ich bin sicher, ... Syrakus ist eine gute Stadt, für gute Freunde." Dann schob er Heiner ungefragt einen Zettel in die Hand, setzte sich wieder in sein Taxi und stellte den Motor ab.

Vor dem Haupteingang standen Carabinieri.

Der Zug nach Syrakus war voll und erst nach einiger Zeit fanden sie ein freies Abteil. Gregor schaute auf die Landschaft, die einfach an ihnen vorbeizog und nach und nach in der Dämmerung entschwand. Der Taxifahrer beschäftigte ihn immer noch. Warum hatte er ihm auch seine Visitenkarte überlassen. Er beharrte darauf, dass er ihn noch an einer Telefonsäule gesehen habe. Wen er wohl angerufen habe? Annette vermutete, seine Frau und blickte ihn scharf an. Sofie argwöhnte, seine Mutter. Heiner holte einen Zettel aus seiner Tasche und las: *„Syrakus, Via Alessandro Rizzo, 17."*

Gregor fühlte sich nicht ernst genommen. „Der hatte eine Menge Geld in seiner Tasche. – Haben die keine Bank?"

„Sizilianer trauen eben nur sich selbst", sagte Heiner lakonisch.

„Aber warum hat er auf uns gewartet? – Warum wollte er wissen, wohin wir fahren? – Wieso wusste er, dass wir nach Syrakus wollten!" –

„Die wissen immer alles. Sagte das nicht der Polizist?" Heiner schob den Zettel in eine Seitentasche seines Rucksacks. „Du hättest Kriminalist werden sollen", sagte er mit gespieltem Erstaunen. Dann leise und mit Bedeutung: „Ich will es dir verraten: Er ist der Schatten aus der Unterwelt!" Er lachte laut und hässlich, dann schoss er aus der Hand zwei Kugeln ab und Gregor fiel tödlich getroffen zur Seite.

„Ist er tot?", sagte Sofie.

„Er übt!", sagte Annette.

Etwas später als 20.00 Uhr

Er saß auf der Holzbank und horchte ins Dunkel.

Nein, er war kein Heiliger. Er hatte keine Lebensangst, die so viele von ihnen in den Wohnungen verschwinden ließ. Für den Rest ihres Lebens.

„Die größte Gefahr", das hatte er dem Pfarrer gesagt, „ist unsere Heiligkeit! Die ihr uns antut."

Der Pfarrer hatte ihm verschwörerisch zugeraunt, als würde er mit ihm ein tiefes Geheimnis teilen. Die heilige Lucia und du.

Nein, sie seien keine Märtyrer, er sei kein Heiliger. Das lasse ihn aus dem Leben fallen. Dann hatte er gelacht, dieses wilde, zottelige Lachen, als würde er etwas dabei in Stücke reißen. Seitdem hatte er die Kirche der heiligen Lucia nicht mehr betreten.

Er saß, wann immer er konnte, in der Galerie des Palazzo Bellomo. Das war seine Kapelle. Dort hing das riesige Bild, das er fast täglich besuchte. Das er als 15-jähriger zum ersten Male gesehen hatte – und zum letzten Mal. Er hatte so lange, so unendlich lange auf die geschlossenen Augen der Toten geschaut. Kurz vor dem Unfall. Ein Auto sei es gewesen, hatten sie ihm gesagt. Und die Glassplitter.

Fast jeden Tag saß er vor dem Bild. Er tat so, als sei er ein Besucher, wie die anderen. Sie nannten es die ´Bestattung der heiligen Lucia´. Wie häufig hatte er von diesem Caravaggio gehört. Er sah nichts, er hörte nur. Dann stieg eine blasse Erinnerung auf. Und nach und nach sah er, wenn sie um ihn herum sprachen.

Er sah. Die Trauer der knienden Frau, die ins Licht getauchte, hochgereckte segnende Hand des Bischofs, die wie eine Drohgebärde über allen schwebte, die vom Halblicht erfassten Köpfe, ihre Augen, die wegschauten. Besonders liebte er den Jungen im roten Gewand, der von der Toten, die auf dem nackten Boden lag, nicht wegschauen konnte.

Er sah. Das helldunkle Gemäuer der Katakomben.

Er sah. Die großen, muskulösen Totengräber, die im Vorder-
grund die Gruft aushoben. Ihre groben Gesichtszüge. Er sah ihre
Schaufeln, er hörte, ja, er hörte sie graben. Er sah ihre schwitzen-
den halbnackten Oberkörper in besonderes Licht getaucht, ein
Licht, das aus dem Dunkel kommen musste. Er hörte, wie die tote
Heilige gerade auf den Boden gelegt wurde, wie der Kopf dabei
nach hinten aufschlug, und er sah ihre halb entblößte Brust, die
Augenlider geschlossen und leicht nach innen gefallen. Ob sie noch
Augen hatte? Aber die hatte sie sich doch selber ausgerissen und
auf einem Tablett ihrem Verlobten geschickt. Der ihre Augen so
schön fand und der sie verraten hatte. Ich will dich nie wieder
sehen.

Er sah nichts. Er hörte nur denen zu, die vor dem Bild standen.

Er wartete schon länger auf der Holzbank, in der großen Warte-
halle. Er lauschte nach Stimmen, er horchte nach Lauten und Ge-
räuschen. Er wartete auf das summende, anschwellende Geräusch
des Zuges, der aus Catania kommen musste, auf das kalte, schnei-
dende, pfeifende Geräusch der Bremsen. Er hörte die Anzahl der
Wagen und die Länge des Zuges. Er hörte, bevor die Anderen sa-
hen. Er wusste, woher die Züge kamen, bevor die Stimme im Laut-
sprecher informierte.

Er drehte sich hin zur offenen Durchgangstür und tastete mit
dem Ohr nach den Geräuschen und Stimmen auf dem Bahnsteig.

Immer wieder wartete er, an Haltestellen, auf Plätzen oder an-
derswo, wenn er einen kleinen Auftrag bekam. Jetzt wartete er hier.
Sie hatten ihn hierher geschickt und sie würden seine kleinen
Dienste entlohnen.

Er hörte den Wind und den Sturm und den Regen und er hörte
die Sonne. Er sah die Stadt mit der blassen Erinnerung eines 15-
Jährigen. Er sah die Stadt nur noch in seinen bloßen Träumen.
Damals hatte er lernen müssen, sich an Geräuschen zu orientieren.
Die Füße wie Hände zu benutzen. Und so sicher aufzutreten, wie
ein Mensch, der sieht. Er war nachts durch Syrakus gegangen. Um
die Geräusche im Dunkellabyrinth der Straßen, der Wege, der
Plätze in sich aufzuspeichern. Er erkannte bestimmte Häuser an
ihrem dumpfen kurzen Klang, wenn er gegen die Hausmauern
klopfte. Er erkannte jede Brücke am Klang ihrer Geländer. Manche

Straßen und Orte liebte er besonders, weil sich ihre Geräusche und Klänge nicht verändert hatten.

Er hörte den herandrängenden Lärm des Zuges, das gellend scharfe Geräusch der Bremsen. Er hörte, wie der Zug aus Catania abrupt zum Stehen kam. Er stand auf, nahm seinen Stock und horchte in das Dunkel. Nur wenige waren ausgestiegen. Unter ihnen ein paar Touristen. Er erkannte sie sofort an ihrer rauen, kehlig dunklen Sprache. Er würde auf sie warten, draußen vor dem Bahnhof.

Er würde sie führen und sie würden ihm folgen.

Annette hatte ihre Hand auf Gregors Schulter gelegt. Sie waren versöhnt, so schien es. Sofie war hungrig, und Heiner suchte im Stadtplan. Das Hotel sollte schon in der Nähe der Altstadt sein. Ein schlecht beleuchtetes Schild wies den Weg. Sie hatten eine lebendige abendliche Stadt erwartet. Aber der Platz vor dem Bahnhof war fast leer. Und die Dunkelheit hier im Süden schien ihnen dunkler als sonst wo. Die Laternen, die in großen Abständen ihre Straße säumten, gaben mit ihren gelben Lichtkegeln nur ein spärliches Licht. Es war zu spät, um etwas einzukaufen; die wenigen Läden, die mit Rollladengittern verschlossen waren, waren bereits dunkel.

Aber sie waren laut und von einer gewissen Ausgelassenheit, die einen befällt, wenn man sein Ziel fast erreicht hat. Die Dunkelheit verschluckte das Lachen der beiden Freunde, die das männliche Spiel von Spöttelei und Ironie miteinander spielten, bis sie abgelenkt wurden.

Es war ein Mann von schmaler Gestalt, der in der Dunkelheit, weit vor ihnen, eher schemenhaft zu erkennen war und auf dem Kantstein des Bürgersteigs entlang balancierte. Leicht kamen sie näher. Er schien schon älter, seine Bewegungen waren flüssig, fast elegant, nur ab und an hatten sie etwas Eckiges, Verzögertes.

„Ein Seiltänzer", sagte Gregor.

„Dr. Jekyll oder Mr. Hyde", widersprach Heiner.

Dann hörten sie ein regelmäßiges feines, hohles Klacken. Und im Lichtschein der nächsten Laterne sahen sie, wie er im Takt seiner Schritte mit einem längeren Stock auf die Kantsteine schlug.

„Der ist blind", entfuhr es Sofie.

Er ging in Richtung Altstadt. An einer Kreuzung blieb er wie selbstverständlich stehen, er wendete sich nach rechts. Ja, er trug eine dunkle Brille. Er ging mit der Lässigkeit und Gewissheit eines Sehenden vor ihnen her und bewegte sich durch das Dunkel so natürlich wie eine Katze, nur begleitet von dem steten hohlen Klacken des Stockes. Wahrscheinlich kannte er den Klang eines jeden Steines. Wenn er die Straßenseite wechselte, blieb er kurz stehen, drehte sein Gesicht ins Dunkel der Straße, als ob er sich vergewissern wollte. Er fand mit Leichtigkeit eine Lücke zwischen den parkenden Autos und querte die Straße.

Irgendwann schlug Gregor vor, eine andere Straße zu nehmen. Er hatte genug von dem Spiel mit dem Blinden. Doch bereits an der nächsten Straßenecke hörten sie wieder das rhythmische Klacken, das näher kam. Sie sahen, wie der Blinde stehen blieb und den Kopf witternd in jede Richtung drehte. Einen Straßenzug weiter kreuzten sie seinen Weg.

Er lockte sie. Und sie folgten ihm wie Zuschauer einem Trapezkünstler, der in der steten Gefahr war abzustürzen und diese Gefahr doch nicht zu kennen schien. Es war ein Sog.

Neun Glockenschläge

Er verlangsamte seine Schritte und trat in einen Hauseingang. Sie waren angekommen. Er wusste, schräg gegenüber leuchteten zwei Schilder, 'Hotel Nettuno' und 'Restaurant'. Er hörte sie reden, und obwohl er nichts verstand, wusste er, dass er gewonnen hatte. Er wartete, bis eine schwere Tür zuschlug.

Dann verschwand er im Labyrinth seiner Dunkelheit.

Als er ankam, hörte er neun Glockenschläge.

Als sie in die Straße einbogen, sahen sie gleich die Leuchtreklame eines Hotels und eines Restaurants. *Hotel Nettuno.* Der Blinde war plötzlich im Dunkeln verschwunden. Heiner wusste nicht, welche Straßen und Wege sie genommen hatten. Er suchte nach dem Straßenschild. *Via Alessandro Rizzo.* Er versuchte sich zu erinnern, kramte nach dem Zettel des Taxifahrers und fand ihn nicht. Die anderen drei hatten bereits entschieden und waren in das kleine Hotel eingetreten.

„Leider! Nein!", sagte der Mann hinter der schmalen Rezeption. Über sein dünnes, weißes Hemd trug er eine schwarze Weste. Sein Gesicht war aufgeschwemmt und seine lang gelockten Haare glänzten fettig über den Ohren. Im Lampenlicht fiel ihnen sein schmieriges Aussehen nicht sofort auf. Er sprach Englisch.

„Alles besetzt. Sie werden hier in der Altstadt kein Glück haben. Alle Hotels und Pensionen sind voll. Mit hohen Polizisten und Kriminalisten", sagte er augenzwinkernd, „und mit den Spitzen der Geheimdienste. In Syrakus findet zurzeit ein Kongress statt. Sie bekämpfen die Staatsfeinde Numero Eins." Er machte eine diskrete Handbewegung und setzte bedeutsam in Italienisch hinzu: „Le Brigate rosse!"

Sie mussten ihn verständnislos angeschaut haben, jedenfalls fuhr er mit distanziertem Tonfall fort: "Die spielen jetzt Stadtguerilla."

Er blieb unklar, ob er glaubte, was er sagte. Jedenfalls schwiegen sie aus Höflichkeit. Vielleicht deshalb die Carabinieri?

„Heute sind die Geheimdienste das *Ohr des Dionys.*" Wieder tat er so, als wüssten sie, wovon er sprach.

Halbherzig wagte Heiner einen Satz: „Sie meinen die Flüstergrotte des …"

„Ich sehe, Sie haben mich verstanden", unterbrach er ihn. Er lachte und hustete, nickte mehrmals mit dem Kopf und sein Brustkorb hüpfte im Takt des Hustens.

„Aber, vielleicht kann ich Ihnen doch helfen." Er sah auf die Rucksäcke, taxierte sie unauffällig, zwinkerte wieder mit den Augen, diesmal wie jemand, der ihnen einen Gefallen tun wollte. „In einem älteren Palazzo vermieten wir ein paar Fremdenzimmer. Nicht weit von hier. Einfache Zimmer. Wenn Sie wissen, was ich meine. Ohne Bad und Toilette. Natürlich gibt es Toiletten auf der Etage."

Er schaute sie mit breitem Lächeln an. Obgleich sie Bedenken hatten, blieb ihnen keine andere Wahl. Er schrieb ihnen die Adresse auf und markierte sie in Heiners Stadtplan. „Und wir sind hier!", zeigte er. „Klingeln Sie ganz unten, wo kein Name steht! Ich werde sie ankündigen." Er wandte sich zum Telefon.

Ob sie noch etwas zu essen haben könnten?

Das Restaurant sei ja nebenan, den Fisch könne er nur empfehlen. „Und lassen Sie sich Zeit." –

Sie drückten auf die Klingel. Über den gegrillten Schwertfisch im Restaurant hatte keiner ein Wort verloren. Annette schaute auf ihre Uhr. Es war bereits sehr spät. –

Es dauerte, bis die alte Tür des Palazzos geöffnet wurde. Eine Frau von matronenhafter Körperfülle ging ihnen auf einer breiten Treppe voran. Sie redete unaufhörlich in Italienisch. Auf halber Höhe vernahmen sie ein regelmäßiges hohles Klacken, das ihnen bekannt vorkam. Heiner verspürte eine leichte Unruhe, als er in einen düsteren Seitenflur spähte. Es war der Blinde. Der verschwand in einem dunklen Zimmer, ohne dass er sie zu bemerken schien. Irgendwie hatten sie das Gefühl, dass irgendetwas nicht stimmte. Vielleicht war es nur ein Zufall. In dieser Stadt schien alles auf geheimnisvolle Weise miteinander in Verbindung zu stehen.

Vom Treppenhaus weg öffnete sich ein breiter Flur. Die Tür eines Zimmers war einen Spalt weit geöffnet, ein junges Paar stritt lautstark. Aus einem anderen Zimmer drang spanische Gitarrenmusik. Nebenan lief laut ein Fernseher. Eine alterslose, weißhaarige Frau, die einen geblümten Morgenmantel übergeworfen hatte, grinste neugierig um eine Ecke. Die Matrone verscheuchte sie und zeigte ihnen zwei Zimmer. Mit wenig Licht. Sie schienen schon länger nicht mehr genutzt: auf einem der Betten lag abgeblätterter Deckenputz. Mit einem kurzen Schwung schlug sie die Tagesdecke zurück und der Deckenputz war verschwunden. Bezahlen sollten sie im Voraus.

Ja, noch die Toilette. Sie ging über dem Flur. Ein älterer Mann in grauweißem Unterhemd, kurzer Hose und Gummistiefeln stand in einer schmutzigen Wasserlache, die den Boden überschwemmte. Ein kurzes Scharmützel in Italienisch. „Kaputt", sagte sie entschuldigend und zeigte ihnen nebenan ein Bad. Sie hörten ein schmatzend-saugendes Geräusch, das aus dem Untergrund kam. Sekunden später schoss aus dem Bodenabfluss eine schmutzigbraune Brühe hoch und ein stechender Geruch hüllte sie ein.

„Riparare!", sagte sie.

„Kommunizierende Röhren!", sagte Heiner.

Sofie drehte sich weg, um dem Ekel zu entkommen. Augenblicklich stieg ein strenger, traniger Geschmack in ihr hoch und erinnerte sie an den Schwertfisch mit Minze, von dem sie im Restaurant nur wenig gegessen hatte.

Sie hatten genug gesehen, verschwanden in ihren Zimmern, urinierten in die Waschbecken und versuchten unter klammen, kalten Bettdecken einzuschlafen.

Über ihnen entstand ein heftiger Lärm.

„Silenzio!!". Aus dem Zimmer nebenan hörten sie die barsche Stimme Gregors, dann ein lautes Klopfen.

Stille.

„Gregor will eine Stiftung gründen", sagte Heiner in die Stille hinein. „Für Philosophie – mit seinem privaten Kapital."

Sofie antwortete nicht. Ihre Augen suchten den Placken an der Decke, wo der Putz fehlte. Sie hing ihren eigenen Gedanken nach.

„Hast du dir das Relief einmal genau angeschaut?", sagte sie endlich.

„Wir hätten das Tonrelief bei der Polizei lassen müssen", sagte Heiner. „Ich bin sicher, es ist geraubtes Kulturgut." Seine Stimme klang etwas teilnahmslos.

Irgendjemand schlurfte über den Flur, bis eine Tür zuschlug. Sofie starrte auf die schmalen Lichtbalken, die durch die Schlitze der Fensterläden drangen.

81

„Hast du dir das Relief so genau angeschaut?"

Sie schwieg und wartete auf seine Antwort.

„Eine junge Frau und ein Mann ohne Kopf ..." Sie brach den Satz ab. Heiner antwortete nicht.

„Eigentlich interessiert es mich nicht, wer der Mann ist."

Wieder wartete sie ...

„Ich glaube, ich kenne das Geheimnis ihres Lächelns." Ihr Blick wanderte zurück zu einem dunklen Flecken an der Decke. „Kennst du die Geschichte von der Königin ohne Kopf?"

Heiner gab keine Antwort.

„Da war eine wunderschöne Königin. Nur war sie leider ohne Kopf auf die Welt gekommen ... Ich fand die Geschichte immer schrecklich. Sie wird eines Tages von einem König besiegt, der zufällig zwei Köpfe hat. Und der Oberhofzauberer nimmt den kleineren der beiden und setzt ihn der Königin auf. Natürlich heiraten die zwei. – Warum bekommen Frauen immer die Köpfe von Männern aufgesetzt?"

Draußen ging eine Tür auf und wieder zu.

„Weißt du, wenn auch die Männer ihren Kopf verlieren würden, dann wäre die Liebe viel einfacher ..."

Sie lauschte den Geräuschen, die draußen verebbten.

„Wir sollten noch einmal über uns reden." Sofie drehte ihren Kopf langsam nach rechts und sah, warum Heiner keine Antworten gab.

Dienstag, 6. April 1982

9.20 Uhr

Mitten im Zimmer blieb er stehen und lauschte. – *Er isolierte die Geräusche, die bis in seinen Flur aus dem Inneren des Hauses drangen. Schnelle, feste Schritte, dann federnd weiche. – Sie gehen das Treppenhaus hinunter. – Er verfolgte die immer dünner werdenden Geräusche auf den Treppenstufen, bis sie das Haus verließen, dann öffnete er das Fenster. –*

Aus den vielen Lauten und Geräuschen, die an diesem Morgen von der Straße zu ihm heraufdrangen, destillierte er nur die, die ihm wichtig waren. Er formte aus diesem Kondensat von Stimmen, Klängen, und Tönen eine Person, so plastisch, als stünde sie leibhaftig neben ihm. Ja, diese Person war ihm leibhaftiger und realer als die wirkliche da draußen, weil er alles wegließ, was ablenkte von ihrem Kern.

Ihre Stimmen verrieten ihm mehr, als sie dachten. Er hörte das Begehren, das aus dem Unmut ihrer Stimmen sprach, das Drängende aus der Klangfarbe ihrer Wörter, entdeckte im wechselnden Tempo und Rhythmus das Versteckspiel um die kleinen und großen Geheimnisse und ihre versteckten Wünsche, die in jedem Tonfall, in jeder Nuance ihrer Stimme mitschwangen. Ja, fast könnte man sagen, dass er, ohne dass sie es wussten, hinabhorchte in ihre Seele, bis zu ihrem dunklen Grund.

Vielleicht war seine Kunst vergleichbar mit einem Bildhauer, der aus dem unbehauenen Marmorstein eine Skulptur entstehen lässt, indem er alles Überflüssige weg schlägt, was nicht dazu gehört. – Nur, dass hier, aus der Flut der Geräusche, dem Mehrklang der Stimmen und aus der aufdringlichen Kulisse des Lärms, alles in wenigen Sekunden geschah. Er war ein Künstler und es war eine unsichtbare Kunst.

Er lauschte auf das Zaudern in ihren Stimmen und entdeckte dahinter das Ratlose und Ungewisse. Aus ihren kreiselnden Bewe-

gungen und aus ihrem abgehackten Tonfall hörte er ihre Unsicherheit, wohin sie wollten. Er hatte Zeit. In jedem Falle müssten sie die Brücke passieren.

Und dann würde er sie leibhaftig wieder vor sich sehen. Sehen?

„Keine weitere Nacht", sagte Annette, die als letzte auf die Straße trat. Nicht einmal den Tag wollte sie hier verbringen. Wenn Syrakus sie nicht wollte, würde sie die Stadt mit Verachtung bestrafen. Ein Rundgang durch die Altstadt, den Caravaggio im Museum Bellomo, und dann wollte sie die Stadt auf schnellstem Wege verlassen.

Sofie lockte mit einer Wanderung in die sizilianische Natur, ohne Ort und ohne Ziel, an blühenden Zitronenhainen vorbei, reife Früchte von Mandarinenbäumen pflückend, durch Dörfer, die wie Adlernester auf Felskanzeln kleben. Vielleicht auch nach Noto, das Barockjuwel im Süden. Nach dieser Nacht saugte sie Honig aus den schönen Versprechen der Reiseliteratur.

Annette hatte noch die Zimmergruft mit dem lack-schwarzen Bettgestell und dem Pissbecken fotografiert. Jetzt machte sie ein Bild von Sofie vor der ockerfarbigen alten Fassade, von der großflächig der Putz wegbröckelte. Die anderen wollten nicht. „Nur zur Erinnerung", bettelte sie, „an eine unvergessliche Nacht."

Währenddessen kramte Heiner an seinem Rucksack und hatte plötzlich den Zettel des Taxifahrers in der Hand. *Via Alessandro Rizzo, 17.* Er schaute ungläubig und gab ihn an Gregor weiter. Unsicher sah dieser seinen Freund an, man sah förmlich, wie seine Gedanken ins Leere schossen. Neugierig drehte Gregor den Zettel um. *Pensione Miseno, Via Michelangelo Buonarotti, 82, Pachino.*

„Nach Noto, oder nach Pachino oder zum Mare!", sang Heiner etwas überdreht. Er sang eine kleine Opernmelodie in einem Italienisch, das keines war, in dem sich aber die Namen der Orte wiederholten, dann nahm er Gregor den Zettel weg, zerknüllte ihn in einer Hand und steckte ihn weg. Er zwinkerte mit den Augen.

„Du hast doch noch die Karte mit der Adresse der Carabinieri, die sich um geraubte antike Kulturgüter kümmern. Wir wollten doch mit diesem Bellini sprechen. Wie hieß der Platz noch?"

Nach einigem Suchen fand Gregor die Karte in der Innentasche seines Blousons. „Piazza Federico di Svevia."

Heiner machte den Vorschlag, auf dem Weg in die Altstadt am Hotel vorbei zu gehen, dort könne man den Mann an der Rezeption fragen, wo diese Piazza liege und wie man mit einem Bus am schnellsten in die wahre Natur Siziliens komme.

In der Via Alessandro Rizzo war an vielen Häusern keine Hausnummer zu entdecken. Auch am Hotel fehlte sie, das sah Heiner mit einem Blick. Sofie und Annette wollten auf der Straße warten.

„Sie wollen nicht bleiben? Ab morgen sind zwei Zimmer frei", sagte der Mann. „Ich hoffe, Sie hatten es mit Ihren Zimmern gut angetroffen", erkundigte er sich.

Sie nickten höflich, aber reserviert. Erst jetzt fiel ihnen sein feistes Kinn auf und das dünne Goldkettchen auf seiner Brust.

„Aber den Dom und die heilige Lucia in unserem Museum Bellomo und die Quelle der Nymphe Arethusa, die müssen Sie sich noch anschauen. Das müssen Sie mir versprechen."

Heiner nickte aus innerer Überzeugung.

„Nun, von hier aus finden Sie die schönste Landschaft in Richtung Noto oder Pachino. Der lange weiße Strand am Capo Pássero ist der schönste in Sizilien. Nehmen Sie den Überlandbus, der fährt stündlich bis Gallina. Das liegt 20 km südlich von hier. Von dort können Sie schon die Berge sehen."

Er zeigte mit gespreizten Fingern nach draußen, als seien die Wände kein Hindernis. „Gehen Sie am Ende unserer Straße links den Corso hinunter, über die große Brücke. Die blauen Busse fahren stündlich von der Piazza an der Post. Dort können Sie auch die Rucksäcke deponieren. Sie werden alles leicht finden."

„Und wo liegt die Piazza Federico ..."

„di Svevia? ... Hier!" Er zeigte auf den Stadtplan. „Ganz in der Nähe, keine 300 Meter vom Museum entfernt."

Heiner bedankte sich, dann sagte er, seine Freundin schreibe ein Reisetagebuch, und nirgends habe sie die Hausnummer des Hotels finden können.

„Nun, Signore, wir haben keine Hausnummer. Die Nummer 17 gibt es nicht, denn die 17 bringt Unglück, und auf Nummer 18 wohnt keiner. Manchmal ändern sie die Nummerierung. Wer weiß, warum. Aber in der Stadt sind wir bekannt." Er setzte ein geschäftiges Lächeln auf. „Sie haben uns ja auch gefunden!" Er zwinkerte mit den Augen.

„Ein Taxifahrer hatte uns Ihr Hotel empfohlen." Gregors Hinweis war von seifiger Höflichkeit.

„Ja, viele Taxifahrer hier sind meine Freunde."

„Er war aus Taormina."

„Nein, ich meine, aus Catania", korrigierte Heiner seinen Freund. Sie taten verwirrt.

„Das würde mich wundern", sagte der Mann.

Gregor legte einen zweiten Köder aus. „Er sagte, er sei Ihr Cousin."

Der Mann hinter der Rezeption fuhr sich mit der Hand über den Mund, sein Blick gefror für Sekundenschnelle, um dann wieder einem geschäftigen Lächeln Platz zu machen.

„Da müssen Sie sich täuschen, Signori. Ich habe dort keinen Cousin. Aber ich habe Freunde in Catania und Taormina." Ein Telefon klingelte im Hintergrund. „Sie entschuldigen mich!" Er zog dabei die Schultern hoch, drehte sich zum Telefon und hob den Hörer ab.

„Pronto…!" Sein Gesicht veränderte sich.

„Warum hat er nicht angebissen?", sagte Gregor, während sie die Treppe zur Straße hinunter gingen. Im Dunkel seines Unbewussten entspann sich ein unsichtbares Spinnennetz. Noch sah er nicht, wer da an den Fäden spann. „Die machen uns was vor!"

„Wir machen uns was vor!" widersprach Heiner. „In Sizilien hat eben jeder in jedem Ort einen Cousin, und wenn er keinen Cousin hat, dann hat er einen Freund, und wenn er keinen Freund hat, dann ist er kein Sizilianer." Heiner musste über sein eigenes Gedankenspiel lachen.

Sie fanden Sofie und Annette an der nächsten Straßenecke vor einer Konditorei.

„Ganz schön obszön!", sagte Sofie und wies auf die süßen Auslagen.

Die beiden Männer blickten auf zwei rosafarbene Frauenbrüste. Darunter stand auf einem kleinen Kärtchen *Mamme di Santa Agatha*. Brüste der heiligen Agatha, wie beide sofort errieten. „Peepshow für Männer", stichelte Annette.

Gregor und Heiner starrten auf zwei üppige Halbkugeln aus Teig, weißrosa, mit Zuckerguss überzogen, und als Brustwarzen posierten vollrote kandierte Kirschen. Gregor erinnerte sich noch ganz entfernt an das Altarbild im Dom von Taormina. Heiner zeigte auf milchig weiße, eiförmige Marzipanklumpen, mit Knopfaugen aus glacierter dunkel-blauer Zuckermasse. *Occhii di Santa Lucia* stand darüber. Augen der heiligen Lucia.

„Die Sizilianer essen Frauenbrüste und Frauenaugen zum Nachmittagskaffee. Ich sagte doch, die sind pervers", sagte Annette mit gezielter Übertreibung.

„Brüste und Augen von Märtyrerinnen. Sie essen das Heilige", sagte Heiner schwärmerisch. Da lag es, das Heilig-Perverse, und bot sich an, auf silbernem Tablett. Es lockte, nackt und rosaweiß, mit den vollroten Kirschen aus einem anderen Paradies, und wartete, dass man es nahm und verzehrte. Heiner und Gregor kauften zwei Brüste der heiligen Agatha und zwei Augen der heiligen Lucia. Ein Biss in die Brüste der heiligen Agatha, und aus dem Inneren quoll das Fruchtfleisch der Jungfrau, eine Ricottacreme mit Schokoladenstreuseln, angereichert mit scharfem Zimt, der Zuckerguss hatte ein leichtes Zitronenaroma. Sie waren begeistert. Es war ein heiliges Mahl, das sie mit Genuss zelebrierten.

Die beiden Frauen sahen mit gekräuselten Lippen und gespieltem Entsetzen zu. Heiner schwelgte laut von einem Film. Er schwelgte von riesigen Brüsten aus Wackelpudding, mit roten Cremetupfen und zerlaufener Vanillesoße, und einer der Schauspieler habe darin sein letztes Ruhegrab gefunden.

„Tittenfetischist!", sagte Gregor mit ausdrücklicher Frivolität. Sofie sah ihn sonderbar und strafend an.

Der Himmel war noch stahlblau, und als sie die breite Brücke zur Altstadtinsel überquerten, spürten sie, dass ein kühlerer Wind vom Meer her kam. Ihr Gepäck ließen sie an der Abfahrtsstelle für die Busse. Nur Sofies kleiner Rucksack schlenkerte an Heiners Schulter, weil sich in ihm das Relief befand.

Zwischen den Fassaden der alten Häuser und Päläste, die von Wind und Salz gezeichnet waren, blitzte ab und an ein Stück Meeresblau. Die verwinkelten Gassen ließen keine Orientierung zu. Heiners und Gregors Blicke blieben an den Brüsten von Frauen hängen. Heiner blickte ihnen nach, wenn sie bereits an ihm vorbei waren. In seiner Phantasie rekonstruierte er die Brüste nach Größe, Form und Lage, wie ein Steinmetz der Antike. Doch eigentlich wie ein Liebhaber, der ihnen verfallen war.

Die *Bestattung der heiligen Lucia* hatten sie sich nicht so riesig vorgestellt. Die Figuren waren lebensgroß. Caravaggio, sagte Heiner, habe es ja für den Altarraum einer Kirche gemalt. Sie waren nicht die einzigen Besucher.

Eine größere Gruppe von jüngeren Schülerinnen, alle in blauem Rock und weißer Bluse gekleidet, hatte sich um das Bild geschart. Eine von ihnen hatte wohl einen kleinen Vortrag vorbereitet, sie hielt ein paar Blätter in der Hand und las vor. Auf der rot gepolsterten Sitzbank am Rande des Raumes saß ein älterer Mann. Er hatte eine Sonnenbrille in der Hand und lauschte interessiert mit geschlossenen Augen, als könne er sich so am besten konzentrieren. Wenn es nicht so absurd gewesen wäre, hätte Heiner geschworen, er sei der Blinde vom gestrigen Abend.

Sie unterhielten sich in gedämpftem Ton. Annette war versöhnt. Das milde Licht, das auf die Tote falle, mache sie menschlich. Nur der Kopf sei so merkwürdig nach hinten gerutscht, als habe er Sekunden vorher noch gewackelt. Und die Stichwunde im Hals, die Blutränder seien noch frisch.

Caravaggio male keine Heilige und keine Märtyrerin, sagte Heiner. Er schaute auf die halb entblößte weiße Brust, auf den vorderen Arm, der wohl gerade vom Körper heruntergerutscht war, auf die offene Hand, die den Betrachter herbei zu locken schien. Dem ganzen Körper fehle doch die Leichenstarre. Und warum habe man die Tote nicht in ein Leichentuch gewickelt?

Gregor meinte, am Wichtigsten seien wohl die Totengräber. Die seien ja überlebensgroß, größer als der Bischof. Da werde eine junge Frau schnell unter die Erde gebracht. Die beiden Totengräber warteten nur darauf, sie sollten mal auf die angespannten Muskeln und die hervortretenden Adern schauen, die könnten es wohl kaum erwarten. Sie würden wohl schlecht bezahlt.

Sofie folgte dem stechenden Blick des Bischofs und seiner aufgerichteten, segnenden Hand. Der segnet ab, dachte sie. Die Tote und ihr Selbstopfer. Frauen müssen immer mit ihrem eigenen Körper bezahlen. Sie fragte sich, ob unter den geschlossenen Lidern der Toten noch Augen waren. Sofie fixierte sich ganz auf das fahle Licht, das sich auf dem Gesicht der Toten brach. Es gab keinen Widerschein, keine Transparenz der Haut. Das Geheimnis des Bildes waren diese geschlossenen Augen. Die Augenlider waren nur ganz wenig nach innen gefallen. Ja, sie hatte keine Augen mehr.

Gregor bot die gekauften Marzipanaugen der heiligen Lucia an. Sofie ließ das Wort 'Sakrileg' fallen. Da niemand sie wollte, aß er sie alleine.

Als sie den Saal verließen, hatte Heiner das Gefühl, dass sich auch der ältere Mann erhoben hatte. Und als er sich umdrehte, sah er, wie der Mann einen Gehstock ergriff, seine Sonnenbrille aufsetzte, sich aufrichtete und seinen Blick auf Caravaggios Bild richtete. Bewegungslos blieb er stehen.

„Wir wollten doch noch dieses Nymphenluder besuchen", schlug Gregor vor. Er war sich nicht sicher, wie er Sofies Blick deuten sollte.

„Und was ist mit diesem Bellini in der Polizeiwache an der Piazza Federico …?", fragte Heiner. „Wie hieß die noch?"

„Nymphe oder Polizeiwache?", sagte Gregor. Sein Tonfall ließ keinen Zweifel, wofür er sich entschieden hatte. – „Nymphe?" Es erhoben sich drei Hände. „Du hast verloren, Heiner." Gregor grinste und reichte ihm die Karte mit der Adresse der Polizeistation.

„Wir treffen uns nachher auf dem Domplatz", sagte Sofie und zeigte in die Richtung, wo eine Turmuhr schlug.

Die Süßwasserquelle der Arethusa fanden sie enttäuschend klein. Das Wasser lag da wie dunkler, trüber Spiegel.

„Kein Nymphlein zu sehen", sagte Annette und schnalzte mit der Zunge und schürzte die Lippen.

„Die haben sich im hohen Papyrusgras versteckt", kicherte Sofie. „Die zeigen sich nur einmal am Tag." Dann lächelte sie unverschämt charmant und die dunklen Stoßwellen ihres Lachens verebbten in einem weichen Gurren.

„Wie die Maulwürfe." Gregor war sich nicht sicher, ob er die beiden richtig verstanden hatte.

Verwirrt blickte Heiner auf seine Uhr, als er die Glocke erneut schlagen hörte. Nicht einmal 30 Minuten waren vergangen. Und wo war der Blinde? Noch ein Blick in die Seitengasse, dann brach er seine Suche ab.

Er fand Gregor allein vor einem Zeitungskiosk am Rande des Domplatzes. Annette und Sofie seien gerade im Eingangsportal des Domes verschwunden. Gregor umkreiste langsam die Zeitungsständer. Seine Augen wanderten auf und ab. Warum er so schnell wieder zurück sei?

„Ich habe nichts erreicht. Die Commissaria ..." Heiner betonte jede Silbe.

„Die Commissaria ...?" Für einen Moment unterbrach Gregor seine Suche.

„Ja, sie ist eine Frau." Dann imitierte Heiner den bedeutsamen Tonfall eines Unbekannten. „Die Commissaria Bellini sei nicht anwesend. Man wisse nicht, ob sie heute noch einmal zurückkehre. Sie sei eine viel beschäftigte Person. Wegen der geraubten Kulturgüter. Man könne gerne ihre Telefonnummer mitnehmen." Heiner hielt ein kleines Kärtchen zwischen den Fingern. „Man könne sie ja anrufen. Wenn sie da sei. Oder in der Polizeistation von Noto nachfragen. Dort sei sie morgen. Und vielleicht auch übermorgen."

„... von Noto?", sagte Gregor laut, doch ohne Beteiligung. Sein Blick streifte zwei ausländische Zeitungen.

„Ja, in Noto", nickte Heiner. „Nach Noto wollten wir doch in jedem Fall. – Am besten, wir warten hier am Kiosk auf die beiden." Heiner blickte kurz hinüber auf das Eingangsportal des Domes, dann wandte er sich einer der billigen Kunstbroschüren zu, die am Kiosk auslagen.

Gregor zog mehrere italienische Zeitungen aus ihren Fächern. Er hatte es doch vorher gesehen ..., als er nach einer deutschen Zeitung suchte. Er wollte sich schon abwenden, da blieb sein Blick an einem großen Foto hängen, das die Frontseite einer sizilianischen Zeitung beherrschte.

Vor der offenen Tür eines Autos lag ein Mann in einer Blutlache. Das Gesicht war nicht ganz zu sehen, der Kopf war nach hinten weggeknickt, um den Hals einen Schal, der noch das Gesicht halb bedeckte; ein Arm lag seltsam verdreht, sein grau gestreifter Anzug war geöffnet, die hochhackigen schwarzen Stiefeletten bildeten ein offenes Dreieck. Daneben zwei bewaffnete Carabinieri, als bewachten sie den Getöteten. Das Bild war an einer Stelle aufgehellt, als hätte der Fotograf ein doppeltes Blitzlicht benutzt. Unentwegt starrte Gregor auf das Zeitungsbild. Wie einer, der sucht und hofft, dass sein Erinnerungsvermögen ihn trügt.

Heiner fahndete noch nach der heiligen Lucia, als Gregor ihn wortlos auf das Foto aufmerksam machte. Sie überflogen den italienischen Zeitungstext neben dem Foto, ohne zu verstehen. Als einziges Wort verstanden sie *Mafia*, dann stiegen bei einem anderen Wort sofort Erinnerungen hoch. *Nicolosi*. Das war auf der Fahrt nach Catania. Als der Taxifahrer zunächst entschied, einen Umweg zu nehmen. Der Taxifahrer musste davon im Radio gehört haben. Ein Mafiamord in Nicolosi und sie kannten den Toten mit dem grau gestreiften Anzug vom Flugzeug, vom Bus und vom Strand von Mazzaró.

Gregor kaufte die Zeitung, riss die Frontseite mit dem Foto ab, faltete sie und ließ sie im Inneren seines Blousons verschwinden. In seinem Kopfe wuchsen klebrige Spinnfäden. Er hatte einen trockenen Geschmack im Munde. Und die Spinnfäden wuchsen hinüber in den Kopf seines Freundes. Nur merkte Heiner noch nichts davon.

„Und? Hast du etwas erreicht?" Sofies Frage erreichte ihn mit Verzögerung.

„Nichts!", sagte Heiner und suchte nach den passenden Worten. „Wir sollen es telefonisch versuchen." Er wedelte mit dem Kärtchen. „Oder in Noto. Morgen soll sie bei der Polizei in Noto sein."

„Sie?", wiederholte Annette.

„Ja, eine Signora Commissaria Bellini – ach, das hätte ich fast vergessen", sagte er. „Ich habe den Blinden getroffen."

Annette und Sofie blickten ihn erwartungsvoll an.

„Beinahe", korrigierte Heiner, „ich habe ihn gehört. Aus einer Nebenstraße. In der Nähe der Polizeistation. Das gleiche Klacken. Wie gestern Abend. Aber er war nicht zu sehen."

Der Himmel war milchig geworden und die Sonne kämpfte fast vergeblich.

Als sie in den Bus nach *Gallina* einstiegen, fiel alle Anspannung von ihnen ab. Nur Wenige stiegen noch zu. Ältere Frauen und Männer, alle in ausdrückliches Schwarz gekleidet, als kämen sie von einer Beerdigung. Sofie und Annette tuschelten miteinander. Heiner und Gregor hatten sich auf die Rückbank zurückgezogen.

„Wir müssen jemanden finden, der uns den Artikel übersetzt."

Heiner zog seine Baskenmütze ins Gesicht. „Vielleicht die Signora Commissaria Bellini." Dann fuhr er sich mit Zeigefinger und Daumen über seinen schmalen Oberlippenbart und sein Blick verlor sich.

Gregor nickte zögerlich. In ihren Köpfen vermischten sich die Bilder wie im Traum. Manche versanken in der Unschärfe ihrer Müdigkeit, manche wurden bedrohlich scharf: der geheimnisvolle Blinde, der schmierige Mann im Hotel, eine schmutzig-braune, hochschießende Brühe, die geschlossenen Augen der heiligen Lucia, ihre halb entblößte weiße Brust, zwei bewaffnete Carabinieri und hochhackige Stiefeletten, die im Schmutz einer Straße liegen.

Erst als der Bus abfuhr, sah ihn Gregor die Piazza überqueren. Wie zum Gruß hob er seinen Stock nach rechts, dann grüßte er einen Mann, der ihm entgegenkam – wie ein Sehender.

„Der Blinde von gestern Abend", sagte Gregor und Heiner war hellwach.

14.13 Uhr

Er rauchte schon seine zweite Zigarette. – Sie kamen nicht. Sie mussten Verspätung haben. Er überlegte, was er machen sollte, wenn sie nicht kommen würden. Er blickte auf die Kippe, die neben dem Reifen lag. Er klopfte leise mit der flachen Hand gegen die Beifahrertür. Er war nervös und er fragte sich, was los war. Zweimal ein Anruf und zweimal den Treffpunkt um eine Stunde verschoben. Das machte ihm nichts. Er konnte warten. Wie oft hatte er warten müssen. Aber, kein Satz warum.

Er schaute hinüber auf die Haltestelle. Der Alte mit dem Kind, das an seiner Hand zerrte. Sie warteten auch. Auf den Bus. Er blickte die Straße entlang. – Nichts! Sie kamen nicht.

Er schnippte mit den Fingern und blickte dem Stummel seiner Zigarette nach, der in einem weiten Bogen nach vorne flog. Wieder schaute er hinüber zur Haltestelle. Vielleicht hätte er etwas näher heranfahren sollen.

Als er sich auf den Fahrersitz setzte, berührte er kurz das Bildnis der Heiligen Madonna und führte seine Hand zum Mund. Ja, der Kleinlaster gehörte ihm. Sie riefen an und er kam. Er fuhr dorthin, wohin er sollte. Nie hatte er gefragt. Er hörte nur, was er hören wollte. Nie hatte er etwas gesehen. Er sah nur die Kisten. Oder die Kartons. Oder, was immer. Er hatte nie gefragt. Er fragte nicht, woher. Er fragte nie.

Er wurde unruhig. Er überlegte, ob er einen Fehler gemacht hatte. Man hatte ihm diesmal nichts Genaues gesagt. Er würde schon sehen. Auch nicht genau, wohin. Pachino oder Noto. Er würde schon sehen. Er berührte noch einmal das Bildnis der Heiligen Madonna und murmelte vor sich hin.

Ihr hatte er nichts weiter gesagt. Sie verstand ihn nicht immer. Sie war ja keine ...

Er sah, wie der blaue Bus langsam anhielt. Dann, wie er langsam anfuhr. Er sah es sofort. Er konnte nicht sagen, warum. Viel-

leicht war es ihre Kleidung. Oder einfach, wie sie da standen.
Tedeschi! Deutsche!

Er durfte sich jetzt nicht ablenken lassen. – Da, sie kamen. Er durfte jetzt keinen Fehler machen. Er blinkte mit dem Scheinwerfer und ließ sich Zeit ...

Annette Baier spürte die Augenpaare, die auf sie gerichtet waren. Vor der Bar standen zwei Männer mit teilnahmslosen Gesichtern, die Hände in den Taschen vergraben. Etwas abseits saß ein älterer Mann, der seine Hände auf einen Stock stützte und seine Augen mit einem Hut beschattete. Hinter einem Fenstern entdeckte sie die neugierigen Blicke einer Frau. Alle starrten ungerührt auf die vier Ankömmlinge an der Bushaltestelle. Sogar die Siegesgöttin mit dem Palmenblatt schien zu ihnen herüber zu blicken. Das Einzige, was *Gallina* vermutlich von anderen Straßendörfern unterschied, war diese bronzene Siegesgöttin neben einem alten braunen Flakgeschütz. Gallina war kein Ort. Gallina war eher eine Haltestelle.

Nur die Sonne hatte sich etwas erholt.

Heiner zeigte auf eine Abzweigung vor einer Felsengrotte mit Marienfigur. Dort bogen sie ab in einen staubigen Weg. Vielleicht war es nur Sofies Einbildung, aber sie war sich sicher, dass der süßlich schwere Duft, der zu ihnen herüber wehte, nur von Zitronenblüten stammen könnte. Hinter einer kniehohen Mauer dehnte sich eine unabsehbare Plantage von Olivenbäumen; darunter ein Flickenteppich von Kamille und gelben Margariten. Nirgendwo ein Zitronenhain. – Das kläffende Gebell von Hunden ließ sie innehalten. Ihre sizilianische Wanderung kam schneller ans Ende, als sie dachten. Denn schon nach einer Biegung standen sie vor dem verschlossenen Wegtor eines Bauerngehöfts.

Ihr zweiter Versuch endete an einem schmutzigen Bach mit Reedgesträuch und einem undurchdringlichen Gebüsch aus Feigenkakteen. In der Ferne liefen zwei Reihen von Schirmpinien einen sanften Hügel hinauf, dahinter, unerreichbar, die blasse Silhouette von dunstigen Bergen. Ihnen blieb nur die Überlandstraße, auf der sie gekommen waren. Erfolglos spielten Gregor und Heiner Anhalter, und in einem Anflug von Sarkasmus verfluchten sie jedes vorbeifahrende Auto.

Keiner konnte sich erklären, warum dann doch der alte Kleinlaster anhielt. Der Fahrer beugte sich von seinem Sitz und öffnete die Beifahrertür. „Deutsch?", fragte er. Sein italienischer Akzent war überdeutlich. Sie nickten. Und es schien ihnen, als habe er keine andere Antwort erwartet.

„Noto?", fragte Heiner.

Der Fahrer schüttelte mit dem Kopf. Sie verstanden, er sei nach Pachino unterwegs, und ihre Entscheidung, wohin es gehen sollte, war getroffen. Mit einer kurzen Kopfbewegung wies er auf die Ladefläche, auf der ein paar Kisten standen. Als Heiner auf dem einzigen Beifahrersitz Platz nahm, fiel sein Blick auf einen Rosenkranz, der vom Rückspiegel herunter baumelte. Der Mann grinste und sein Grinsen gehörte nur ihm.

Schon nach ein, zwei Kilometern bog er mit dem Kleinlaster in eine schmale Straße, wenig später nach rechts, dann nach links. Die Straße wurde schmäler und Heiner wurde unruhiger. Er hatte bereits jede Orientierung verloren. Heiner zuckte mit den Schultern und blickte suchend umher, wie einer, der am Weg zweifelte. Der Mann grinste und nickte nur mit dem Kopf. Von der Seite hatte er fast ein antikes Profil. Sein dichtes krauses Haar passte dazu. Nur nicht die langen Kotletten. Auch nicht der schmale Mund. Heiner suchte den Rest seines Misstrauens in einem Lächeln zu verbergen. Dann ergab er sich.

Irgendwann hielt er bei einigen Häusern an. Er stieg aus, winkte, sie sollten mitkommen, und führte die Hand zum Mund.

Unschlüssig stand Heiner neben der Ladefläche. Sie verstanden das Wort Caffé. Er winkte erneut, um sie aus ihrer Verlegenheit zu erlösen, dann verschwand er in einem Haus. Das sei wohl eine Einladung, meinte Annette. Sofie entdeckte zwischen zwei Häusern ein Stück Meer. Sie nahmen ihre Rucksäcke und im gleichen Moment hörten sie eine deutsche Stimme: „Kommen Sie ruhig herein und trinken Sie einen Caffé mit uns!" Hinter ihr redete der Mann in italienischer Sprache. „Er sagt, Sie sind unsere Gäste. Kommen Sie!"

Sofie schätzte die Frau, der die Stimme gehörte, auf Mitte Vierzig. Das blonde Haar war hinten locker zusammengebunden. Um den Hals trug sie eine Kette aus unregelmäßigen schwarzen und roten Steinen. Ihre weiße Bluse fiel ihr locker über den großgemusterten Rock und die Ärmel waren bis zu den Ellbogen aufgerollt.

„Sie haben sich nicht verhört, ich komme aus Deutschland. Wir leben hier schon seit 16 Jahren. Ich heiße …" Er unterbrach sie und sie verstanden ihren Namen nicht.

Auf einer überdachten Terrasse standen ein paar Stühle und ein runder Tisch aus bunten Mosaiksteinen. An der Hauswand hingen einige Keramiken, ein tellergroßes Tondo mit einem Frauenkopf, der von drei akrobatisch abgewinkelten Beinen umrahmt wurde, und eine Maske mit großem Mund und Weinlaub als Haar. Während sie den Caffé eingoss, erzählte sie ungefragt die Kurzform ihres Lebens. Dass sie ihren Sizilianer, wie sie ihn nannte, in Syrakus kennen gelernt hatte, sie liebe dieses Haus am Meer, leider hätten sie keine Kinder, aber drei Katzen, sie quoll über, ob sie Kinder hätten, wie alt sie wären? Ihre Neugier musste befriedigt werden.

Mehrmals schob der Sizilianer kurze Sätze dazwischen. Leider spreche ihr Mann kein Deutsch, er wolle wissen, wo sie denn lebten, in Deutschland, wie lange sie schon hier seien, auf Sizilien, ob sie die wunderschöne Altstadt von Syrakus gesehen hätten, er sei in Syrakus geboren. Wohin sie noch wollten?

Heute nach Pachino, sagte Sofie. Annette sprach von Noto. Dass sie morgen nach Noto wollten. Heiner von den Karfreitagsprozessionen in Enna. Von den Mosaiken in Piazza Armerina. Danach vielleicht Palermo. Er erzählte von dem Blinden in Syrakus und dem Begräbnis der heiligen Lucia, und dass ihn Kultur beruflich interessiere. Ihr Mann schaute ihn überrascht an. Jedenfalls hatte Gregor den Eindruck.

Warum ihr Mann eigentlich angehalten habe, fragte Gregor.

Er erkenne die Deutschen sofort, sagte sie.

Und woran?

Sie hob unschlüssig die Schultern.

Ihr Sizilianer mischte sich wieder ein. „Er will wissen", sagte seine Frau zu Gregor, „was Sie denn beruflich machen."

Er sei selbstständig, sagte Gregor nach kurzem Zögern.

„Er baut große Häuser", sagte Heiner. Gregor war leicht verstimmt, warum musste Heiner so redselig sein.

Das Gespräch stockte, bis ihr Mann mit breitem Lachen anbot, Gregor hier in Sizilien Kontakte zu verschaffen, die vielleicht neue große Aufträge bringen würden. Sein dunkles Lachen war zupackend wie ein Händedruck Er kenne genügend Leute und habe manche Freunde. Dann erhob er sich. Er wolle noch telefonieren und eine Plane auf die Ladefläche legen, er müsse ja später noch etwas abholen.

„Und was macht man als Deutsche auf Sizilien?" Annette unterdrückte nur wenig ihre Neugier.

„Na, im Meer baden, Apfelsinen essen, Wein trinken, und wenn dann noch Zeit bleibt, die Sonne anbeten." Heiner grinste bis zu den Ohren.

Sie lachte, natürlich, das auch. Die Keramiken und Mosaikbilder mache sie selber. Das habe sie hier gelernt. Von Keramik und Terracotta verstehe sie etwas. Sie habe damals, als sie ihren Sizilianer kennen lernte, als deutsche Archäologin an Ausgrabungen teilgenommen. In den Grabkammern des antiken Syrakus. Und als sie dann wieder nach Deutschland zurück sollte, sei sie einfach hier geblieben. Sie lachte kurz und hell und schaute zur Tür, wo ihr Sizilianer entschwunden war.

Heiner warf Gregor einen schnellen Blick zu, doch bevor er etwas sagen konnte, hörte er schon Sofie fragen: „Dann kennen Sie sich mit Grabfunden aus?"

Sie nickte: „Sicher. – Sie müssen Ihren Caffé austrinken. Hier ist noch mehr. Und hier ist Wasser, wenn sie mögen."

„Wir haben nämlich, ...", Sofie drehte den Kopf nach rechts, „Gregor hat in Taormina ein Tonrelief ... gekauft. Und wir rätseln alle, was darauf abgebildet ist. Darf ich es Ihnen einmal zeigen?" Sofie wartete die Antwort nicht ab, holte aus ihrem Rucksack das schmale Plastikpacket und wickelte es behutsam aus dem Seidenpapier.

„Ein Teilstück fehlt leider", sagte Heiner, „ich glaube, es fehlt der Kopf eines Mannes. Sehen Sie hier ..., das sieht aus wie eine Bartspitze."

Sie nahm das Tonrelief in die Hand und drehte es leicht gegen das Sonnenlicht. „Wo sagten Sie, haben Sie es gekauft?"

„In Taormina, vorgestern, das Odeon ... ." Gregor warf das Wort so hin wie eine Münze, deren Wert man nicht kennt. „Ich habe es von einem Mann …", er zögerte das Ende des Satzes hinaus, bis er endlich das Wort fand, „… erstanden."

„Es sieht erstaunlich echt aus."

„Auf der Rückseite ist ein Zettel aufgeklebt", sagte Heiner. „Mit Abkürzungen und Zahlen, wie der Inventarzettel eines Museums." Sie drehte das Tonrelief auf den Rücken. „Wo?", fragte sie neugierig. Der Aufkleber fehlte. Sofie durchsuchte das Seidenpapier und die Plastiktüte, dann ihren Rucksack. Der Aufkleber blieb verschwunden.

„Vielleicht hat er sich abgelöst, als ich die Tafel abends auf der Hotelterrasse ausgepackt habe." Aufgeregt suchte Sofie weiter.

„Und dann vom Winde verweht", sagte Gregor fast gleichgültig und sog den Rauch seiner Zigarette ein.

Heiner zeigte auf eine dunklere Stelle im Ton. „Sehen Sie, hier sind noch Klebereste."

„Vielleicht ist es schon auf der Polizei passiert", schob Annette dazwischen. „Dort haben wir die Tafel mehrmals ein und ausgepackt. Und der Polizist auch."

„Polizei?"

„Ja", sagte Heiner, „der Mann, der uns die Tontafel gab, sprach von einem Original. Und als wir den Inventarzettel sahen, glaubten wir, es sei aus einem Museum gestohlen."

„Du glaubtest es", sagte Gregor mit leichtem Grinsen, „und du glaubst es auch jetzt noch."

„Und was hat die Polizei gesagt?"

„Sie sind sich ganz sicher, es sei eine geschickte Fälschung." Annette schien das Gespräch zu amüsieren.

„Oh ja, die sind hier geschickt, die haben die unglaublichsten Methoden entwickelt, um neu gebrannte Terracotta künstlich altern zu lassen. Sie legen sie in Asche, unter Laub und Wurzeln, sie sintern die Teile mit Kalk und Sand und verätzen sie mit Salzsäure. Und letzte Woche haben sie im Museum in Catania auf einmal festgestellt, dass einige Figuren und Tafeln aus Terracotta einfach nicht mehr aufzufinden sind." Sie verzog das Gesicht. – „Wo er nur wieder bleibt?" Sie schaute durch die offene Tür. „Er sagt immer, er sei gleich wieder da und bleibt verschwunden. – Was stand denn auf dem Aufkleber?"

Heiner bat um einen Stift und zeichnete den Aufkleber mit allen Abkürzungen und Zahlen auf das Seidenpapier.

„Da stand doch noch *Tomba L.*", ergänzte Sofie.

„Ja, Sie haben Recht, es sieht aus wie die Inventarisierung in einem Museum. *MN* ist die Abkürzung für *Museo Nazionale,* und davon gibt es so viele. *Tomba L.* ist sicher das Grab, wo das Relief gefunden wurde. Solche Tafeln wurden zum Schutz der Verstorbenen in die Grabkammern gehängt. Man nennt sie Votivtafeln." Dann lächelte sie wissend zu Heiner hinüber. „Wir können das Geheimnis lüften. Ja, es fehlt der Kopf eines Mannes. Bei dem Paar handelt es sich um Proserpina und Pluto. Besser bekannt, als Persephone und Hades, der Gott der Unterwelt. Hades hat sie als junges Mädchen geraubt."

„Hades", fragte Heiner, „war das nicht der mit Tarnkappe, die ihn unsichtbar machte?"

Sie nickte.

„Hades?", sagte Gregor, „Hört sich an wie Hannes." Er lachte.

„Ein Bestechungsgeschenk für einen älteren Gott", sagte Heiner.

„Der ein junges Mädchen kidnappt", ergänzte Annette.

„Wahrscheinlich ist der Kopf bewusst heraus gebrochen worden." Sofies Stimme war seltsam hart. Ihr Blick fiel auf den tellergroßen Mädchenkopf mit den abgewinkelten Beinen.

„Irgendjemand wollte ihn einen Kopf kleiner machen. Man darf die Götter nicht zu groß werden lassen." Gregor zog an seiner Zigarette.

Der Sizilianer stand plötzlich hinter ihnen. Er warf einen kurzen Blick auf die Tontafel. Er zog seine buschigen Augenbrauen zusammen. „Antik?", nickte er. Ohne eine Antwort abzuwarten, redete er mit seiner Frau und verschwand erneut.

„Er muss nur noch etwas zuladen, dann ist er fertig."

„Und was bedeuten die Hähne?", fragte Heiner.

„Der Hahn ist ein heraldisches Zeichen der Macht. Sie werden das Zeichen auch in den antiken Stätten von Himera finden, an der Nordküste, zwischen Palermo und Cefalu. Dort soll sich der antike Eingang zur Unterwelt befunden haben."

„Und, was meinen Sie? Es ist eine Fälschung, nicht wahr?" Annettes Frage klang nicht wirklich interessiert.

„Warten Sie ..."

Sie holte eine Lupe und ein skalpellähnliches Messer aus einem halbhohen Schrank, hielt erneut die Oberfläche schräg zum Sonnenlicht und nahm die Lupe. „Ich bin etwas erstaunt. Keine Wurzelspuren zu erkennen. Wissen Sie, die Archäologen verlassen sich zunächst auf einfachste Überprüfungen. Damit kann man 99 Prozent der Fälschungen nachweisen." Sie drehte die Tontafel und versuchte sehr behutsam die Rückseite mit der Messerspitze anzuritzen. Dann beschnupperte sie das Relief kreuz und quer und sog hörbar den Geruch ein.

„Der Ton ist weicher, als ich vermutete, und er riecht verblüffend modrig. Komisch, eigentlich nicht zu glauben, aber bis jetzt spricht alles für ein Original."

Sie lachte etwas verlegen und streifte mit einer Hand durch ihr blondes Haar. „Aber, ich bin schon lange nicht mehr dabei."

„Ja, und jetzt?" Heiner schaute sie fragend an, dann Gregor.

„Es gibt noch einen Test, mit Wasser. Nur, der braucht mehrere Stunden." Sie schüttete vorsichtig etwas Wasser auf die Rückseite. „Keine Sorge, es wird wieder trocken. Bei neu gebrannter Tonware dauert es nur einige Stunden. Die antike Terracotta hat eine höhere Kapillarwirkung, dann dauert es ein bis zwei Tage."

„Dann wissen wir es ja spätestens morgen", stellte Heiner nüchtern fest.

„Verzeihen Sie", sie blickte zu Gregor über den Tisch, „aber, was haben Sie dafür bezahlt?" Ihr Interesse schien geweckt.

Gregor nannte die Summe, die er im Hotel in Taormina hinterlegt hatte.

Sie lachte. „Ja, dafür bekommen Sie nicht einmal einen Bruchsplitter des Originals. Und manche Fälschungen erkennt man erst, wenn man eine spektroskopische Analyse macht. Dafür müssen sie allerdings nach Palermo."

Gregor winkte lächelnd ab.

„Vielleicht hat eine bestimmte Organisation die Hände im Spiel." – Heiner schob unvermittelt eine Frage nach: „Müssen eigentlich auch die Handwerker und Künstler bezahlen?"

„Was meinen Sie?"

„Na, an die ..., Sie wissen schon."

Zwei oder drei Sekunden lang schaute sie Heiner verwundert ins Gesicht, dann lachte sie.

„Nein! Nicht alle. Ich jedenfalls nicht." Ihr Gesicht glättete sich. „Aber Sizilianer sollten Sie nicht danach fragen. Auch nicht meinen Mann." Gregor dachte darüber nach, ob das Lachen nicht etwas übertrieben klang. Heiner bedankte sich für ihre Gastfreundschaft. Dann zerlegte er ihre Antwort bis ins Kleinste.

Am Kleinlaster wartete bereits der Sizilianer. Sie wechselten zwei oder drei Sätze. „Mein Mann will Ihnen eine Pension in Pachino empfehlen. Pensione Miseno heißt sie."

Heiner suchte Gregors Augen.

Er glaube, sie sei die einzige, die jetzt schon geöffnet habe. Ihr Mann wolle sie am Rand von Pachino absetzen. Es sei besser, wegen der Carabinieri, die doch häufig kontrollierten.

Gregors Augen sprachen Bände.

„Wenn Sie in Pachino sind, sollten Sie mittags auf die Piazza Vittorio Veneto", rief sie ihnen hinterher. „Hoffentlich haben Sie Glück. Jetzt, im April, braucht es Sonne. Im Sommer braucht es Schatten. Ab zwölf Uhr ist es am besten." Es klang wie ein Rätsel.

Die Fahrt dauerte länger als erwartet. Ein dunkelblaues Auto hinter ihnen machte Lichtzeichen. Heiner überlegte, ob er den Wagen nicht schon vorher im Seitenspiegel gesehen hatte. Der Sizilianer schien zu überlegen. Als das Auto zum Überholen ansetzte, nahm er etwas Gas weg und unmittelbar vor ihnen scherte es ein. An einer Bushaltestelle ließ er sie aussteigen und gab Heiner eine kleine Skizze auf kariertem Papier, zeigte auf das Halteschild und nickte. Etwas weiter hatte auch das Auto angehalten. Und als er losfuhr, setzte sich der dunkelblaue Wagen wieder in Bewegung.

Heiner hielt die kleine Skizze in der Hand, auf der ein Viereck eingezeichnet war. *Piazza V V.* „Das wird wohl die Piazza Vittorio Veneto sein." Von einer Ecke gingen zwei Striche ab. „Und das ist die besagte Pension." Heiner zeigte auf das Kreuz am Ende der Striche.

Gut eine Stunde später standen sie vor einem zweistöckigen Haus, das sich auf den ersten Blick nicht von den anderen unterschied. Die *Pensione Miseno* war unscheinbar und das kleine Schild hätte man leicht übersehen können. Sie mussten klingeln. Eine schlanke, dunkel gekleidete Frau öffnete und sprach nur Italienisch. Sie war freundlich, nur ihr Gesicht wirkte etwas verschlossen, als ob sie etwas abwehren wollte. Vor der Treppe blickten sie durch eine halboffene Tür auf den Rücken eines älteren Mannes, der an einem Tisch saß und seinen Mantelkragen hoch geschlagen hatte. Halb drehte er seinen Kopf, hob grüßend eine Hand, als habe er sie erwartet. Ihre Zimmer lagen im ersten Stock, sie waren klein und sauber, kein Putz bröckelte von der Decke, und die Fenster öffneten sich zur Straße. „Via Michelangelo Buonarotti", sagte Heiner. Er versuchte den melodischen Klang des Italienischen nachzuahmen.

Bevor sie das Haus verließen, klopften sie an eine Tür, hinter der sie Stimmen hörten. Nein, bedeutete man ihnen, sie könnten die Schlüssel mitnehmen. Offensichtlich waren sie die einzigen Gäste. Als sie ins Dunkel der Straße traten, lag neben der Haustür ein toter Hund in einer kleinen Blutlache. Die Zunge hing heraus. Annette und Sofie wollten nicht so genau hinsehen.

Zwei Stunden zuvor hatte der Busfahrer sie an diesem viereckigen Platz abgesetzt, doch nun war die Piazza wie verwandelt. Die Geschäfte waren geschlossen, nur die Cafés und die beiden Restaurants waren erleuchtet. Ein Kreis von Laternen inmitten der Piazza und das Spalier der Straßenlaternen an den Seiten verbreiteten ein diffuses gelbes Licht. Und in diesem Halblicht standen, schlenderten, warteten, kamen, gingen Männer. Saßen auf Bänken. Junge, ältere, ganz alte Männer, Männer, die kein Alter mehr hatten. Mit alten Hüten, mit speckigen Kappen, barhäuptig, ohne Kappe, ohne Hut, unrasiert, mit Schnauzer. Männer, in alten graumelierten Fischgrätmänteln, in Stutzern oder halblangen, festen Jacken, um sich gegen die Abendkühle zu schützen. Keine Farbe, nur dunkles Blau, Braun, Schwarz, Grau.

Einige standen fast bewegungslos im Kreis. Andere, mit verschränkten Armen auf- und abschlendernd. Jüngere flanierten mit ausladenden Gesten an der Seite. Männer, die sich auf die Schulter schlugen oder Kampfhähne spielten. Männer, die zusammen kamen und auseinander gingen. Die ganze Piazza war voller dunkler Männer.

„Schattenmänner! Alles Schattenmänner", sagte Sofie. Ihre Stimme war so luftig wie eine ferne Eingebung. „Erst ziehen sie einen Schatten hinter sich her und dann wandert er ihnen voraus."

„Und wo sind die Frauen?", fragte Annette bissig.

„Zuhause!", sagte Sofie.

„Sie kochen!", sagte Gregor mit gemeinem Spürsinn.

Heiner vermied eine schärfere Bemerkung.

Eine gewisse Scheu hielt sie davon ab, die Piazza zu umrunden oder zu überqueren. Das Revier war besetzt. Sie sahen aus wie Fremde und sie waren Fremde. In dem Restaurant, das am nächsten lag, wurden sie von einem Kellner freundlich begrüßt. Er bot ihnen instinktiv einen Tisch am Fenster an, einen Logenplatz für die abendlichen Auftritte der Männergesellschaft auf der halb erleuchteten Piazza. Bei der Auswahl des Essens ließen sie sich Zeit. Die überbackenen *Canneloni*, mit Spinat gefüllt, schmeckten cremig und zart, nur Annette hatte, um keine unliebsame Überraschung zu erleben, ein einfaches Spaghetti-Gericht genommen.

„Ich habe übrigens das Tonrelief ausgepackt." Sofie nahm einen kleinen Schluck aus ihrem Weinglas. „So kann der Wasserfleck über Nacht natürlicher trocknen."

„Hast du schon einen Unterschied bemerkt?", fragte Annette.

Sofie schüttelte den Kopf. „Zu früh."

„Kennst du die Story von den beiden?" Gregor blickte Heiner fragend an.

„Nein, nicht wirklich. Ich glaube, Persephone ist eine Tochter des Göttervaters Zeus und Hades ist sein Bruder."

„Das nennt man wohl Inzest." Annette schüttelte sich. „Und so was hängen die sich ins Grab."

„Vielleicht war es ein Geschäft zwischen beiden", warf Sofie ein. „Bruder hilft Bruder bei besonderen Problemen."

Gregor schaute durch das Fenster auf die halb erleuchtete Männergesellschaft. „Warum rauben alte Götter junge Mädchen?"

„Na, soll ich dich aufklären ...?" Heiners Stimme tropfte und Annette kicherte.

„Geschenkt. Ich meine, die können doch alles ...", Gregor schnippte mit den Fingern, „und alles ist klar."

„Ich glaube, alle Götter haben ein Problem. Sie können alles. Und sie haben die Macht über alles. Nur eines können sie nicht ..." Heiner schwieg bedeutungsvoll.

„... sie können sich nicht selber zeugen. Sie können auch nicht alleine Nachkommen zeugen. Komisch nicht. Dazu brauchen sie das weibliche Geschlecht. Schaut mich nicht so an."

„Das kenne ich irgendwo her", sagte Gregor.

„Und noch etwas ist komisch. Eigentlich werden sie von den Frauen nicht geliebt. Götter kann man nicht lieben. Wer allmächtig ist, den kann man nur verehren."

„Das kenne ich eigentlich nicht."

„Vielleicht hatte diese Persephone ein Problem", fuhr Heiner ungerührt fort, „sie war, soviel ich weiß, eine in sich selbst verliebte Jungfrau. Der Raub ist das traumatische Erweckungserlebnis einer Jungfrau. Ich meine, einer Frau."

„Hohohoo!" Annette lachte ausgelassen und laut. „Herr Psychologe! Du spinnst!"

„Zur Frau wird man erst durch das Begehren eines Mannes." Heiners Mund umspielte ein maliziöses Lächeln.

„Eines Mannes, der über das Totenreich herrscht. Schöne Aussichten." Sofie hielt sich mit einer Hand die Augen zu. „Und es war schön dunkel."

„Diese alten Geschichten sind doch nur Vexierbilder für unsere verdrängten Ängste und versteckten Begehren. Nenn es Wünsche!" Annette tippte demonstrativ mit ihrem Finger an die Stirn.

„Ist das nicht der Alte aus unserem Hotel?" Gregor zeigte mit seiner Zigarettenspitze auf einen hoch gewachsenen Alten, der in einem knielangen dunklen Mantel allein am Rande der Piazza stand und sich in diesem Moment in ihre Richtung drehte.

„Der mit dem Hut und dem Stock?" Heiner kniff die Augen zusammen, weil der Alte im Widerschein einer Laterne stand.

„Eisgrauer Bart und hochgeschlagener Mantelkragen", soufflierte Sofie. „Er redet mit sich selbst."

„Komischer Mensch", kicherte Annette. „Seht ihr, nackter Hals, er trägt oben kein Hemd und nichts unter seinem Mantel."

Der Kellner unterbrach sie und das Gespräch strandete in erwartungsvollem Schweigen. Er brachte das Hauptgericht. *Involtini di vitello.* Hinter dem geheimnisvollen Namen verbargen sich gefüllte Kalbsröllchen. Und das eine Rätsel vom Gott der Unterwelt und der geraubten Jungfrau verschwand hinter einem neuen Rätsel, womit denn die Kalbsröllchen gefüllt seien. Sie einigten sich schließlich auf Omelettstreifen, Schnittlauch und Zucchinistifte. Dann bestellten sie eine neue Flasche Weißwein und die Geschichte von Hades und Persephone versank endgültig in einem goldgelben Muskateller aus der Region.

Als sie zur Pension zurückkamen, war der tote Hund verschwunden. Nur die Blutlache war auch im Dunkeln noch zu sehen.

Gegen 23.10 Uhr

Irgendetwas stimmte nicht. Sie hatten gefragt und er hatte sofort geantwortet. Vielleicht hatte er kurz gezögert. Zwei Schuss, hatte er geantwortet. Sie hatten nur das Magazin geöffnet. Es fehlten zwei Patronen. Das wusste er.

Und der Brief, hatten sie gefragt. Den Brief hatte er ihnen gegeben. Noch ein oder zwei Tage. Warten, abwarten wollten sie. Länger nicht. Das hatten sie gesagt. Länger nicht. Man brauche ihn jetzt nicht mehr.

Er hatte nur einen Schuss gebraucht. Irgendwann würde er die Patrone noch brauchen.

Er schloss die Tür auf. Es brannte noch Licht.

Die Lichter der Piazza erloschen mit einem Schlag. Wo war er
…? Er lauschte in diese pechschwarze Finsternis … aus dem Dunkel sprang der Hund auf ihn zu … fiel blitzartig zur Erde, und er
sah, wie Blut aus ihm heraus floss … der Sizilianer warf das blutende Tier auf die Ladefläche und fuhr in die dunkle Nacht …
plötzlich lag der Hund vor der Pension und versperrte die Tür … er
stand auf der Straße und der Sizilianer fuhr geradewegs auf ihn zu
… er wich aus und wieder fuhr der Sizilianer auf ihn zu …

Noch schlaftrunken versuchte er, dem Wagen auszuweichen.
Vergeblich.

… und die Frau aus dem Hotel rief seinen Namen … er war wie
gelähmt … und wieder rief sie seinen Namen … woher wusste sie
seinen Namen …?

„Heiner!"

Er spürte, wie jemand seine Schulter berührte.

„Wach auf! Ich muss dir etwas zeigen. Siehst du das?"

Heiner schreckte hoch und riss die Augen auf. Er war froh, dem
Traum entkommen zu sein.

„Siehst du das?" Er hörte Sofies aufgeregte Stimme. „Ich habe es
geahnt." Sofie hielt ihm die Rückseite der Tontafel ins Gesicht.
„Der Wasserfleck, er ist noch da. Es muss ein Original sein."

Heiner blickte auf den dunklen Flecken, dann auf Sofie, die bereits angekleidet war. „Ja, …", sagte er gedehnt. Er blickte auf
seine Uhr. Kurz vor Neun. Doch der Tag war verletzt, bevor er
begonnen.

„Ich werde es Gregor und Annette zeigen."

Ohne eine Antwort abzuwarten, entschwand sie und kehrte nach
wenigen Minuten zurück.

„Sie meinen, der Fleck sei doch deutlich kleiner geworden. Was
meinst du?"

„Deutlich …? Ich bin mir nicht sicher, aber er ist kleiner geworden. Wir müssen wohl noch bis morgen warten."

Sie war ganz nah an ihn heran getreten, als wolle sie sich anschmiegen. Ob er das gestern Abend wirklich ernst gemeint habe?

Was?

Sie nahm seine Hand, als wolle sie darin die Wahrheit lesen. Dann schloss sie die Augen. Das habe so geklungen, als sei er davon überzeugt. Als habe das Mädchen nur darauf gewartet, dass es geraubt werde …

Wie sie darauf komme?

Das habe sie gespürt. Und sie vertraue ganz auf ihr Gefühl. Augen könnten lügen.

Das sei eine Frage der Psychologie.

Sofie drehte sich abrupt weg und packte das Tonrelief in ihren Rucksack. Sorgfältig wattierte sie es mit ihrer Kleidung. Ob er auch schon einmal das Gefühl hätte, dass Kunstfiguren mit einem verwandt seien?

Ja und nein.

Dass sie mit einem sprechen, obgleich sie stumm seien.

Das sei doch Esoterik.

„Sie war eine Schattenfrau …" Sofie wartete auf eine Frage. Doch Heiner sagte nichts. „So nannte man sie, nachdem sie in der Anstalt verschwand."

Heiner schaute sie fragend an.

„In die Psychiatrie. Sie sagten, sie litt nach der Geburt an unheilbaren Wahnvorstellungen. Sie hörte Stimmen …"

„Wer?" Heiner ahnte, von wem sie sprach. Irgendetwas dämmerte ihm, wenn es auch noch nach Gestalt und Form suchte.

„Sie blieb in diesem Zustand." Mit somnambuler Langsamkeit nahm Sofie ihr Tagebuch von dem Beistelltisch und schob es umständlich in die Seitentasche ihres Rucksacks.

Die Frau redete schnell und unentwegt. Nichts, nicht ein Wort verstanden sie. Bei der Bezahlung übergab ihm die Besitzerin der Pension einen verschlossenen Brief. *Per il tedesco biondo* stand in Druckbuchstaben auf dem Briefumschlag. Ja, Gregor hatte blondes Haar, dunkelblondes. Kein Zweifel, der Brief war für ihn. Zu fragen, wer den Brief gebracht hatte, schien aussichtslos. Niemand verstand etwas von ihrem italienischen Wortschwall.

Als sie auf die Straße traten, zeigte Heiner auf den grauroten Flecken. „Die Blutlache des Hundes ist völlig eingetrocknet." Gregor hörte ihm nicht zu, weil er bereits vorsichtig den Umschlag öffnete. Auf dem weißen Blatt Papier standen nur ein paar handgeschriebene Zeilen:

Wenn Sie ein gutes Geschäft machen wollen, rufen Sie die folgende Telefonnummer in Sizilien an: 095/101355. Nur in den nächsten 24 Stunden erreichbar. Man spricht Deutsch und Englisch.

S.

Das sei eine Frauenhandschrift, sagte Heiner. Sein Interesse war geweckt. Er wisse eben alles, sagte Sofie mit einer Prise feiner Ironie. Frauenhandschrift sei eben Männersache. Es müsse die Frau des Lastwagenfahrers sein, beharrte Heiner.

„Also ist S. die Abkürzung für einen Frauennamen", stellte Gregor nachdrücklich fest.

„Wie hieß sie noch?", fragte Annette, die sich wie die anderen nicht erinnern konnte. „Sie hat doch ihren Namen gesagt. – S wie … Sofie, vielleicht heißt sie Sofie." Annette spielte die Eifersüchtige.

Sofie spielte mit: „Ja, ich gebe es zu!" Und mit einem Hauch von Koketterie fügte sie hinzu: „Der Brief verspricht eine Verabredung für unser nächstes Rendezvous. Gregor, sag es ihnen."

„S … wie Schattenmann." Gregor lächelte süffisant.

„Schattenmann? S-c-h ist nicht S. Es ist die Frau des Sizilianers. Ich nenne sie einfach Sybille." Heiner war sich sicher. Allerdings, räumte er ein, S könnte ja auch Sizilianer heißen.

„Und, rufst du an?" Für einen Freund hatte seine Frage einen unanständig lauernden Unterton.

Demonstrativ langsam steckte Gregor den Brief in seine Jackentasche. „Ich muss heute oder morgen einmal nach Deutschland anrufen. Mal schauen, wie die Geschäfte dort laufen."

Sofie schlug vor, den Vormittag am Meer zu verbringen, am Capo Pássero, mittags noch etwas einzukaufen und erst nachmittags nach Noto zu fahren. Hier im Süden solle es sogar Dünen geben und hatte dieser Taxifahrer nicht von weißen Sandstränden gesprochen. Das sei gar nicht weit von hier.
Der blaue Himmel war mit kleinen, weißen Wölkchen geflockt. Und die Bläue versprach viel. Der Busfahrer schüttelte mehrmals den Kopf, als Gregor ihm den Geldschein reichte. Er machte Zeichen mit der Hand, zeigte auf die Sitzplätze. An der Endstation stiegen sie aus, ohne zu bezahlen. Wieder malte er unsichtbare Zeichen in die Luft. Sie nickten höflich wie Puppen, die an Fäden hingen.

An diesem Mittwoch bestand der südlichste Ort Siziliens aus böigem Wind, einem abgebrannten Auto und einer gottverlassenen Ansammlung von Häusern. Die Fenster der meisten Gebäude waren mit hölzernen Läden verschlossen. Einige Gestalten duckten sich hintern Mauern oder standen herum. Zwei Polizisten standen vor dem völlig ausgebrannten Wrack eines Kleinlasters. Ein Dritter stocherte mit einem langen spitzen Stab im Gerippe des ehemaligen Führerhauses. Er angelte etwas hervor, das von weitem aussah wie eine Halskette aus schwarzen Perlen. Und wenn Heiner genauer hingeschaut hätte, hätte er sicher einen verbrannten Rosenkranz gesehen.

Ein paar trockene Palmkronen bogen sich ins Land. Heftige Windböen wirbelten den Sand kniehoch über den Strand. Nur von Dünen sahen sie nichts. Keine Strandkiefern, die dem Strand einen Halt geben konnten. Nicht einmal ein Hund war zu sehen.

Eine Stunde später nahm der Busfahrer sie wieder mit zurück. Spielerisch schob er einen Zahnstocher zwischen seinen Zähnen hin und her und schaute auf den Geldschein, den Gregor ihm entgegenhielt. Mit seiner linken Hand nahm er den Zahnstocher aus dem Mund und mit der rechten zeigte er zwei Finger. Auf einmal begriffen sie die rätselhafte Sprache seiner Zeichen. Den einen Schein legte er in die Kasse, den anderen schob er unter eine gefaltete Zeitung. Der größte Teil der Piazza Vittorio Veneto lag bereits in der Sonne. Nur an der Kopfseite sorgte eine barocke Kirche für Schatten, und an ihrer Seite beherrschte ein imposanter, mehrstöckiger Glockenturm den Platz.

Vor dem *Café di Ciclope* warteten die beiden Freunde bereits mehr als eine halbe Stunde. Sie wollte mit Sofie noch etwas einkaufen, hatte Annette gesagt. Pachino sei ja nicht so groß. Was Genaueres hatten sie nicht gesagt und sie hatten nicht gefragt. In die Außenwand des Cafés war ein großes farbiges Mosaikbild eingelassen. Rechts oben stand ein geblendeter Zyklop, der offensichtlich einen riesigen Felsbrocken einem viel zu kleinen Schiff hinterher schleuderte. Der Felsbrocken füllte die obere Mitte des ganzen Bildes und schien über Schiff und Meer zu schweben.

Heiner trank einen Aprikosensaft mit ein wenig Mineralwasser. Vor ihm standen eine leere Capuccino-Tasse und der Rest einer mit Creme gefüllten Teigtasche. Gregor hatte von dem goldgelben Muskatwein bestellt. „Vielleicht sollte ich doch einmal anrufen", sagte Gregor. Er blinzelte gegen die Sonne und seine Finger spielten mit dem Weinglas. „Ich wüsste zu gerne, wer oder was sich hinter der Nummer verbirgt."

„S. wie Sirenen. Schöne Frauen mit langen schwarzen Haaren und großen Brüsten. In der Antike nannte man sie Sirenen. Ein feines Bordell ohne Bezahlung. Die Lockvögel warteten hier auf einer Insel vor Sizilien." Heiner war verblüfft über seine eigenen Assoziationen.

„Sex sells!", sagte Gregor. Er nahm erneut einen kräftigen Schluck aus dem Weinglas, behielt es in seinen Händen und nickte, als sei er einverstanden mit dem fruchtigen Geschmack. „Sex sells, und das gilt bis heute. Und bis heute gilt: Man muss für alles bezahlen. Ich bin sicher, dass die Freier bezahlt haben."

Heiner schwieg. Er verschwieg lieber, womit die Freier bezahlen mussten. Er war wieder einmal erstaunt, wie realistisch Gregor alle Dinge sah. Sein Freund Gregor, der Realphilosoph.

114

„Bei jedem Geschäft, das ich mache, geht es ums Bezahlen, ums Geld." Gregor schaute dabei über die Piazza, als würde sein Blick keinen Halt finden.

„Ich dachte bisher, du seiest Philanthrop und Kapitalist, wenn es das zusammen überhaupt gibt", sagte Heiner und suchte nach einer Reaktion in Gregors Gesicht.

Gregor verzog keine Miene. „Philanthrop?"

„Ein anderes Wort für In-allem-siegt-die-Liebe." Heiner genoss jedes Wort.

„Du kannst das eine nur sein, wenn du das andere bist." Gregors Blick glitt an den Geschäften und Gebäuden entlang, dann blieb sein Blick an der Turmuhr hängen. „Die Beiden brauchen lange für ihren Einkauf."

„Und warum hast du das Tonrelief ... mitgenommen? Was ist, wenn es ein Original ist?"

„Es ist ein Spiel mit zwei Unbekannten. Wer spielt mit und wie viel Geld ist es wirklich wert? Vielleicht ist es eine Niete. Im Übrigen hat es eine interessante Story. – Du möchtest doch, dass es ein Original ist!"

Heiner antwortete nicht, weil er das Gefühl hatte, dass man sie beobachtete. Nur der Kellner stand wartend in der Tür. Die wissen schon, wo sie sind. Warum ging ihm der verdammte Satz nicht aus dem Kopf.

„Um ehrlich zu sein, wenn man ein Geschäft machen will, weiß man nie, wer der Gewinner ist. Die Andere oder ich. Das ist mein Risiko. Man muss nur besser sein. Und man muss immer wissen, von welchen Konkurrenten man bedroht wird."

„Das Krankheitsbild heißt: permanente Paranoia", warf Heiner ein. „Nur wer überall Gefahr wittert, überlebt. Der Verfolgungs-wahn ist also die wahre Tugend des Unternehmers."

„Du übertreibst!", sagte Gregor etwas bissig. „Und in deiner Übertreibung wirst du moralisch."

„Nein", erwiderte Heiner, „ich diagnostiziere, ich moralisiere nicht."

„Wer behauptet", sagte Gregor ungerührt, „dass sei unmoralisch, der hat es einfach nicht geschafft." Gregor trank den letzten Schluck, beugte sich dann nach vorne und stellte das leere Weinglas auf den Tisch. „Es geht immer nur ums Überleben." Seine Stimme wurde sachlich und kühl. „Wirtschaft ist Krieg mit anderen Mitteln: gegen Unbekannt."

Mit wachsendem Erstaunen hatte Heiner dem kurzen Credo seines Freundes zugehört. Zu gerne hätte er ihm gerade jetzt etwas zu seiner In-allem-siegt-die-Liebe-Stiftung gesagt. Stattdessen hörte er sich sagen: „Und deshalb wüsstest du zu gerne, wer sich hinter der Telefonnummer verbirgt. Ein Gegner oder ein Partner?"

Gregor nickte, klopfte erst auf seine rechte, dann auf seine linke Jackentasche, als suche er etwas. Endlich zog er sein Zigarettenetui hervor und legte es auf den Tisch.

Bedächtig schüttete Heiner noch etwas Mineralwasser in den dickflüssigen Aprikosensaft. Irgendetwas reizte ihn, er wusste nur nicht genau, was.

„Und was ist, wenn es ein bedrohlich mächtiger Partner ist?"

Gregors Lachen war zu kurz und zu laut. „Ich sage dir vorher Bescheid. Wenn ich anrufe, dann von unterwegs. Dann weiß keiner, von wo ich anrufe." Es war komisch, wie sie das sizilianische Wort mit den fünf Buchstaben bewusst vermieden. Und zu gerne versteckten sie den Ernst ihres Gespräches hinter Andeutungen und spielerischen Einfällen. „Es ist wie beim Monopoly-Spiel", sagte Gregor. „Am Anfang sind alle Gegner und auch alle Partner. Erst kurz vor Schluss weißt du, wer der mächtigste Gegner ist." Endlich hatte er seine Zigarettenspitze gefunden und legte sie neben das silberne Etui. Nur das Feuerzeug behielt er in seiner Hand. „Ich habe eigentlich fast immer gewonnen. Und du?"

„Ich wüsste nur zu gerne, an welcher Stelle des Spiels wir uns gerade befinden." Heiners Spieltrieb war geweckt.

„Unser *Start* war in Deutschland."

„Oder in Catania."

„Drei *Bahnhöfe* haben wir schon hinter uns."

„Zwei *Hotels*, sagen wir drei. Nicht zu vergessen, die *Straßen*.

116

„Und die Zimmer in Syrakus?"

„*Gehe in das Gefängnis!*" Gregor lachte. „Der Zettel des Taxifahrers war unsere erste Ereigniskarte."

„Und dein Brief die zweite", sagte Heiner.

„Eine Ereigniskarte mit Gewinn." Gregor rieb demonstrativ seinen Daumen über Mittel- und Zeigefinger. „*Rücke vor bis auf Los und ziehe 4.000 DM ein.*"

„Und der Taxifahrer und der Mann im Hotel von Syrakus ...", sagte Heiner.

„Du vergisst den Sizilianer", schob Gregor nach. Ihr Spiel entwickelte eine eigene Dynamik. Wie Halbwüchsige überboten sie sich gegenseitig in der Kombination und Erfindung von Ereigniskarten für ihre bisherige Reise.

„*Sie suchen in Syrakus vergeblich ein Hotel.*"

„*Rücken Sie vor bis Hotel Miseno.*"

Heiner fand in den spielerischen Kombinationen mehr Sinn als ihm lieb war. Er merkte, wie das Spiel ohne ihre Absicht an Ernst gewann.

„*Sie finden in Taormina eine alte Tontafel.*"

„*Folgen Sie dem Blinden oder nicht.*"

„*Nehmen Sie keinen Umweg, sondern fahren Sie durch Nicolosi.*"

Sie woben an einem Netz von Zufällen und Notwendigkeiten, das sie nicht mehr losließ. Aber wie passte der Blinde ins Spiel? Und was sollte die Tontafel?

Gregor winkte ab. „Ich glaube nicht an Prophetie."

Heiner machte eine Kunstpause. „Was hältst Du davon?"

„*Trennen Sie sich und sie werden bald eine besondere Bekanntschaft machen.*"

„Das hört sich eher an wie ein Horoskop als Paarberatung." Gregor grübelte über den Brief und den unbekannten Absender. Das Zeitungsbild mit dem Toten schob sich dazwischen. Im Moment lag ihm ein Anruf ferner denn je. Er zündete sich eine Zigarette an und machte einen langen Zug. Seine andere Hand spielte mit der Zigarettenspitze.

Heiner versuchte es mit Ironie. „Eine wichtige Frage haben wir noch nicht beantwortet: Wer würfelt eigentlich? Und wer spielt mit welcher Spielfigur?" Und er hätte sicher noch weitere Fragen erfunden, wenn sie nicht abrupt unterbrochen worden wären. Zwei Frauenhände hielten ihm von hinten die Augen zu. Es war Sofie.

„Na, welches Spiel spielt ihr denn?" Annette hatte die letzten beiden Fragen noch aufgeschnappt.

Gregor antwortete nicht.

„Blindekuh!", sagte Heiner.

„Und was auf der Piazza gespielt wird", sagte Sofie mit gespieltem Vorwurf, „habt ihr noch gar nicht bemerkt!" Sie gab ihm einen Kuss und Heiner vergaß zu fragen, was sie denn eigentlich eingekauft hatte.

Etwa 15 bis 20 ältere Männer saßen auf Stühlen im sonnigen Teil der Piazza. Soeben kamen zwei, drei weitere hinzu; sie trugen Stühle, die sie wohl aus einem Gebäude neben der Kirche holten. Innerhalb weniger Minuten hatte sich die Gruppe der Männer fast verdoppelt. Sie saßen da, redeten oder schwiegen.

Aufmerksam verfolgte Heiner jenen Alten, der mit einem Stuhl in der rechten, einem Stock in der linken Hand stumm zu der Gruppe schlurfte, sie halb umrundete, um dann irgendwo auf der Bühne Platz zu nehmen. Die Piazza war ihre selbstverständliche Bühne. Zwei Alte standen auf, nahmen ihren Stuhl, schafften sich Platz, um dann mit dem Stuhl in der Hand von der Bühne abzutreten und in der weit geöffneten Doppeltür des Hauses zu verschwinden. Manche erhoben sich, grundlos, als seien sie plötzlich zum Leben erweckt, gingen weg, und ließen den leeren Stuhl zurück, der bald wieder einen fremden Herrn findet. Ein stummes Ballett der Stühle, und die Alten mit ihrem schleppenden Gang waren ihre geheimen Protagonisten.

Der breite Schlagschatten des Glockenturms bewegte sich wie in Zeitlupe quer über den Platz. Sobald der Schatten die Ersten auf ihren Stühlen erreichte, nahmen sie ihre Stühle und suchten etwas weiter einen neuen sonnigen Ort. Und weitere folgten. Eine Choreographie, deren Bewegung und Rhythmus keiner vorgab als die Sonne, der Schatten und der Zufall. Sie kommen, warten, reden, schweigen, warten und gehen, dachte Heiner. Worauf warten sie eigentlich? Wie kleine Götter. Sie sind die Herren ihrer Zeit.

Zwei unvorhergesehene Auftritte beendeten relativ schnell die Choreographie der Alten und Heiners Gedankenspiele. Vom Meer her schob ein starker Wind große dunkle Wolkenfelder über die Piazza und die ersten Stühle nahmen ihren umgekehrten Weg.

Und dann hatte Gregor seinen Auftritt. Gregor machte den Vorschlag bald mit dem Bus nach Noto zu fahren, dabei aber einen Umweg zu nehmen und die Buslinien zu wechseln. Er holte die abgerissene Zeitungsseite mit dem Bild des Toten hervor, legte sie auf den Cafétisch und zeigte mit dem Finger auf ein Wort. „Das ist der Grund!", sagte er. Die beiden Frauen schauten verwundert auf Gregor und dann auf die Zeitung.

Gregor nahm seine halb abgebrannte Zigarette, steckte sie umständlich auf die Zigarettenspitze und sog dann hörbar den Rauch ein. Mit einem Ruck stand er auf. „Erzähl es ihnen, Heiner!" Er blickte auf die abwandernden Alten mit ihren Stühlen und sah ihnen nach, als blicke er seinen eigenen Gedanken hinterher.

Heiner suchte seine Rolle und schwankte zwischen Boten aus der Unterwelt und Bänkelsänger. Dann entschied er sich für rhapsodische Kürze. Doch schon der erste Versuch misslang.

„Gregor meint, dass wir ..., also eigentlich er ..., jedenfalls könnte man glauben, oder auf den Gedanken kommen..., dass jemand ... "

„Sag ihnen doch, dass der Tote hinter uns her war, dass wir ihn kennen." Gregor drückte seine abgebrannte Zigarette aus. Er war gereizt, er übertrieb und es war ihm gleichgültig.

Heiner begann noch einmal. Er begann mit Mafia und Mafiamord und endete mit Mafiamord und Mafia. Dazwischen der Taxifahrer, die Fahrt durch Nicolosi, der Italiener im grauen Nadelstreifenanzug, im Flugzeug, im Bus, am Bahnhof und am Strand von Mazzaró, das Bild in der Zeitung in Syrakus. Und als Zugabe das Relief. Und dann der ominöse handgeschriebene Brief.

Annette warf Sophie einen Blick zu, dann lächelte sie verständnisvoll; auch bei Sophie schlich sich ein Lächeln ein, wenn auch mit einer gewissen Sympathie für die kleinen Schwächen der Männer. Wenn Männer, auch große Männer, sich vor etwas fürchten, dann rührten sich bei ihnen feine, mütterliche Instinkte. Und so verbot es sich ihnen natürlich, die Phantasien der beiden in frage zu stellen. Ein bisschen ernst nehmen musste man sie schon. Und natürlich waren sie mit Gregors Vorschlag einverstanden. Annette hatte den Gedanken, in keinem Hotel und in keiner Pension zu übernachten, sondern in Noto private Zimmer zu suchen. Man müsse dann nur noch jemanden finden, der ihnen den Zeitungsartikel ins Deutsche übersetzte.

„Die Signora Commissaria Bellini!", sagte Heiner.

Sofie machte einen letzten Versuch. „Woher wollt ihr eigentlich wissen, dass es der ist, den ihr gesehen habt? Das Gesicht ist doch gar nicht zu erkennen und grau gestreifte Anzüge gibt es viele."

Heiner war überrascht. Er hätte wetten mögen, dass das Gesicht auf dem Bild genau zu erkennen war, dass er, ja er, es war. –

Gregor faltete die Zeitungsseite wortlos zusammen.

Spät am Nachmittag

Er zog die Augen zu einem Strich zusammen. Er konnte den Tag abbrechen. Der letzte Zug war weg. Er würde ihnen nichts sagen können. Vielleicht hatte man ihre Fährte verloren. Spätestens morgen, morgen müssten sie kommen. Das hatten sie ihm gesagt. Und er könnte sie leicht erkennen. Und er sollte nur keinen Fehler machen. Und er wüsste von nichts.

Was sollte er schon wissen? Wer etwas wusste, war schon ...

Er suchte nach einer Zigarette.

Der Weg nach Noto war lang und der Umweg über zwei namenlose Orte kostete Zeit. Erst am frühen Abend standen sie vor der angeleuchteten Barockkathedrale von Noto, die wegen der ausladenden Freitreppe mächtiger wirkte, als sie war. Inzwischen hatte ein feiner Nieselregen eingesetzt. Nur war in den schmalen Gassen und zwischen den hohen Häusern fast nichts davon zu spüren.

In einem alten Palazzo, den offensichtlich die alte Besitzerin alleine bewohnte, fanden sie ein privates Zimmer. Das einzige, das sie vermietete. Als sie das Zimmer durch eine schwere Doppeltür betraten, überraschte sie ein saalgroßer Raum, mit zwei kleinen Rundbogenfenstern, einem wuchtigen dunklen Schrank, einem Doppelbett und zwei Einzelbetten und einer weiteren Durchgangstür an der anderen Stirnseite. Auch wenn die spärliche Möblierung den Raum einfach, ja spartanisch erscheinen ließ, so verriet das Deckengewölbe noch seinen früheren, herrschaftlichen Charakter. Aus einer großen Blumenrosette von weißem Stuck hing ein grünblauer, weit verzweigter Glasleuchter herab. Zu beiden Seiten der Stuckrosette waren zwei Medaillons aufgemalt. Durch den blassblauen Himmel mit den goldenen Sternen gingen feine Risse und Sonne und Mond waren schon stark verwittert. Nur in den Eckzwickeln hatte sich eine alte Fresko-Malerei noch gut erhalten. Aus weißlich-grauen Wolken mit rötlichem Saum lächelten Engel, pausbäckig und nackt. Natürlich nahmen sie den Saal, auch wenn die Toilette am Ende eines verwinkelten Flures lag.

Als Sofie das Tonrelief auswickelte, sah sie, wie Gregor einen kurzen Blick darauf warf. „Ich glaube, der Wassertest ist nichts wert", sagte er. Mehr nicht.

Der Regen war etwas stärker geworden und ein heftiger Schauer ließ sie nicht lange suchen. Die Trattoria war nur spärlich beleuchtet und bestand aus sieben kleinen Tischen, die an einer Wand aufgereiht waren. In dem schmalen, schlauchähnlichen Raum waren sie die einzigen Gäste.

„Vielleicht hat uns niemand bemerkt", sagte Heiner.

„Oder, wir sind zu früh." Annette drückte sich an einen kleinen Heizkörper. „Der ist kalt."

„Alles Attrappe", sagte Gregor.

„Weißt du, ich habe mir das überlegt", Sofie schaute Gregor auffordernd an, „wenn du willst, kaufe ich sie dir ab ... die Jungfrau und den geköpften Hades."

Heiner blickte verwundert auf Sofie und auch Gregor schien verblüfft.

„Das geht leider nicht!", sagte Gregor dann.

„Du glaubst also doch, dass es ein Original ist", beharrte Sofie.

„Nein. Die Tontafel war doch die Hälfte der Zeit in Plastik verpackt. Wohin sollte das Wasser verdunsten? Und heute Abend war der Fleck doch deutlich geschrumpft. – Nein, ich verkaufe es nicht, weil ich nicht der Eigentümer bin." Gregors Stimme hatte einen geschmeidigen Ton und er genoss es, dass ihn alle anstarrten.

Sofie blickte irritiert auf Annette, dann auf Gregor. „Aber mit Annette habe ich heute in Pachino schon gesprochen."

Gregor grinste. „Ich habe es ja nicht gekauft. Ich bin allenfalls der momentane Treuhänder, bis der Eigentümer sein Geld hat oder sich bei mir meldet. Ich warte ab, was passiert."

„Aber das Geld im Hotel von Taormina ...?", warf Heiner ein.

„...ist eine ungewollte, caritative Zuwendung. Das war doch dein Vorschlag. Weiß ich, ob der Alte überhaupt noch einmal aufgetaucht ist?"

„Dann übernehme ich das Relief gerne in meinen Besitz. Natürlich vorübergehend." Sofie holte aus ihrer Tasche vier Geldscheine und legte sie auf den Tisch. „Und als Entschädigung erhält der Treuhänder von mir eine caritative Zuwendung."

„Sofie, du ..." Heiner versuchte sein Unbehagen zu verbergen und verschlang den Rest des Satzes.

„Wenn es ein Original ist, gebe ich es der Polizei zurück. Wie hieß die noch? Signora Commissaria Bellini. Das Tonrelief bedeutet mir sehr viel."

„Warum kommt eigentlich keine Bedienung?" Annette drehte ihren Kopf und schaute unschlüssig nach hinten.

Mit einem Ruck stand Heiner auf. „Ich sehe einmal nach, ob jemand da ist."

Gregor schob die Geldscheine unter die Servietten, die mitten auf dem Tisch lagen. „Okay!", sagte er und grinste erneut, „unter der Bedingung, dass ich es zweimal im Jahr bei dir anschauen darf."

Sofie warf ihm einen vernichtenden Blick zu und Annette umschloss mit zwei Händen Gregors Arm.

Heiner kam mit einer älteren Frau, die eine weiße Kochhaube und eine fleckige Schürze trug. Es gab keine Karte und sie redete wie ein Sturzbach. Unaufgefordert brachte sie eine Flasche Wasser, Weißwein und viel Brot. Später, zum Entsetzen von Sofie und Annette, einen dampfenden, gekochten Tintenfisch mit vielen Zitronenhälften und Pfeffer und Olivenöl. Die gallertartige Masse zappelte, und wenn man hinein stach, spreizten sich die Fangarme nach allen Seiten. Sie nahmen das Wasser, das Brot und den Wein und verschwanden wieder so leise, wie sie gekommen waren. Sofie sagte nichts, als Gregor die vier Geldscheine auf dem Tisch zurück ließ.

Und es war ihnen nicht unangenehm, dass sie mitten unter einem grünblauen Glasleuchter den Abend verbrachten und unter der Aufsicht von nackten, lächelnden Engeln die Nacht.

Donnerstag, 8. April 1982

Gregor hatte eine unruhige Nacht. Irgendwann tappte jemand durch die Dunkelheit in den angrenzenden Flur. Eine Tür schnappte zu und er konnte sich nicht erinnern, dass jemand zurückkam. Der Tote verfolgte ihn bis in seine Träume. Mal sah er ihn bewegungslos unter den Männern auf der Piazza von Pachino. Mal verfolgte ihn ein Mann durch labyrinthische Gassen. Immer im grau gestreiften Anzug.

Bevor sie den Palazzo verlassen konnten, nahm die alte Besitzerin sie an der Hand, durchschritt mehrere Zimmer, in denen tranige Geruchsbahnen hingen, stieg mit ihnen eine breite Treppe hoch und öffnete einen großen salonähnlichen Raum, der nach alten Möbeln und abgestandener Dunkelheit roch; sie zog die dichten Vorhänge zurück und dünnes Sonnenlicht fiel auf alte Ölbilder mit stolzen Frauen und ehrwürdigen Männern; mit vieldeutigen Gesten zeigte sie auf einzelne Bilder, nannte lange, unaussprechliche Namen und barock anmutende Titel; in einer Seitennische des Raumes endete die Bilderprozession vor einem dunklen, halbhohen Wandschrank, der mit Intarsien verziert war; sie holte einen alten Schlüssel hervor, schloss mit einem feinen Lächeln die Doppeltür auf, drückte seitlich auf einen alten Kippschalter und von oben schien eine kleine Glühbirne auf zwei dunkelrote Raffvorhänge, und nachdem sie diese mit größter Vorsicht auseinander geschoben hatte, traf das Licht ein in Silber gefasstes, dunkles, fast schwarzes Bild: eine gekrönte Madonna mit gekröntem Kind. „La Madonna nera", sagte sie, bekreuzigte sich und presste ihre Finger zum Luftkuss an die Lippen.

In einer Ecke des Wandschrankes lag ein dünnes Päckchen Glanzbilder, ein jeder erhielt ein Gnadenbild, die Schwarze Madonna. Sie versteckten ihre Scham und nahmen es mit Dank.

Genau 9.40 Uhr

Das weiße Blatt war übersät mit Schraffuren, zwei verzerrten Gesichtern, geometrischen Figuren, Strichen, Linien und hieroglyphenähnlichen Formen und Zeichen. Er ließ den Bleistift zwischen seinen Fingern kreiseln und lauschte ins Telefon ...

„Ja. In einer halben Stunde." ...

„Leider nein! Nicht früher?" ...

„Ich bin mir nicht sicher. Das weißt du besser als ich." ...

„Dann wird es wie ein Zufall aussehen." ...

„Ich bin mir nicht sicher." ...

„Via Brindisi 3. Ich schreibe es mir auf." ...

„Si, a presto!

Wie ein tänzelnder Mikadostab fiel der Bleistift auf die Glasplatte. Er liebte den hellen, tickenden Klang, wenn der Bleistift aufschlug. Dann erhob er sich und schaute von oben auf das bemalte Papier, auf dem nun am rechten Rand der Straßenname stand. Ein Schlachtfeld, dachte er, als er das unübersichtliche Gewirr der Zeichnung betrachtete. Ohne nachzudenken malte er weitere Linien, Kreise und Pfeile hinzu, die alle an der Via Brindisi endeten.

Sorgfältig faltete er das Blatt zusammen.

126

Ein erster Versuch Gregors, mit seinem Geschäft oder mit ihrer Haushälterin zu telefonieren, schlug fehl. Die alte Besitzerin des Palazzos bedauerte erkennbar, sie besaß kein Telefon. Und die einzige Telefonzelle, an der sie vorbeikamen, war außer Betrieb. Erst nach einigem Suchen fanden sie die Post.

Gregor zog seine Stirn kraus. Er war nicht besorgt, schon gar nicht beunruhigt, aber das Telefongespräch beschäftigte ihn. Der Schaden, der nach dem Sturm an der Glaskuppel ihrer Kapelle entstanden war, sei behoben, hatte seine Sekretärin gesagt. Aber sein Geschäftsführer sei weiterhin krank, er komme morgen wieder, habe er gesagt, aber spätestens nach den Ostertagen. Und dann habe der Direktor der Hausbank angerufen und mit dem Geschäftsführer sprechen wollen. Und da er, Gregor, auch nicht da war, wollte er morgen mit dem Geschäftsführer sprechen. Einen Grund habe er nicht genannt. Gregor war verwundert. Und darüber hatte er vergessen zu fragen, ob seine Sekretärin am Montagmorgen in Taormina noch einmal angerufen habe.

Es war schwierig, dem Gassengewirr von Noto zu entkommen. Bei manchen Gebäuden ließ sich kaum unterscheiden, was älter war, der Palazzo oder das stützende Gerüst. Zwei Männer von kleinem Wuchs trugen ein Bündel Palmwedel an ihnen vorbei. Trippelnde Greisinnen, schwarz gekleidet, verschwanden mit Körben voller Blumen in Kapellen und Kirchenportalen, um die Passionsaltäre zu schmücken, die am nächsten Tag durch die Stadt getragen wurden.

Irgendwann fanden sie aus den engen Gassen heraus und zur ihrer eigenen Überraschung standen sie oben neben der Barockkathedrale und blickten die breite Freitreppe hinunter, vor der gerade ein kleiner Reisebus anhielt. Nur kurz tauchten Sonnenstrahlen die Sandsteinfassade in ein honigfarbenes, mildes Licht. Auf den Treppenstufen posierten sie zwischen verstreuten Touristen für Erinnerungsfotos. Sie rätselten noch über die schreienden, rabenähnlichen Vögel, die einen der Glockentürme umschwärmten.

„Sie sprechen auch Deutsch?", hörte Heiner eine männliche Stimme in seinem Rücken. „Entschuldigen Sie, könnten Sie ein Foto von uns machen?"

Heiner drehte sich um. „Natürlich!" Doch dann zögerte er unmerklich, als er in das Gesicht des Mannes schaute. Er war vielleicht Mitte Vierzig.

„Hier, das ist der Auslöser", zeigte der Mann. Er drückte ihm seine Kamera in die Hand und ging die Treppenstufen hinauf zu einer schwarz gelockten Frau, die in ihrer lässigen Kleidung sportlich und attraktiv aussah. Als er beide mit dem Sichtfenster der Kamera erfasste, setzte schlagartig Heiners Erinnerung ein. Er war anders gekleidet. Kein Hut, der Popelinmantel fehlte und das Hemd war hellblau und nicht schwarz. Aber er trug das gleiche Halstuch wie im Bus nach Catania und vor dem Café in Taormina.

„Ich glaube, ich habe Sie vor wenigen Tagen gesehen", sagte Heiner, als er ihm die Kamera wieder aushändigte.

Sein Gegenüber sah ihn eher ungläubig an.

„Sie saßen im Bus vom Flughafen zum Bahnhof von Catania, etwas versteckt in der hinteren Reihe. Und, ich meine, ich habe Sie auch in Taormina gesehen. Sie machen wohl auch eine Rundreise."

Er lächelte höflich. „Ja und nein", sagte er.

„Oh, dann sind Sie auch in Catania gelandet?" Seine schwarzhaarige Begleiterin hatte unverkennbar einen italienischen Akzent.

Heiner nickte.

„Nein", sagte er und ließ die Kamera in einem Lederetui verschwinden, „ich habe hier bis gestern an einem Kongress teilgenommen."

„In Syrakus?" Heiner lächelte wissend.

„Nein", lachte er und zeigte dabei seine tadellosen Zähne. „In Taormina. Und heute beginnen wir mit einer kleinen Rundreise. Meine italienische Bekannte zeigt mir die schönsten Seiten Siziliens. Ich habe das Glück, dass sie einmal Kunstgeschichte studiert hat und Noto ist ihre Geburtsstadt."

„Dann können Sie uns ganz sicher sagen, wo die nächste Polizeistation ist", schaltete sich Sofie ein.

„Wir haben nur eine." Sie betonte besonders den letzten Buchstaben jeden Wortes, und dieser Akzent gab ihrem entwaffnenden

128

Lächeln eine feine Würze. „Ich hoffe, Sie haben keine Schwierigkeiten?"

„Nein", sagte Sofie, „wir brauchen nur eine bestimmte Information."

„Es ist nicht weit. An der Via Brindisi", sagte sie und beschrieb den Weg.

„Und wo liegt der Bahnhof?", mischte sich Gregor ein.

„Ganz in der Nähe. Fragen Sie dort die Carabinieri. Das ist einfacher."

„Danke!", lächelte Annette, „wir müssen noch nach Ragusa."

„Dann sollten Sie nicht überrascht sein, wenn wir uns in Ragusa wieder treffen", sagte der Mann und nestelte an seinem Halstuch. „Wir machen noch einen kurzen Umweg. Meine italienische Bekannte will mir in der Nähe noch antike Felsengräber zeigen."

„Antike Felsengräber, das hört sich spannend an", sagte Sofie. Ihre Gedanken wanderten zu ihrem Tonrelief.

„Wir wollen noch nach Enna und das geht nur über Ragusa." Heiner legte eine Hand auf Sofies Arm.

„Wenn Sie nicht zu viert wären, hätten wir Sie im Auto mitnehmen können", lachte er, „doch leider ist nur Platz für zwei oder drei."

„Wenn ihr wollt ...", Gregor lächelte Heiner hintergründig ins Gesicht. „Wir können uns ja im Bahnhof von Ragusa treffen. Stand das nicht in deinem Horoskop? *Trennen Sie sich ...*"

„*... und Sie werden bald eine besondere Bekanntschaft machen.*" Heiner zwinkerte mit beiden Augen und Annette schaute beide misstrauisch an.

„Wenn Sie wollen?" Die schwarz gelockte Italienerin nickte Sofie auffordernd zu. „In zwei oder drei Stunden setzen wir Sie in Ragusa ab. Am Bahnhof, oder besser in der *Lotto-Bar*, direkt gegenüber dem Bahnhof."

„Wartet!" Sofie holte die Plastiktüte aus ihrem Rucksack und gab sie Annette. „Falls sie es sehen will. Ihr wisst schon. Bis bald!"

Sie blickte in den Rückspiegel ihres geräumigen, dunkelroten Fiats. „Die Felsengräber von *Cava grande* liegen in einem Tal. Es sind die ältesten von Sizilien." Sie machte eine Pause. „Übrigens, ich heiße Lucia und das ist Rodolfo." Der Angesprochene drehte sich nach hinten. „Rolf", korrigierte er lächelnd. Heiner und Sofie nannten ihre Vornamen.

„Und wohin wollen Sie noch?", fragte er.

„Nach Enna und danach nach Cefalù", sagte Heiner.

„Vielleicht auch Palermo", ergänzte Sofie.

„Ob wir es noch bis Palermo schaffen, weiß ich nicht." Er blickte seine Begleiterin von der Seite an. „An die Nordküste schon."

„Sprechen Sie auch Italienisch?", fragte sie und suchte Augenkontakt über den Rückspiegel.

Heiner verneinte. Woher sie so gut Deutsch spreche.

Von ihrer Mutter, und von ihrer Großmutter, die sei aus Südtirol.

Die Autofahrt führte in nordöstliche Richtung und Heiner erzählte von ihrer Nacht in Syrakus, von ihrem vergeblichen Versuch zu wandern, und Sofie konnte ihre Enttäuschung über den Strand von Capo Pássero nicht verbergen.

„Als Sizilianerin weiß ich. Jetzt, es ist noch wie eine Wüste", sagte sie. „Warten Sie nur bis Ostern!" Ihre Stimme bekam einen warmen und viel versprechenden Klang.

Als sie nach etwa zwanzig Minuten auf einem staubigen Parkplatz anhielten, schienen beide verwundert. Sie sprach mit ihm Italienisch. Er antwortete fließend in ihrer Sprache. „Ich kann nicht alles in Deutsch sagen, was ich will", entschuldigte sie sich. „Komisch, es ist nur ein Auto hier." Sie zeigte auf einen Kastenwagen, der in einer Ecke des Platzes abgestellt war. „Es ist nicht mehr weit."

Nur ein leichter Wind strich über den Platz. Sie stiegen aus, überquerten den Parkplatz und blieben vor einem verwitterten Holzschild stehen. *Entrata 400 m.* Dann verschwanden sie in einem leicht abschüssigen Weg. Nach wenigen Minuten endete der Weg auf einem terrassenförmigen Plateau.

„*Oggi chiuso!*" Ihre Stimme klang verlegen und fast ärgerlich. Sie zeigte auf das verschlossene, hölzerne Kassenhaus und auf das kleine Schild, das auf der Tür befestigt war. „Leider, es ist heute geschlossen. So ein Pech. Und man weiß nie, warum. Es kommt wie ein Blitz." Sie drehte sich um die eigene Achse, als suche sie ein neues Ziel.

Er wies ins Tal und auf die gegenüberliegende grau-weiße Felswand, die mit dunklen Löchern übersät war. „Aber wenigstens können wir die Gräber sehen."

„So riesig hatte ich mir das alles nicht vorgestellt", sagte Sofie, „eine richtige Totenstadt."

„Es sieht von hier aus wie Schweizer Käse, nicht wahr." Heiner versuchte einen Scherz.

„Das war also der Grund", sagte sie und blickte erneut auf die verschlossenen Fensterläden. „Der leere Parkplatz war schon komisch. Ich hätte es mir denken müssen." Sie hob entschuldigend ihre Schultern.

„Und heute sind die Gräber leer?", fragte er.

„Ja, alle", sagte sie etwas geistesabwesend.

„Und was passierte mit dem Grabschmuck und den Grabbeigaben?", fragte Sofie.

„Was nicht gestohlen wurde, heute lagert das in den Museen. Vieles wird nicht gezeigt".

„Und wo?"

„In Syrakus, in Catania. In jedem größeren Ort, der ein Museum hat."

Sie wandte sich zum Gehen. Auf dem Rückweg erzählte sie, wie einige der Felsgräber in späterer Zeit in Wohngrotten verwandelt wurden oder in geheime Felskirchen, bis sie plötzlich innehielt und auf ein helles knatterndes Motorengeräusch horchte. Sie sagte etwas auf Italienisch. Beide beschleunigten ihre Schritte und fielen wenig später in einen Laufschritt.

Als Heiner und Sofie den Rand des Parkplatzes erreichten, sahen sie am anderen Ende des Platzes wie ein jüngerer Mann im geöffneten Kofferraum des dunkelroten Fiats wühlte, daneben ein zweiter, wartend auf einem Moped mit laufendem Motor. Sie hörten, wie ihre italienische Begleiterin die zwei von weitem anschrie, sahen, wie sie auf ihre Handtasche zeigte, wie sie und auch er auf die beiden Männer zuliefen. Heiners Augen flackerten wie bei einem Filmriss, als die zwei Gestalten auf dem Moped davon fuhren. Dann war der Spuk vorbei.

„Sie haben nur Ihren Rucksack durchwühlt." Er zeigte in den Kofferraum und blickte auf Sofie. „Zu Ihrem sind sie wohl nicht mehr gekommen", sagte er zu Heiner.

„Bitte schauen Sie, ob etwas fehlt", bat er. Sofie war still und nickte nur.

Heiner hatte sich wieder gefangen. Ihre italienische Begleiterin blickte von der Ausfahrt über den ganzen Parkplatz, dann kam sie rasch zurück.

„Ganz schön mutig, eine mutige Frau", bemerkte Heiner.

„Ja", sagte er ohne spürbare Emotion und doch mit Anerkennung, „das ist sie. Sie ist eben eine Sizilianerin."

„Und nun?" Ihre Stimme klang, als überlege sie, was zu tun sei. Sie schüttelte ihre Haare nach hinten und strich sich mit einer Hand durchs Haar. Dann berührte sie Sofies Schulter. „Fehlt was?"

„Nein", sagte Sofie, „ich glaube, es fehlt nichts." Sie atmete tief durch und versuchte ein Lächeln. „Ein Glück, dass Annette und Gregor das Relief mitgenommen haben."

„War es etwas Wertvolles?", fragte sie.

Irgendwie schwappte die Frage über Sofie hinweg, wie eine Schaumwelle über ein spielendes Mädchen. Warum fühlte sie sich ertappt? „Heiner …" Sie schaute ihn Hilfe suchend an.

„Wir streiten noch darum, ob es ein Original ist", sagte Heiner, als handele es sich um einen kindischen Streit.

„Gregor sagt, wohl eher nicht!" Sofie war erleichtert und fiel in ein haltloses Lachen, das den letzten Rest ihres Schreckens verschlang.

„Ein Relief aus Terracotta. Man hat uns gesagt, es sei eine Votivtafel, die man in Grabkammern findet." Heiner hob seine Schultern, als bürge er für nichts. „Wir haben es auf seltsame Weise erhalten. Sie stecken es einem zu ... und dann wollen sie das Geld." Heiner zuckte erneut hilflos mit den Schultern.

„Ja", sagte sie, „Kaufen und Handeln ist in Italien eine spezielle Kunst."

Er lachte zustimmend, als habe auch er damit seine Bekanntschaft gemacht. „Wie bei den betrogenen Engländern. – Wie war das noch?" Er schaute sie auffordernd an.

„Er meint eine Geschichte, die ich vor zwei Wochen gehört habe. Es soll nachts passiert sein. Auf den Äckern nördlich von Rom. Dort, auf Äckern, suchen sie nach Resten etruskischer Vasen. Ein teurer Geheimtipp eines – sagen wir – Kunstexperten. Verstehen Sie." Sie lächelte viel sagend und zog, nur kurz, mit einem Zeigefinger das rechte Augenlid herunter. „Du kannst ja weiter erzählen!", sagte sie zu ihm und öffnete ihre Handtasche, nahm erst einen Stift, dann einen kleinen Notizblock und ging langsam hinüber zu dem Kastenwagen, der immer noch am äußersten Ende des Platzes stand.

„So liefen sie mit Taschenlampen und Spachtel hinter dem Kunstexperten über die Äcker", fuhr er mit der Geschichte fort. „Und natürlich finden sie unter der Ackerkrume eine vollständig erhaltene etruskische Vase. Bis plötzlich der Bauer auftaucht und seinen Anteil für die Vase und sein Schweigen fordert. Ich glaube, den Rest können Sie sich denken."

Heiner nickte. „Gut inszeniert. Eine Komödie, bei der nur die Hauptpersonen nicht wissen, was gespielt wird. Zwei Engländer sagen Sie?"

„Sagte ich zwei? Ich bin mir nicht sicher."

Sofie blickte gespannt zum Kastenwagen hinüber. „Was sucht sie da?"

„Ich nehme an, sie notiert sich das Kennzeichen. Sie wird es sicher an eine Dienststelle weitergeben."

„Welche Dienststelle?", fragte Sofie. Sie schien zerstreut.

„Wie?" Er zögerte kurz. „Die Carabinieri. Ich bin sicher, sie wird eine Anzeige erstatten."

„*CA*", sagte sie mit auffälliger Betonung, als sie zurückkam. „Ich habe es mir gedacht."

„Was?" Auf Heiners Stirn erschienen Fragezeichen.

„Catania!", sagte er und schaute Heiner direkt ins Gesicht, „das Fahrzeug ist aus Catania."

„Sagen wir, aus der Region Catania. Es könnte auch aus Taormina stammen. Hinter dem Kastenwagen müssen sie gewartet haben", sagte sie ruhig, während er das Schloss des Kofferraums untersuchte. „Wissen Sie, wir haben in Sizilien ein Sprichwort: Die kleinen Fische schwimmen an der Oberfläche, die großen in der Tiefe."

„Nichts zu sehen. Sie müssen erst die Tür und dann den Kofferraum geöffnet haben. Junge Profis." Vorsichtig drückte er die Kofferraumhaube zu.

„Die wissen immer alles", sagte Heiner.

„Was meinten Sie?", fragte er.

„Ach, nichts!", sagte Heiner. Warum hatten sich diese Sätze bei ihm eingenistet? Aufmerksam blickte ihn Sofie von der Seite an.

„Entschuldigen Sie!", sagte sie. „Wir langweilen Sie mit unseren Vermutungen. Es tut mir leid, dass unser Ausflug so endet. Aber, Gott sei dank, es ist nichts passiert. Ein Gutes hat es schon, nun können Sie Ihre Freunde in Ragusa etwas früher treffen."

134

Vermutlich nach 14.00 Uhr

Der Mann, der aus dem Auto stieg, zögerte einen Moment, als er die Autotür zuschlug. Es schien, als überlege er, dann überquerte er mit ausgreifenden Schritten den sonnigen Vorplatz, auf dem sonst niemand zu sehen war, und entschwand im Eingangsportal. Ohne anzuklopfen, öffnete er eine Tür.

„Und?", fragte er ihn.

„Du kannst Gela von der Karte streichen und die anderen Küstenorte, und Caltanisetta auch ..."

„Also ...? Dann bleibt nur noch eine übrig ..." Er schnippte kurz mit den Fingern und blickte ihn auffordernd an.

„Sie haben einen Blick in die Unterlagen werfen können. Es knistert im Gebälk ..."

„Wie soll ich das verstehen?"

„Es ist nicht so stabil, wie es scheint. Und zunächst soll ein Teil des Vermögens gerettet werden. Das Zauberwort heißt Familienstiftung."

„Und man weiß, wie und wo?

„Das steht noch nicht fest, vielleicht in den Bergen."

„In den Bergen?" Er lachte trocken. „Die Götter sollten dem Zufall ein wenig nachhelfen."

In der kleinen Bar lief unentwegt ein Fernseher. Ohne Ton. Der junge Barmann wischte zum zweiten Male über die runden Marmortische, schob den Aschenbecher mit spitzen Fingern wieder in die Mitte, rückte dann die Stühle drei Zentimeter nach hinten, danach drei Zentimeter nach vorne. Nur am Eingang, vor dem kleinen Schalter, wo eine dicke ältere Frau Glücklose einer Lotterie verkaufte, war ein wenig Betrieb. Irgendwie hatte Gregor den Barmann verstanden, das Telefon funktioniere nicht immer, schon gar nicht für das Ausland. Durch das Fenster hatte er hinüber gezeigt, auf den Bahnhof von Ragusa.

Lustlos schob Gregor die Pizzareste von sich weg. Das Telefongespräch mit seiner Sekretärin beschäftigte ihn noch. Warum hatte der Chef der Bank angerufen? Zurzeit gab es keine besonderen Verhandlungen. Gewiss, in einigen Monaten müssten Kredite verlängert werden. Er konnte sich aber im Moment keinen Grund vorstellen, warum der Chef der Hausbank persönlich anrufen sollte.

„Der nächste Zug nach Enna geht erst in gut einer Stunde. Wir sind erst vor dreißig Minuten hier angekommen." Annettes sonore Stimme holte Gregor aus seinen Gedanken, aber sie sprach nicht mit ihm. Als er aufschaute, ließ sich Heiner bereits auf einen Stuhl fallen.

„Unsere sizilianische Bekanntschaft kennt wohl jede Bar in Sizilien."

Sofie schaute neugierig umher. „Warum lungern die alle am Eingang herum?"

„Die warten alle auf das Glück", sagte Annette etwas spitz.

„Die Frauen glauben an den Heiligenschein und die Männer an den Lottorieschein. Alles Magie." Gregor zeigte mit dem Messer in die Luft. Losscheine hingen auf Wäscheleinen, als ob man das Glück nur abzupflücken brauchte. Nur pflückte niemand. Keiner kaufte ein Los. Sie standen am Eingang, als misstrauten sie dem Glück oder es genügte ihnen, sich im seinem Dunstkreis aufzuhalten. Ein vergilbter Zeitungsartikel klebte an der Wand und zeigte einen Glücklichen.

„Und?", sagte Gregor, „ich wette, alle Prophezeiungen des Horoskops sind eingetroffen. Alle Gräber waren leer, die Toten sind bei Herrn Hannes, ihr habt Grabräuber gespielt und steht am Beginn einer wunderbaren neuen Freundschaft."

„Horoskope sagen immer die halbe Wahrheit." Heiner griff nach dem Pizzarest, der noch auf dem Tisch stand. „Wir haben nicht Räuber gespielt, wir haben Diebe gejagt. Unter Gaunern würde man sagen: Der Herr der Unterwelt hatte zwei seiner Hunde geschickt."

„Ich verstehe gar nichts", sagte Annette.

„Alles habe ich auch nicht verstanden. Unser Ausflug endete bei *Oggi chiuso*. – Heute geschlossen!" Dann erzählte Heiner von dem aufgebrochenen Kofferraum und den flüchtenden Dieben, bis der Barmann an den Tisch trat. Heiner zeigte auf die Pizza und Sofie auf eine leere Cappuccino-Tasse.

Mit einem Griff holte Gregor das Grabrelief hervor und legte es auf Heiners Rucksack. „Das Ding scheint wohl einige zu interessieren. Wir sollten es jeden Tag in einem anderen Rucksack verstecken." Er lachte glucksend, während Heiner es nahm und zurückschob. Und so wanderte es umher, bis es auf Sofies Rucksack liegen blieb.

„Warum haben sie nicht deinen Rucksack durchwühlt?", fragte Gregor.

„Wir haben sie gestört. Wir kamen früher zurück als erwartet." Vorsichtig verstaute Sofie das Relief zwischen ihren Kleidern.

„Die Autotür hatte nicht einen Kratzer", wunderte sich Heiner.

Gregors Miene verriet nicht, ob ihn die Geschichte mehr beschäftigte, als er zugab. „Das waren Profis!"

Sofie nickte. „Das sagte Rolf auch. Er heißt Rolf. Ich finde das Halstuch passt nicht zu ihm. Er ist so korrekt, so reserviert."

„Und sie heißt Lucia", ergänzte Heiner.

„Dafür sieht sie aber gut aus", sagte Gregor und malte mit den Händen die Silhouette weiblicher Brüste in die Luft.

„Ich glaube, du verwechselst da was", sagte Sofie etwas gereizt.

„Ja", grinste Gregor, „schöne Augen hatte sie auch." Annette drohte mit dem Finger und machte große Augen.

Der Barmann schob einen Cappuccino und ein schmales Pizzastück auf den Tisch.

„Und was sagte die Signora Commissaria Bellini?" Sofie verrührte den Zucker in ihrer Tasse.

Annette schüttelte den Kopf. „Sie war schon wieder ausgeflogen. Soweit wir das verstanden haben, war sie früh morgens nur ganz kurz in der Polizeistation und würde auch nicht mehr zurückkehren."

„Schade!", sagte Heiner, „dann wird uns die Signora wohl ein ewiges Geheimnis bleiben." Er biss in die Pizza und verzog sein Gesicht. „Eine Enttäuschung!", sagte er mit vollem Mund.

Gregor hielt einen Moment inne. Es war schon fast ein Ritual. Wie immer hatte er in allen Taschen nach seiner silbernen Zigarettendose gefischt. Endlich zog er sie hervor und mit ihr einen weißen Briefumschlag.

„Pensione Miseno", sagte er. „Ich hatte ihn schon fast vergessen."

Wahrscheinlich war es einfach ein Hauch von Freiheit. Oder Mutwilligkeit, die man sich manchmal auf Reisen erlaubt. Oder, es war doch die Lust, das Glück herauszufordern. Oder die Herausforderung selbst. Vielleicht war es nur der ungestillte Wunsch, das Geheimnis des Briefes zu lüften, den er in der Nähe seines Herzens aufbewahrt hatte, in der Innentasche seiner Jacke. Wahrscheinlich war es eine verführerische Mixtur von allem, die manchmal ins Herz hineintropft, ohne dass man weiß, warum. Jedenfalls überraschte Gregor mit der Idee, hier, an diesem Ort, wo man nicht richtig ankomme und nicht wirklich bleibe, wolle er mit *S.*, oder wer immer sich dahinter verberge, telefonieren. Lustvoll zog er an seiner Zigarette.

Er hatte sich entschieden, das wusste Annette, und jeder Einwand wäre vergeblich. Was sollte sie auch dagegen einwenden. Sie nahm es als Spiel.

Der Barmann hatte Recht. In der Bahnhofshalle fanden sie die versprochene Telefonzelle.

„Was willst du ihnen sagen?", fragte Heiner. Wer wollte, hätte eine gewisse Spannung darin entdecken können.

„Sie werden mir etwas sagen!", meinte Gregor. „Wer ein Geschäft machen will, muss abwarten können. Mehr Katze sein und weniger Maus."

„Sie werden dich fragen, wann und wo sie dich treffen können", vermutete Heiner.

„Du solltest mein neuer Geschäftsführer werden."

„Ich würde ihnen ein falsches Hotel angeben, zur Sicherheit."

Gregor wollte sich auf seine Intuition verlassen. –

Es meldete sich eine Frauenstimme auf Italienisch: „Pronto!"

„Sie sprechen Deutsch?" Gregor machte eine Pause. „Un momento", sagte die Frauenstimme. „Ich habe von Ihnen einen Brief erhalten." Für einen Moment war Stille. „Un momento", hörte er wieder die Frauenstimme sagen.

Er wartete. –

„Ja, bitte!", sagte betont langsam ein Mann mit auffälligem Akzent.

„Ich habe gestern in Pachino einen Brief erhalten, in der Pensione Miseno, mit Ihrer Telefonnummer."

„Einen Brief?"

„Ja, einen Brief in deutscher Sprache."

„Da müssen Sie sich irren, Signore …, könnten Sie mir freundlicher Weise Ihren Namen nennen!"

„Baier, Gregor Baier." Gregor fühlte sich überrumpelt. „Sie sprechen in dem Brief von einem guten Geschäft, Signore …?"

„Entschuldigen Sie, ich habe mich noch nicht vorgestellt. Mein Name ist Sylvestro. – Pachino, sagen Sie?"

„Ja, Pachino! Pensione Miseno!" Gregor schaute Heiner bedeutungsvoll an.

„Entschuldigen Sie. Ich erinnere mich. Sie machen eine Rundreise durch unsere Insel, mit Ihren Bekannten. Ein guter Freund sagte mir, Signore Baier, Sie seien in der Baubranche tätig. Und Partner suchen wir immer. Ich glaube, Sie haben da etwas, was uns interessiert." Gregor hörte ein abklingendes dunkles Lachen, das er nicht einschätzen konnte.

„Das kommt darauf an, was Sie suchen und was ich bieten kann." Gregor gab sich interessiert, doch war er sich nicht sicher, ob seine Antwort passte.

„Darüber sollten wir vielleicht einmal miteinander reden, bei einem Caffé oder bei einem sizilianischen Essen. Was halten Sie davon?"

„Ich will das nicht ausschließen", sagte Gregor.

„Oder machen Sie einen Vorschlag, Signore Baier. Sie sind ja Gast auf unserer Insel."

„Das wird nicht leicht sein. In den nächsten Tagen sind wir wohl jeden Tag unterwegs."

„Was halten Sie von Noto? Oder Ragusa? Wenn das auf Ihrer Reisestrecke liegt? Morgen oder übermorgen? Nur nicht Gela. Wissen Sie, Gela hat einen schlechten Ruf. Wenn Sie wissen, was ich meine."

Gregor wusste nicht, was er meinte. „Noto haben wir bereits gesehen und Ragusa ...", Gregor zögerte einen Moment, „ ... Ragusa ist nur eine Durchgangsstation."

Sein Gesprächspartner schwieg kurz. „Nun, was halten Sie von Enna? Haben Sie Enna schon gesehen?"

„Nein", sagte Gregor, „Enna ist unser nächstes Ziel." Er biss sich auf die Lippen. „Signore Sylvestro, ich werde das mit meinen Freunden besprechen, Sie verstehen das, weil das auch ihre Reisewünsche berührt. Ich melde mich kurzfristig bei Ihnen."

„Sehr gerne, Signore Baier, aber ich bin nur bis morgen Abend telefonisch unter der Nummer zu erreichen, danach bin ich unterwegs, und Sie erreichen mich erst wieder nach den Ostertagen, in der nächsten Woche." Er verabschiedete sich. Gregor hörte ein Knacken in der Leitung.

„Er heißt Sylvestro, wohl aus der Baubranche", sagte Gregor.

„Unser S. ist also ein Mann", sagte Heiner.

„Er schlägt ein Treffen vor, bei einem sizilianischen Essen. Aber ich habe offen gelassen, wann ...", hörte sich Gregor sagen, „und ob überhaupt." Der Satz war für Heiner bestimmt.

Also Sylvestro, das passte zum Kürzel im Brief. War es ein Vorname oder ein Nachname? Ein guter Freund sagte mir, Signore Baier, Sie seien in der Baubranche tätig. Eigentlich hatte er seinen Namen nicht sagen wollen.

„Ich glaube, Sie haben da etwas, was uns interessiert. Sagte er. Was meinte er damit?" Gregor grübelte. In Sizilien verließen ihn seine Intuition und seine Schlagfertigkeit, sein instinktives Wissen um den nächsten Zug. Noch war nichts entschieden. – Nur hatte er dabei ein komisches Gefühl, das er aber nicht genau bestimmen konnte. Wie das einer befreiten Marionette, die ihre eigenen Fäden abgeschnitten hatte.

Heiner schwieg, bis über sein Gesicht ein hellsichtiges Lächeln flog. „Etwas Geschäftliches! Womöglich meint er noch die Grabtafel. Für 80.000 Lire. Ein neuer Trick. Alles Einbildung." Heiners Phantasie drehte Pirouetten, bis sie vor einem Satz zum Stehen kam: Warten Sie ab, er wird sich bei Ihnen noch melden. Dieser verdammte Polizist. Manchmal fürchtete er sich vor seiner eigenen Phantasie.

Seltsam entspannt und gleichzeitig erwartungsvoll genossen sie die Zugfahrt nach Enna. Wie in einem Film zogen Orte und Landschaften an ihnen vorbei. So unnahbar und verloren wie manche Landschaft, so verschlossen und verlassen schien mancher Ort.

„Das muss Gela sein", sagte Heiner.

An den Rändern einer großen Küstenstadt fuhren sie durch lang gezogene öde Trabantenstädte, alle im gleichen gesichtslosen Baustil, aufgeständerte Betonquader mit leeren Fensteröffnungen, vorbei an bewohnten, verlassenen oder halb fertigen Rohbauten, die sich wie verrottete Saurierskelette in einer Karawane aufreihten.

„Das ist wohl der hässlichste Ort Siziliens!" Sofie drückte sich in den Polstersitz. Annette machte ihr geheime Zeichen, jedenfalls nickte sie lächelnd.

Heiner fand in seiner rechten Jackentasche das zerknitterte Bild der Schwarzen Madonna. „Die Religion beherrscht die Sizilianer!", sagte er und versuchte das Glanzbild zu glätten. „Wie die Mafia!", konterte Gregor. Es sollte verächtlich klingen, aber es klang wie eine Erinnerung. Ein Gespräch entwickelte sich nicht daraus.

Irgendwoher hatte Sofie ihr Reisetagebuch hervorgezaubert, blätterte wie zufällig, bis sie einen Stift nahm und schrieb, irgendwann mit verlorenem Blick aus dem Fenster schaute, dann wieder schrieb und erst innehielt, als sie Heiners neugierigen Blick spürte.

„Intime Selbstgespräche! Werden erst veröffentlicht kurz vor dem Tode."

„Ich weiß nicht, ob wir solange warten sollen", sagte Heiner.

„Geheimnisse muss man sich erobern!", sagte sie mit doppeldeutigem Lächeln und senkte den Kopf über die Seite ihres Tagebuchs. Suchend blätterte sie zurück, bis sie bei ein paar Zeilen hängen blieb ...

Noto, 8. April, 8.45 Uhr

... Wenn ich zurück bin, will ich wissen, wer ihre Mutter war. Warum wollte sie keinen? – Heiner sagt: selbstverliebt, traumatisches Erweckungserlebnis einer Jungfrau (??) – als habe sie darauf gewartet! Manchmal ist er ein einziger Gedanke. Warum wollte sie keinen?

Ich habe es in Pachino gekauft. Warum hat er nicht gefragt. Es ist meine Sache, nicht seine. Ich weiß noch nicht, wann. Vielleicht in Enna.

Der schwabbelige Tintenfisch im Restaurant war ekelhaft. Die Engel in unserem Schlafsaal: wunderbar.

Sofie schlug das Tagebuch zu, und als sie aufschaute, erblickte sie verwundert im Fenster des Zuges ihr eigenes Spiegelbild. Sie zupfte an ihren Haaren. Ihre Entscheidung stand fest. Sie würde ihm nichts sagen. Auch Annette nicht.

Der Zug hatte die Küste schon längst verlassen. Kahle Bergflächen zogen an ihnen vorbei. Sie waren mit Felsbrocken übersät, als wenn ein Gott sie darüber gestreut hätte. Schroffe Felsabbrüche wechselten mit sanft aufsteigenden Hügeln, alles durchsetzt mit weißer Macchia und blühendem Gestrüpp. Spinnenartige Pfade durchzogen steinige Berghänge und führten hinauf zu Orten, die wie unbewohnte Adlernester auf Felskanzeln klebten.

Der Bahnhof von Enna lag tief unten im Tal. Und die Stadt selbst lag hoch auf einer schmalen Bergkuppe, versteckt in dichtem Wolkendunst. Erst als sie aus dem Zug stiegen, bemerkten sie den Regen.

„Enna!", sagte Gregor und er spürte die Bitternis von Zitronen im Mund.

Die Bar im Bahnhof hatte einfach geschlossen. Jedenfalls war keiner erschienen. Das Gebäude war leer, völlig leer. Vielleicht war er der Einzige hier. Er stand verdeckt hinter dem steinernen Torbogen einer alten Lagergrotte. Er hasste den Regen. Wenigstens konnte er von hier aus den ganzen Platz vor dem Bahnhof übersehen.

Er wartete. Er wartete und lauerte auf die nächste Gelegenheit.

Gestern hatte er vergeblich gewartet. Er hasste den Ort. Er hatte ihnen nichts gebracht. Sie speisten ihn ab. Er schaute auf die Zigarette, die bis auf seine Finger herunter gebrannt war. Er hatte es nicht bemerkt. Er spürte nichts. Er sog noch einmal den Rauch ein, schob dann den Kopf und die Nase in den ausgestoßenen Rauch, als wollte er Witterung aufnehmen.

Sie unterschätzten ihn. Ja, er war ein Treiber. Er würde es ihnen beweisen. Sie hatten gesagt, dass sie heute das Wild erwarteten. Er würde es ihnen bringen. Gut, würden sie sagen, du kannst als Treiber arbeiten. Wir haben vielleicht was für dich. Aber, was wollte er hier. Er wusste, dass sie dort unten viele Treiber brauchten, und gute.

Heute war seine Chance. Und er würde es gut machen.

Er hatte sie längst bemerkt. Seine Augen schweiften umher. Der Platz vor dem Bahnhof war noch leer. Sie konnten ihn nicht sehen. Er hatte Zeit.

Am Ausgang des Bahnhofs blieben sie stehen. Der Regen war stärker geworden und die Regenwolken ließen die Dämmerung schneller hereinbrechen, als ihnen lieb war. Auf der Bergkuppe, wo sie die Stadt vermuteten, waren keine Lichter zu erkennen. Enna versteckte sich in Nebel und Wolkendunst. Am Rande des großen Vorplatzes standen nur zwei Autos und gegenüber an der Bushaltestelle war niemand zu sehen. Sie hatten sich schon damit abgefunden, auf einen Bus zu warten, als mit großem Schwung ein Taxi auf den Bahnhofplatz einbog und in deutlichem Abstand zu ihnen anhielt. Im Regen war der Fahrer nur schemenhaft zu erkennen. Er hatte sie wohl nicht bemerkt. Das Innenlicht ging an, er schien irgendetwas zu suchen.

„Wir nehmen das Taxi!", entschieden Sofie und Annette.

Sie liefen durch den Regen auf das Taxi zu und ließen sich, nachdem die Rucksäcke verstaut waren, erleichtert in die durchgesessenen Polster sinken. „Enna!", sagte Heiner. Doch der Fahrer blickte ihn fragend an. „Enna!", wiederholte Heiner, als habe er ihn nicht verstanden. Er machte keine Anstalten loszufahren. Dann zeigte er auf das Beifahrerfenster, an dem die Regentropfen herunter liefen.

Eine dunkle männliche Gestalt stand da, klopfte dann gegen das Fenster. Woher er gekommen war, wusste keiner. Auch nicht, seit wann er da stand. Es dauerte, bis sie ihre Überraschung überwunden hatten. Heiner kurbelte das Beifahrerfenster herunter. Er stand einfach da. Dann schoss er mit seinem dreieckigen Schädel wie ein Raubvogel durch das Fenster und redete kurz und scharf auf den Fahrer ein. Der schüttelte den Kopf, sagte nur wenig, und wies kurz nach hinten. Der Mann drehte ihnen sein knochiges Gesicht zu und redete in einem Gemisch aus Englisch und gebrochenem Deutsch. Er war von unbestimmtem Alter. Sie verstanden, dass er mit hochfahren wolle, nach Enna, dem Taxifahrer sei es egal, er müsse mit hoch. Er atmete kurz und schnell.

Heiner blickte sich um – sie schwiegen. Heiner wollte schon ablehnen, sagte dann aber mit deutlich reservierter Höflichkeit, wie das denn mit fünf Personen überhaupt gehen könne und der Fahrer sei der sechste. Der Dunkle nickte, als habe Heiner zugestimmt. Er riss die Tür auf und drückte sich mit seiner schmächtigen Gestalt zu ihm auf den Beifahrersitz. Er roch nach kalter, nasser Kleidung und scharfem, abgestandenem Zigarettendunst.

In der aufkommenden Dunkelheit sahen sie im suchenden Licht des Scheinwerfers nur die nass glänzende Asphaltstraße. Die Straße war schmal und schon in der ersten Haarnadelkurve verlor das alte Fahrzeug deutlich an Fahrt. Und die Kupplung quietschte fürchterlich.

„Woher ... kommen?", fragte er nach anfänglichem Schweigen in hörbar bemühtem Deutsch.

War es eine der höflichen Fragen, womit er, der geduldete Gast, ein Interesse vortäuschen wollte, oder wollte er es wirklich wissen? Oder war es eine der Fragen, hinter der man sich versteckte? „Aus Gela", sagte Gregor gedehnt. Er fixierte ihn von hinten.

Der schüttelte kurz den schmalen Kopf. „Nicht ... Gela. Ragusa. Oder Agrigento." Er grinste kurz. „Woher ... aus Deutschland?" Es klang, als habe man ihn nicht richtig verstanden.

„Rheinland", sagte Heiner, „Köln ... Colonia." Heiner sagte es so hin, als diene es mehr der allgemeinen Orientierung, für ihn, den Sizilianer.

„Und woher kommen Sie?"

„Palermo."

Man schwieg.

Er müsse nach Enna, sein Onkel, schwer krank, er habe in Deutschland gearbeitet, er habe einen Cousin, in Augsburg, zwei Jahre, er habe jetzt keine Arbeit, vielleicht in Enna, er bleibe drei, vier, fünf Tage. Er zeigte mit den Fingern.

Hin und wieder verstanden sie ihn nicht genau, gewöhnten sich aber an seine schleppenden Versuche, eine Sprache zu finden, die ihm abhanden gekommen war.

Seine kurzen schweren Hände rieben über die schwarze, abgeschabte Cordhose. Die Hose war etwas zu kurz geraten für die alten hohen Lederstiefel. Er trug eine kurze, abgetragene schwarze Überziehjacke, den Kragen noch hochgeschlagen, kein Hemd, nur einen verfilzten Wollpullover von unbestimmtem Graubraun, der wie eine dünne zweite Haut fest auf seinem schmächtigen Oberkörper lag.

Wie lange sie bleiben, und wo, er kenne eine Pension. Seine Stimme bekam einen geschmeidigen merkantilen Ton.

Sie wüssten noch nicht, wie lange sie blieben. Es war ein erster, hilfloser Abwehrversuch. Und es war die Wahrheit.

Er beharrte. Er kenne eine kleine Pension, am Rande der Altstadt, er werde für sie, nur für sie, einen sehr guten Preis aushandeln. Seine Stimme und Gestik hatte jetzt etwas Schmeichelndes, fast Kriecherisches.

Sie empfanden dahinter das Aufdringliche. Sie lehnten ab. Nein, sie hätten schon vorgebucht, da könne man ja nicht einfach absagen. Ein eher ernster Abwehrversuch. Mit einer kleinen Lüge.

Wie das Hotel denn heiße, er würde es kennen, ihm werde was einfallen, was sie bezahlten, sein Preis sei viel besser. Er umwarb sie, er bedrängte sie und sein vordem untertäniger Tonfall bekam eine unangenehme Schärfe.

Nein, sagte Heiner, sie würden das gebuchte Hotel nehmen. Seine Stimme klang abwehrend, aber bestimmt.

Man schwieg. Aber auch das Schweigen hatte die gleiche unangenehme Schärfe. Sie waren froh, dass sie die ersten Lichter von Häusern sahen, und als die Straße auf einen kleinen Platz einmündete, entdeckten sie ein hell erleuchtetes Schild: *Hotel*. Sie baten den Taxifahrer anzuhalten und wollten bezahlten. Ihr dreister, schwarz gekleideter Gast bezahlte nichts und verschwand ohne Gruß im Regendunst.

Das kleine Hotel nannte sich, vielleicht etwas unpassend, *Hotel Internazionale*. Es hatte nur wenige Zimmer und der junge Mann hinter der schmalen Rezeption sprach ein holpriges Englisch. Neben der Rezeption gab eine geöffnete Doppeltür den Blick frei in eine belebte Bar, die auf die Piazza hinausführte. In der Bar könnten sie natürlich morgens frühstücken. Wie lange sie bleiben wollten. Zwei oder drei Tage. Das würden sie noch entscheiden. Sie erhielten großzügige Zimmer mit Blick auf den kleinen Platz.

Von den drei schmalen Straßen, die sternförmig von der Piazza wegführten, wählten sie die aus, die hell und belebt war. Sie ließen sich treiben und doch nahmen sie das abendliche Straßenleben nicht wirklich wahr. Der aufdringliche, dunkle Gast in ihrem Taxi hatte sich in ihre Köpfe gedrängt. Erst das angeleuchtete Fresko auf der Fassade eines Palazzos erregte ihre Aufmerksamkeit. Martialische Ritterfiguren im Kampf. Auf der anderen Seite des Palazzos, wo eine schmale Gasse endete, hing eine Marmortafel mit einer Inschrift, die sie nicht verstanden. In den großzügigen Tonnengewölben des Erdgeschosses lag eine Trattoria. Sie entschieden schnell und nahmen einen Fenstertisch in einer Ecke, mit Blick auf die Gasse und die Hauptstraße.

„Seine Kleidung war dreckig und er roch." Sofie dehnte das letzte Wort und rümpfte die Nase.

Annette war für demonstrative Klarheit. „Er stank!"

„Und seine Finger waren dunkelgelb", sagte Sofie. Ein leichter Ekel klang mit.

„Kettenraucher!" Gregor schnippte nach der Bedienung. „Er war nervös, er hat seinen Kopf nicht still gehalten."

„Ruckartig wie ein Raubvogel", ergänzte Heiner, „und mit seinem dreieckigen Schädel, wie ein Habicht."

Der Verschwundene entstand ein zweites Mal in ihren Vorstellungen, wie ein ungebetener, schrecklicher Gast, der nun mit am Tische saß, wie ein Schatten, den man nicht einfach verscheuchen konnte, und nun hatte der Schwarzgekleidete seinen Namen: der Habicht. Umständlich nahm die Bedienung ihre Bestellung auf.

„Ich habe nicht gesehen, wo er eigentlich herkam", sagte Gregor.

„Er muss von einem Seitengebäude des Bahnhofs gekommen sein", sagte Heiner. „Jedenfalls war er nicht im Zug. Ich bin sicher, mit uns sind nur zwei Frauen ausgestiegen. Und diese wurden von einem Auto abgeholt."

„Woher? Wohin? Wie lange? – Warum war der so neugierig? – Warum war er so nervös?" Gregor hatte seine Vermutungen, aber keine wirkliche Antwort.

„Und dann dieses Märchen mit dem kranken Onkel." Heiner hatte keinen Zweifel, nichts stimmte.

„Er kommt aus Palermo, um hier in Enna, in diesem Niemandsland, Arbeit zu finden", sagte Gregor. „Wer soll das glauben?"

„Mehrere Tage will er bleiben, und nicht einmal eine Tasche hatte er dabei." Zu seinem eigenen Erstaunen war es Heiner erst jetzt aufgefallen.

„Er kam aus dem Nichts", sagte Sofie mit philosophisch getränktem Unterton. „Und er verschwindet im Dunkel", assistierte Annette.

Beide schauten durch die beiden kleineren Fenster in die angrenzende halbdunkle Gasse. Beide hatten keine Lust auf diese kriminalistischen Spitzfindigkeiten. Spöttelei war ihre Geheimwaffe, dem drohenden Ernst des Abends zu begegnen. Und doch sollte ihr ganzer Aufenthalt in Enna mit diesem Gespräch und mit diesem Abend eine ungeahnte Wendung nehmen.

„So stell ich mir den Teufel vor. Nur nicht so klein." Sofies auffälliger Blick verriet, dass sie nicht den Kellner meinte, der zwei Platten mit Vorspeisen und eine Minestrone auf den Tisch stellte. Stumm lächelnd zeigte Annette auf das Fenster hinter ihnen.

Auch wenn Heiner sich ruckartig umdrehte, er war bereits nicht mehr zu sehen. Nur ein kurzer Schatten an den beiden kleinen Fenstern. Er musste aus der schmalen Gasse gekommen sein. Gregor blickte suchend durch das große Straßenfenster.

„Da", er zeigte mit dem Kopf hinüber auf die andere Seite der belebten Hauptstraße, „der Habicht."

Der Habicht stand neben einem Laternenmast. Umständlich machte er sich eine Zigarette an, schaute kurz auf das Fenster, hinter dem sie saßen, und ging langsam weiter. Sie stritten darum, ob er sie durch das Fenster gesehen hatte, oder ob er gar gewusst hatte, dass sie schon länger hier waren. Doch dann müsste er sie ja vom Hotel aus verfolgt haben. Aber, wieso war er dann aus der Seitengasse gekommen?

Annette starrte auf ihre Minestrone und rief die Bedienung. Demonstrativ zeigte sie auf etwas Dunkles, Schwarzes. Die Bedienung murmelte etwas, nahm den Suppenteller mit und brachte rasch einen neuen.

Gregor blickte erneut hinaus auf die Straße. Dann stocherte er lustlos in seinen Vorspeisen. „Irgendwie verfolgt er uns."

„Was will er nur?", sagte Heiner. Er mahlte mit dem Unterkiefer. „Was will der?"

Der Habicht hatte sich in ihre Köpfe eingenistet. Heiners Wahrnehmungsfähigkeit war etwas überreizt. Auf dem Rückweg ins Hotel hatte er sich mehrmals unversehens umgeschaut. Verstohlen spähte er in dunkle Häuserecken, aber so geschickt, dass es die Anderen nicht sahen. Insgeheim hoffte er, was er sich natürlich nicht eingestand, dass der Schwarzgekleidete noch einmal auftauchen würde. Er erwartete, ja er wünschte geradezu beschattet zu werden, um den Kitzel zu verstärken, man sei der Verfolgte. Doch der Habicht war nicht zu sehen.

Für Heiner war es ein Stück, ein Verfolgungsdrama, in dem er mitspielte. Er war Mitspieler und Zuschauer und Regisseur zugleich. Und wenn er die Macht gehabt hätte, den Schwarzgekleideten jetzt - hier, an dieser unbelebten Straßenecke - auftauchen zu lassen, er hätte ihn nur ganz kurz aus der dunklen Nebenstraße kommen, hinter der flackernden Laterne vorbeigehen und wieder im Dunkeln verschwinden lassen. Für Gregor war es kein Stück, für ihn war es die Wirklichkeit, die mit ihm zu spielen begann. Gregor musste sich eingestehen, dass er anfing nervös zu werden.

Sofie und Annette glaubten von all dem nichts. Sie wollten nicht mitspielen, allenfalls waren sie, um im Bilde zu bleiben, Zuschauer mit geringem Interesse, ja nicht einmal das. Das Stück war nicht ihr Stück, es war nicht einmal ein Stück. Und das, was Gregor für wirklich hielt, war für sie ein Phantasma, das einen überfällt, wenn man in fremde Länder reist. Und Sizilien war ihnen ein fremdes Land, wenn auch ein verdammt fremdes Land.

Sofie hatte nur eine Erklärung für die überdrehte Einbildungskraft der Beiden. Alle waren sie müde und überreizt von dem täglichen Wechsel der sizilianischen Städte, der Orte und Landschaften, von den großen Erwartungen und den ersten Enttäuschungen, vom Ankommen, ohne wirklich anzukommen. Und wenn sie ankamen, dachten sie schon wieder ans Wegfahren. Auch sie fühlte sich müde von der langen Fahrt und dem anstrengenden Tag.

Auf dem Rückweg hatte Sofie den Habicht bereits vergessen. Sie dachte nur an den nächsten Morgen.

Nach 23.00 Uhr

Das Zimmer hatte schon lange keinen Menschen gesehen, er kannte den dumpfen Geruch. Er öffnete das alte Holzfenster, ließ die Fensterläden geschlossen und spähte durch die schmalen Schlitze auf die dunkle Gasse. Er wusste nicht, wonach er suchte. Eine Katze verharrte sekundenlang. Ohne Bewegung.

Sie hatten ihm nur den Schlüssel gegeben, sonst nichts.

Er legte sich auf die Matratze, starrte gegen die Decke. Eine Spinne. Seine Augen wanderten umher, blieben hängen. Die Glühbirne der Deckenlampe sirrte leise in einem hohen, hellen Ton. Er brauchte wenig Schlaf.

Er hatte ihn, er hatte sie, er würde sie bekommen. Sein Auftrag hatte ja erst gestern begonnen. Und die Jagd erst heute.

Das sirrende Geräusch zerrte an ihm. Er stand auf, ging zur Zimmertür und drückte auf den Lichtschalter. Sekundenlang blieb er im Dunklen stehen. Er hörte nur sein Atmen. Dann drückte er wieder auf den Lichtschalter. Das sirrende Geräusch war verschwunden

Sein Blick fiel auf eine Zeitung, die etwas versteckt auf einem Stuhlsitz lag. Er schob den Stuhl zurück und nahm die Zeitung. Sie war ein paar Tage alt. Man hatte sie ihm hingelegt. Er sah auf das Bild. Ein Toter und zwei Bullen. Er verzog den Mund. Als er die Zeitung aufschlug, sah er gleich den Satz. Mit ungelenken Fingern fuhr er über das Papier.

Mehrmals ging sein Blick über die Wörter. Er verstand alles und er verstand nichts. Nur ein Wort. Er kannte das Wort. Er versuchte es noch mal. Lautlos lachte er in sich hinein. Er spuckte auf das Bild, zerknüllte die Zeitung und warf sie in das Dunkel einer Ecke.

Er wusste, wohin er morgen gehen musste.

Die Deckenlampe sirrte wieder. Er zündete sich eine Zigarette an, machte das Licht aus und blickte durch die Schlitze der Fensterläden auf die Gasse. Die Katze war verschwunden.

Karfreitag, 9. April 1982

Sofies Nacht war traumlos. Einen der beiden Fensterflügel hatte sie weit geöffnet. Sie brauchte die Geräusche des anbrechenden Tages wie eine belebende Dusche. Seltsam entspannt saß sie mit angezogenen Knien im Bett und schrieb in ihr Reisetagebuch langsam und mit Bedacht nur zwei Sätze.

Ich bin wirklich schwanger!! Aber, ich werde es ihm nicht sagen.

Sie schaute lange durch das geöffnete Fenster und versuchte die Geräusche zu ordnen. Dann machte sie einen Gedankenstrich und schrieb

– Noch nicht!

Der Test, den sie zusammen mit Annette in der Apotheke in Pachino gekauft hatte, war eindeutig. Sie hatte gehofft, dass Heiner sie fragen würde, was sie eingekauft habe. Das werde sie ihm nicht verraten, hätte sie gesagt, vielleicht später. Aber, er hatte nicht gefragt. Natürlich hatte sie es gespürt, aber jetzt wusste sie es sicher. Eigentlich hätte sie ja noch zwei Jahre warten sollen. Aber, was weiß schon ein Arzt. Sie war schon so lange stabil. Ihre Ängste wurden kleiner, aber ganz verschwanden sie nicht.

„Du solltest Reiseschriftstellerin werden." Heiner blinzelte sie von der Seite an. Sie wusste nicht, wie lange er sie schon beobachtet hatte, und sie fürchtete, dass er alles auf ihrem Gesicht ablesen könnte. Mit einer kurzen Bewegung schlug sie das Tagebuch zu.

„Weißt du, dass die schönste Frau der Welt nur ein Auge hat und sechs Töchter?"

Heiners Satz perlte an ihr ab. Wusste er etwas? Sie war verwirrt. Hatte etwa Annette …? Sie reagierte mit leichter Verzögerung und setzte ein Wort nach dem anderen, als würde sie vorsichtig ein gespanntes Drahtseil überqueren. „Sie wird doch nicht etwa die Frau des Zyklopen sein?"

„Nein!" Heiner spielte den Quizmaster.

„Sechs Töchter, von sechs Männern, die sich um sie gerissen haben."

„Nein! Sie lebte in Ägypten und heute in Berlin."

Sofie hob ihre Schultern, als gebe sie sich geschlagen.

„Nofretete! Man sollte sie immer nur von einer Seite betrachten, dann sieht man das blinde Auge nicht." Heiner blickte Sofie von der Seite an.

„Was würdest du sagen, wenn du sechs, oder sagen wir vier, nein drei Kinder hättest?"

„Mit dir?"

Sofie hob die Schultern. „Oder mit einer Nofrete."

„Warum sollte ich auf hypothetische Fragen hypothetische Antworten geben. Irgendein kluger Mann hat mal gesagt: Die Fragen der Geburt beantworten die Frauen und die Fragen des Lebens die Männer." Heiner suchte ihre Nähe und schloss die Augen.

„Ja", sagte Sofie und entzog sich ihm, „manche Antworten müssen wir selber geben."

Und was war mit seiner Entscheidung? Vor der Reise hatte er eine witzige Andeutung gemacht, die Sofie überhaupt nicht ernst genommen hatte. Da war etwas, was er sich nicht eingestehen wollte. Er musste mit Sofie noch darüber reden. Warum nur sagte er ihr nicht die ganze Wahrheit?

„Annette …", Sofie zauderte, „Annette hat, als sie neunzehn war, eine Schwangerschaft abgebrochen …"

Abrupt öffnete Heiner seine Augen. Er sah, wie sie einen Finger auf ihren Mund legte. –

Als sie in die Bar traten, warteten Annette und Gregor bereits an einem Tisch. Sofie warf Annette einen langen Blick zu und lächelte. Gregor schien angespannt, er rauchte ohne Zigarettenspitze.

„Dreh dich langsam um und schau in die Ecke hinter dir!", sagte Gregor mit betonter Gelassenheit.

Unauffällig wandte sich Heiner um. Er tat, als habe er ihn nicht gesehen. In einer Ecke, neben einem leeren Tisch, schräg, mit übereinander geschlagenen Beinen, saß der schwarz gekleidete Habicht, rauchte eine filterlose Zigarette und schaute teilnahmslos in die gut gefüllte Bar.

Gregor schlug vor, das Frühstück anderswo einzunehmen. Sie standen auf, gingen durch die offene Doppeltür an der Rezeption vorbei, um die Schlüssel zu hinterlassen. „Kennen Sie den schwarz gekleideten Mann dort hinten in der Ecke?", fragte Gregor beiläufig. Der junge Mann schüttelte den Kopf.

Draußen, auf der Piazza, blieb Gregor plötzlich stehen und schlug den Kragen hoch. Mehrere Männer verließen die Bar, er war nicht dabei. Ein leichter Nieselregen hatte eingesetzt und die morgendliche Kühle, hier hoch oben, erinnerte noch an winterliche Temperaturen.

Nur wenige Minuten entfernt fanden sie eine Bar, deren Name sie einlud und ihnen bekannt vorkam. *Wunder-Bar.* Heiner erinnerte an die fast namensgleiche Bar in Taormina und philosophierte über die religiöse Bedeutung eines unscheinbaren Bindestrichs. Der Bindestrich sei die einzige, dünne Verbindung zwischen dem Göttlichen und der profanen Welt, ein Fingerzeig Gottes gleichsam. Diese *Wunder-Bar* lag nicht nur gegenüber dem Eingangsportal einer stattlichen Kirche. Neben der Bar hatte bereits ein Geschäft geöffnet, das ausschließlich Devotionalien des Glaubens verkaufte.

„Ein preisgünstiger Weg zum Wunder." Annette unterdrückte nur schwer ihren Sarkasmus. Madonnen aus Gips in allen Größen, künstliche Felsengrotten aus Stein und Plastik, Schutzengel in weißen Gewändern, Rosenkränze, Halskettchen mit religiösen Motiven, Kruzifixe, Marien- und Papstbilder, Messgewänder, fußlange Bußgewänder und Büßerkapuzen. Das Geschäft besaß alles, was Glaube und Hoffnung bescherten.

Im hinteren Dunkel der Bar stand eine Marienfigur auf einem Wandsockel. Sie war umleuchtet von bunten Lämpchen und behängt mit Devotionalien, für erfüllte Bitten. Und manch einer der Eintretenden berührte den Saum ihres dunkelblauen Mantels und führte die Hand zum Mund.

Sofie und Annette genossen den heißen Milchkaffee. Gregor fühlte sich unbehaglich, die unvermutete Begegnung mit dem Habicht wirkte nach. Heiner machte den Vorschlag, der Madonna eine eindeutige Bitte vorzutragen und bis morgen zu warten. Gregor reagierte dünnhäutig. Er wolle auf jeden Fall am nächsten Tag Enna verlassen und auf dem schnellstens Wege an die Nordküste, nach Cefalù.

„Und was ist mit der römischen Villa in Piazza Armerina? Die könnten wir von hier aus besuchen! Wir werden in Cefalù erst am Sonntag erwartet." Annette vermied gerade noch einen beleidigten Ton.

Sofie wagte einen Vermittlungsversuch. „Palermo können wir wohl auch von Cefalù erreichen."

Heiner machte einen halbherzigen Vorschlag. „Wir sollten es morgen früh entscheiden. Wenn der Habicht wieder in der Hotelbar sitzt, reisen wir ab und zwar auf schnellstem Wege. Sonst bleiben wir noch einen Tag."

Gregor war einverstanden und Annette hauchte Heiner ein „Danke!" ins Ohr, was ihm unangenehm war.

Als sie aus der Bar auf die Straße traten, überraschte sie die Sonne. Es war schlagartig so warm, als hätte sie eine halbe Jahreszeit übersprungen. Die Karfreitagsprozessionen begannen erst am frühen Abend und so liefen sie ohne Ziel durch Stadt, bis sie in einem normannischen Kastell landeten, das hoch über der Stadt thronte und ein seltenes Panorama freigab. Getrennt durch ein breites Tal lag gegenüber auf einem Bergrücken eine alte Stadt, wie eine verwunschene Zwillingsschwester. Sofie zeigte hinunter auf einen See, der ruhig und unberührt da lag wie ein großes dunkles Kuhauge, und von einem eigenartigen silbergrauen Band umsäumt war.

Ohne Ankündigung hatte Gregor entschieden. Er müsse noch einmal ins Hotel, um mit seiner Sekretärin zu telefonieren. Und er sei sich nicht sicher, ob er ihn nicht am Eingang zur Normannenburg gesehen hatte. Ihn, hatte er nur gesagt. Wie ein Losungswort, das nichts verriet und alle verstanden. Sie nahmen Umwege, um zu prüfen, ob er ihnen folgte. Immer wieder blieben sie kurz stehen, zeigten besonderes Interesse für ein Schaufenster, für ein altes Gebäude oder für steinerne Fratzen, die von Fassaden herabblickten. Man könne sich ja im Hotel treffen, sagte Gregor plötzlich und beobachtete die andere Straßenseite. Das Telefongespräch dränge, bis Mittag müsse er seine Sekretärin unbedingt erreichen. Gregor schlug mit Annette einen anderen Weg ein. Nur er, er blieb unsichtbar.

Das verstaubte Fenster eines Antiquitätenladens hatte Sofie magisch angezogen. Etwas hatte ihre Neugier geweckt. Die Ladentür ließ sich nur schwer öffnen und schlug unversehens gegen eine altmodische Türglocke. Aus dem hinteren, nur spärlich erleuchteten Raum, der durch einen breiten Rundbogen mit dem vorderen verbunden war, hörten sie zwei Stimmen, die plötzlich abbrachen. Ein Alter, kleinwüchsig, leicht gekrümmt und in einem dunklen, hüftlangen Stutzer gekleidet, erschien im Durchgang.

„Signori", sagte er und blickte sie nachforschend mit großen Augen an. Sein Kopf war zu groß für den kleinwüchsigen Körper und saß fest zwischen seinen Schultern.

Sofie zeigte auf einen kleinen, antik aussehenden Frauenkopf, der auf rotem Samt in einer Ecke des Schaufensters lag. „Si....i", er hielt das Wort lange in der Schwebe, als verstehe er sofort ihr Begehren. „Si, Si", wiederholte er und legte den Frauenkopf vorsichtig auf eine Brokatdecke. „Bella!", nickte er bestätigend, während er einen Blick in den rückwärtigen Raum warf. „Antica. – Terracotta." Es war ein weiblicher Halbkopf mit kurzem Halsansatz und geschmücktem Haarkranz.

„Sie hat so ein gefrorenes Lächeln, wie diese Persephone auf unserem Tonrelief." Er hatte den Frauenkopf in Sofie Hand gelegt. „Persephone", lächelte er verstehend, „Proserpina!" Erneut warf er einen prüfenden Blick nach hinten.

In der Hohlform des Kopfes klebte ein daumengroßer Zettel mit Buchstaben und Ziffern, die für sie keinen Sinn ergaben. Was der Frauenkopf denn koste, erklärte Sofie umständlich. Er hob abwehrend die Hände, verschwand in den Hintergrund, blätterte in einem Notizbuch, schrieb auf ein Blatt und winkte Sofie zu sich heran. Dann strich er die Ziffernreihe durch und schrieb eine neue Zahl darunter. Heiner sah, wie Sofie errötete und leicht den Kopf schüttelte, und als er einen Blick auf das Blatt werfen wollte, bedeckte sie die Ziffern mit ihrer Hand.

„Grazie!", sagte Sofie. „Grazie!", und legte den Frauenkopf zurück auf die Brokatdecke. Mit einem unbehaglichen Gefühl verließen beide das Geschäft. Sofie, weil ihr das Ganze peinlich war.

Heiner, weil der andere Gast im hinteren Raum ihn beschäftigte. Die Stimme beunruhigte ihn, sie kam ihm bekannt vor, doch der harte Akzent machte sie fremd.

„Wie teuer war der Frauenkopf?", fragte Heiner draußen. Er schien nicht wirklich interessiert.

„Viel zu teuer!", antwortete sie. „Meinte er, es sei Persephone?"

Heiner zuckte mit den Schultern.

„Wozu brauchte man solche Köpfe?"

„Wahrscheinlich ein Dankgeschenk an eine Göttin. Man weihte ihr einen Kopf, wenn einem etwas Kopfschmerzen machte, und ein Bein aus Terracotta, wenn es gebrochen war. Es lag eins im Schaufenster."

„Und ein Herz, wenn das Herz gebrochen war? Das meinst du nicht im Ernst."

Wie verabredet, trafen sie Annette und Gregor im Hotel. Aus seinem Unternehmen gab es nichts Neues. Der Geschäftsführer war noch krank und würde erst nach den Ostertagen ins Geschäft zurückkehren. Leider konnte seine Sekretärin ihn nicht erreichen. Sie wollte es weiter versuchen. Gregor hatte seiner Sekretärin die Telefonnummer des Hotels gegeben, mit der Bitte, ihm in jedem Falle noch bis Geschäftsschluss eine Nachricht zu hinterlassen, und die private Telefonnummer seines Geschäftsführers.

Heiner redete sich später ein, es sei alles nur ein Zufall. Gregor sagte nichts dazu. Als sie am Mittag aus dem Hauptportal des barocken Doms traten, stand er an eine Ecksäule gelehnt, nur wenig verborgen hinter einem alten eisernen Gittertor, das einen Teil der Vorhalle verschloss. Den Kragen hochgeschlagen und die Hände in seiner Jacke vergraben, schaute er unbestimmt die Straße hinunter. Nur in seinem Mund schob er etwas hin und her. Nichts deutete darauf hin, dass er sie gesehen hatte.

Einige Meter von ihm entfernt gingen sie die geschwungene Freitreppe hinunter, ohne ihn anzuschauen. Sie spürten seine Blicke und sie wussten, dass er ihnen nachschaute.

„Mehr Katze sein und weniger Maus!", sagte Gregor, drehte sich abrupt um und ging auf ihn zu.

158

„Haben sie Feuer?" Gregors Stimme war kühl und beherrscht.

„Scusa?" Sein Gesicht blieb starr, nur sein Körper geriet unter Spannung. Gregor zeigte auf seine Zigarette.

Langsam holte er aus seiner Jackentasche ein Feuerzeug.

Gregor beugte sich über die Flamme und blickte schräg in sein Gesicht. „Warum stellen Sie uns nach?"

„Come?" Er verzog keine Mine und hob die Hände, als verstehe er nicht, was Gregor wolle.

Gregor wandte sich ab, ohne eine weitere Antwort abzuwarten.

„Was sollte das?", fragte Annette verständnislos.

„Ich wollte direkt in seine Augen schauen. Ich wollte wissen, wie er reagiert."

Heiner blickte die Freitreppe hoch, wo er bereits verschwunden war. „Und?"

„Nichts!"

Es überraschte sie nicht wirklich, dass sie nach einer halben Stunde erneut auf ihn trafen. Aus einer Gasse bog er weit vor ihnen in die Hauptstraße, die zu der Trattoria führte, in der sie am Abend gegessen hatten. Heiner spürte, dass sich irgendetwas in ihm selbstständig machte, etwas, was er nicht mehr kontrollieren konnte. Der Habicht spielte mit ihnen. Als sie die Trattoria betraten, blieb er stehen, drehte sich um, dann entzog er sich rasch ihren Blicken.

13.41 Uhr

Sein Blick huschte über die Uhr. –

Er hatte ihn genau beobachtet. Er trug glänzende, gelackte Schuhe. Kein Sizilianer. Nicht aus der Familie. Der Gelackte hatte fast kein Wort gesagt.

Der Andere war sein Lakai. Sein Speichellecker. Er ließ sich nicht täuschen. Schon das erste Wort. Er war Sizilianer. Aus der Gegend.

Er sollte weiter dranbleiben. Du bist nur der Treiber. Hatte er gesagt. Und wenn nötig, bis in die nächste Stadt. Aber er sollte sich nichts einbilden. Kleine Pinscher sind noch lange keine Wölfe. Dabei hatte er gegrinst. Er verachtete ihn. Weil er gegrinst hatte. Weil er ihn Pinscher genannt hatte. Weil er dem anderen die Hand leckte.

Er stand im Schatten einer Mauer. Sein Blick blieb an den Figuren auf der Fassade hängen. Dann blickte er auf den Eingang, in dem sie gerade verschwanden. Er schlug den Kragen hoch.

„Verzeihen Sie bitte, wenn ich mich einmische. Ich hörte zufällig, wie Sie über die Prozessionen sprachen."

Die beiden elegant gekleideten Herren saßen seit geraumer Zeit am Nebentisch, und eben noch hatte der eine, der offensichtlich das Gespräch bestimmte, Italienisch gesprochen. Jetzt sprach er ein fast akzentfreies Deutsch.

„Wenn ich Ihnen einen Tipp geben darf: Der beste Platz heute Abend ist die Piazza Duomo, nur fünf Minuten von hier entfernt. Dorthin kommen die Bruderschaften mit ihren Altären. Dort kreuzen sich die Prozessionen."

Heiner reagierte als erster und versteckte seine Verwunderung über das tadellose Deutsch. „Danke", sagte er, „danke für Ihren Tipp. Das trifft sich gut, das ist in der Nähe unseres Hotels. Am Dom waren wir heute schon." Heiner sah Gregor von der Seite an. „Sie wissen sicher, wann die Prozessionen beginnen."

„Ach", sagte er, „keiner sagt Ihnen hier eine Zeit. Es beginnt, wenn es beginnt." Er sprach kurz mit seinem Gegenüber. „Er meint, Sie sollten warten, bis Sonnenuntergang. – Sie kommen aus dem Rheinland, nicht wahr?" Seine Stimme war höflich und zurückhaltend.

„Ja", sagte Heiner, „aus der Nähe von Köln."

„Köln, am Rhein." Er lachte wissend.

„Und, Sie leben hier in Enna?" Gregor verbarg nur schlecht seine Neugier.

„Nein, ich besuche hier einen alten Bekannten." Er streifte seinen Begleiter mit einem kurzen Blick. „Ich bin auch nur hier wegen der Umzüge. Mummenschanz, so sagt man wohl in Köln." Er unterbrach sich. „Verzeihen Sie, nicht dass ich religiöse Gefühle verletze."

„Nein, nein! Keineswegs!", beeilte sich Heiner. Er lächelte freundlich.

„Die abendliche Atmosphäre und die Eindrücke bei den Prozessionen! Sie werden sehen: unvergleichlich. Und dann die Musik. Chopins Trauermarsch, mitten in Sizilien. Das ist große Oper." Er sah kurz zu seinem Gegenüber und warf ihm ein paar Worte in Italienisch zu.

Er war schlank und hoch gewachsen, und wenn er sprach, so lief seine weiche Stimme den Worten ein wenig hinterher. Mit seinen graumelierten Haaransätzen konnte er Mitte Vierzig, aber auch Ende Vierzig sein. In der Brusttasche seines eleganten dunkelblauen Anzugs steckte locker ein schmales Einstecktuch, in einem aparten Blaugrau, das sich auch im feinen Streifenmuster seiner Krawatte wieder fand. Sein sizilianischer Begleiter war deutlich kleiner, stämmiger und auch älter. Er trug einen dunklen Blazer zur grauen Hose, aus seinem weißen offenen Hemd quoll dichtes, dunkles Brusthaar.

„Und, gefällt Ihnen Enna? Gefällt Ihnen Sizilien?" Er sprach mit dem seidigen Charme des kultivierten Italieners, der vom ausländischen Gast vor allem Gutes hören wollte.

„Eigentlich wollten wir eine Wanderung machen von Syrakus in die Berge ..."

„Nun, wandern können Sie hier schlecht", unterbrach er Sofie lachend. Er ließ ahnen, dass er verstanden hatte, sie suchten noch die schönen Seiten Sizilien.

„Die berühmten Mosaikfußböden der römischen Villa del Casale bei Piazza Armerina sind von ausgesuchter Schönheit und bergen manche Überraschung. Sicher wissen Sie, es ist hier ganz in der Nähe." Er sprach mit der Miene des feinsinnigen Kenners.

„Eigentlich wollten wir sie morgen besuchen." Annette schob ihre Hand in Richtung Gregor. „Wie lange braucht man von hier?"

Er sprach mit seinem sizilianischen Begleiter. „Er meint, mit dem Auto eine gute halbe Stunde." Sein Gegenüber unterbrach ihn. „Er sagt, sie sollten unterwegs am Lago Pergusa anhalten und auf eine Uferwiese mit wilden Narzissen achten."

„Man kann den See vom Kastell hier oben sehen, nicht wahr", unterbrach ihn Sofie und schaute siegessicher.

Er nickte zustimmend. „Dort soll der Gott der Unterwelt eine bildhübsche Jungfrau geraubt haben." Seine Stimme war tief und vertraulich, er sprach so, als würde er ihnen ständig ein Geheimnis anvertrauen.

Sofie zuckte. Annette hoffte. Gregor zweifelte und Heiner staunte. Da war er wieder, der unerwartete Zusammenprall der Dinge und erzeugte feinste Schwingungen. Alle dachten an die beiden Figuren auf dem Tonrelief und alle schwiegen.

Wissen Sie", er lächelte sanft, „die Sizilianer glauben bis heute, dort sei der Eingang zur Unterwelt. In Wahrheit liegt er im antiken Himera, an der Nordküste, zwischen Palermo und Cefalù."

„Zu Ostern werden wir in Cefalù erwartet", warf Sofie ein. „Am Meer!" Ihr Verlangen war greifbar.

„Cefalù." - So langsam, wie er den Namen aussprach, so verführerisch klang er.

Er hat die feingliedrigen Finger eines Klavierspielers, dachte sie.

„Cefalù, das ist das Kleinod unserer Küste. Sie müssen ein Hotel nehmen, mit Blick auf den alten Hafen, dann schauen Sie auch auf den Normannendom und den gigantischen Felsenkopf." Er verströmte die Gewissheit des Bewanderten, der wusste, wovon er sprach. Diskret drehte er an seinem linken Manschettenknopf, auf dem Sofie ein kleines Wappen erkennen wollte.

„Wir wohnen in der Villa Belvedere, für die letzten fünf Tage unserer Reise, ein kleines Hotel mit wenigen Zimmern." Heiner kleidete seinen Satz in den Tonfall einer Frage. Als Frage an den Kenner, ob sie auch gut gewählt hätten.

„Ach, Sie werden angenehm überrascht sein, ein schönes Hotel und eine noch schönere Lage. Ein Freund von mir war im letzten Jahr dort, er schwärmt noch heute davon." Seine kleinen Übertreibungen klangen charmant, weil er immer auch mitklingen ließ, dass es schöne Übertreibungen waren, die ein jeder liebte.

Wieder sprach er mit seinem sizilianischen Freund, und es schien, als wolle er ihn einbeziehen in das Gespräch, das er nun auf Deutsch führte.

„Und Sie wohnen hier in Sizilien?", fragte Gregor. Die Gewandtheit und die Eleganz, die der kultivierte Italiener ausstrahlte, lockten ihn ins Gespräch.

„Nicht ganz", antwortete er. „Ich wohne in Rom, aber meine Familie stammt aus Sizilien. Ich bin Italiener und Sizilianer, wenn Sie wissen, was ich damit meine." Er sagte es mit einem Anflug von Stolz.

„Sie sprechen ein ausgezeichnetes Deutsch", sagte Gregor. Eigentlich hatte er fragen wollen, wo er Deutsch gelernt hatte, fand aber, dass eine direkte Frage nicht angebracht war.

Er habe in Rom eine deutsche Schule besucht. Eine der besten Schulen. Später habe er drei Jahre in Deutschland studiert. Heute arbeite er für ein italienisches Unternehmen in ganz Europa. Auch in Deutschland sei er tätig.

„Aber ich will Ihre Zeit nicht so lange in Anspruch nehmen. Entschuldigen Sie, aber ich habe mich gar nicht vorgestellt." Er nahm aus seiner Brieftasche eine Visitenkarte, überreichte sie Gregor, und sagte „Mein Name ist Amadeo de Mauro."

Gregor warf einen Blick auf die Karte, wartete einen Moment und reichte seine eigene Visitenkarte hinüber. „Gregor Baier." Langsam legte er sein silbernes Zigarettenetui auf den Tisch, schob sorgsam eine Zigarette in seine Zigarettenspitze und zündete sie an.

„Ah, Sie sind im Baubereich tätig", sagte ihr italienischer Tischnachbar. Er schaute erneut auf die Visitenkarte und für einen kurzen Augenblick hob er seine Augenbrauen. „Vielleicht darf ich Sie einmal einladen, sich hier in Sizilien etwas anzuschauen." Was er genau meinte, ließ er offen. „Ich bin noch ein paar Tage in Palermo. Und ich weiß ja, wo ich Sie treffen kann."

Er nahm sein Weinglas, wie auch sein schweigender sizilianischer Freund. „Auf Ihre schönen Tage in Sizilien." Er prostete ihnen zu und der Sizilianer nickte herüber. „Ach, da gibt es noch eine Kuriosität am Rande. Die Geschichte von der geraubten Jungfrau ist noch nicht zu Ende. Jedes Jahr darf sie für ein halbes Jahr auf die Erde zurückkehren. Dieses Jahr ist es am 12.April. Das ist in drei Tagen, am Ostermontag."

„Dann könnten wir ihr ja noch begegnen", lachte Heiner. Das Gespräch verebbte in Gelächter.

Der Abend war kühl und wider Erwarten hatte ein feiner Nieselregen eingesetzt, der das alte Steinpflaster der Gassen und Plätze mit einem feuchten Glanz überzog. Am Rande des großzügigen Domplatzes, aber mit Blick auf die barocke Freitreppe, standen sie auf den obersten Marmorstufen eines alten Palazzos. Alles blieb in ein düster dunstiges Licht getaucht. Es schien, als sei die Stadt in einem Halbdunkel gefangen.

Gregor nahm die fremdartige Atmosphäre dieses besonderen Abends nicht wirklich wahr. Die Nachricht, die er von seiner Sekretärin im Hotel vorgefunden hatte, war kurz. Leider habe sie keinen Anruf vom Geschäftsführer erhalten. Seine Telefonnummer hatte sie beigefügt. Alle Versuche, diese Nummer in Deutschland anzurufen, waren gescheitert. Warum hatte sich keiner gemeldet? Oder war etwa die Nummer falsch? Gregor überlegte. Wen könnte er im Büro noch erreichen? Aber in seinem Unternehmen war doch bis nächsten Dienstag niemand zu erreichen. Solange musste er nun warten, ob er wollte oder nicht. Er spürte seinem Unbehagen nach.

Aus der Ferne drang undeutlich eine Woge blecherner Musik zu ihnen herüber. Mit einem kleinen Wort fesselte Annette all ihre Aufmerksamkeit.

„Da!", sagte sie, als habe sie einen alten Bekannten entdeckt. Sie zeigte quer über den Platz. „Dort, der Habicht!"

So sehr sie sich mühten, im Halbdunkel des Platzes und im düsteren Zwielicht der wenigen Laternen war nichts zu sehen. Heiner ließ sie allein. Der Habicht lockte. Irgendwo im Dunkel der Piazza würde er ihn finden. Eine zweite Woge Musik schwemmte über ihn hinweg.

Und plötzlich waren sie da. Eine schmale Gasse hatte sie ausgespuckt. Die Gesichter hinter weißen, spitzen Kapuzenmasken verborgen, eingehüllt in tief rote, violette oder schwarze Bußgewänder schritten sie in langen Reihen über den Platz. Kurz bevor Heiner den Eingang zum alten Palazzo wieder erreichte, entdeckte er ihn. Der Habicht stand, fast in dreister Nähe, hinter einem halbhohen Werbeschild. Er drehte sich weg, als habe er ihn nicht gesehen. Aber Heiner war sich sicher. Von den Marmorstufen des Palazzos sah er die Lederstiefel und die schwarze Cordhose. Mit beredten

Blicken machte er Gregor auf ihn aufmerksam und wies mit dem Kinn ins Halbdunkle.

Gregor nickte unmerklich. „Die sehen aus wie die Ku-Klux-Klan-Verschwörer", sagte er leise. Er vermied es, in eine bestimmte Richtung zu schauen.

Nach und nach wurden sie angesteckt von der surrealen Atmosphäre, die sich auf dem Platz ausbreitete. Der stumme, gleichförmige Prozessionsschritt der vermummten Männer, die Kerzen und Kruzifixe mit sich trugen, hatte etwas Archaisches. Das Ritual einer düsteren Prozession. Das Alter der Vermummten war nur an ihrem Gang zu erahnen. Als Gregor zum Werbeschild hinüber schaute, war niemand da. Doch nur wenige Augenblicke später ging er unverhohlen an ihnen vorbei. Nur Sofie und Annette bemerkten ihn nicht.

Das Geheimnisvolle aller Dinge, auf das alle warteten, kündigte sich an mit fast alttestamentarischer Gewalt. Aus dem Verborgenen einer Seitenstraße tönte urplötzlich eine schreiend laute, ziellose Bläsermusik, die sich erst zögernd sammelte, dann Schritt für Schritt in eine getragene Melodie überging, langsam, aber stetig anstieg, sich endlich aufbäumte, um am Höhepunkt, von verzögerten dumpfen Trommelschlägen begleitet, in eine schwermütigen Klage hinab zufallen. Und es war nicht zu sagen, ob es der bescheidenen Kunst der Musiker oder der anschwellenden Melodie zuzuschreiben war, Heiner wurde aufgesogen von dem eindringlichen Rhythmus. Es war ihm, als schrieen die vorbeiziehenden Klarinetten und Trompeten ihre Klage hinaus in den dunklen Himmel. Dann ebbten sie wieder ab wie eine Welle, die ausläuft und versickert, um sich zurückzuziehen in den ruhigeren Grund der Melodie und sich zu sammeln für die nächste Klage.

Christus wankte und schwebte auf den Wogen der Musik und der Köpfe. Hoch über ihnen schaukelte ein erleuchteter Glassarg in gleichmäßigem Rhythmus. Auf langen Holzbalken trug eine nicht bestimmbare Zahl von Männern die lebensgroße Figur des toten Heilands. Einige schwarz gekleidete Frauen fielen auf die Knie, als der Gekreuzigte an ihnen vorbei getragen wurde, und baten wohl mit Kreuzzeichen und halblaut gemurmelten Gebeten um Vergebung ihrer Sünden. Auf einer neuen Woge folgte die schwarz gekleidete Madonna in einem gläsernen Schrein, das Herz von einem

Schmerzensdolch durchbohrt. Und im verzögerten, gleichmäßigen Wiegeschritt schleppten die Halbvermummten ihre heilige Last an ihnen vorbei, über die Piazza, bis sie sich endlich im Dunkel der gegenüber liegenden Straße ihren Blicken entzog.

„Ist der Spuk jetzt vorbei?", Gregors Blicke schweiften suchend über den Platz.

„Meine Damen und Herren, das war die große Oper!", sagte Heiner, „vielleicht etwas zu kurz. Aber Sie kennen ja schon das Ende."

„Etwas zu schaurig!" Sofies Stimme war leicht, fast beschwingt. „Warum bedecken die ihr Gesicht mit Kapuzen?"

„Sie erinnern an die Tage der spanischen Inquisition." Heiner kramte in seinem Gedächtnis. „Ich glaube, Blutsbruderschaften begleiteten in Kapuzenmasken die Todgeweihten auf dem Weg zum Schafott." Ihm dämmerte die ungewollte Ironie seiner Worte.

Gregor schwieg. Annette summte die Melodie der Blasmusik und suchte vergeblich, Chopin darin zu finden. „In allem siegt der Tod", sagte Heiner salbungsvoll. Gregor spürte wieder die Bitternis von Zitronen im Mund.

Als sie spät zum Hotel zurückgingen, war niemand mehr zu sehen. Es war, als sei alles zum Stillstand gekommen. Erst auf einem kleinen Platz stießen sie auf eine Gruppe Vermummter in Kapuzenmasken und Bußgewändern, die halblaute Sätze murmelten und einen Ring bildeten, bis der Kreis sich plötzlich öffnete. Ein Teil umschloss erst Sofie, drängte dann Gregor in ihre Mitte, der andere Teil umringte Annette und Heiner, als seien sie der unerlässliche Teil eines Geschehens, dem man sich nicht erwehren durfte. Wie ein uralter Kult, bei dem einer nach dem anderen ihnen etwas zuflüsterte, dann alle mit beschwörenden Worten auf sie eindrangen, sie berührten, dann freigaben und in einer Gasse verschwanden.

Sofie löste sich langsam aus ihrer Betäubung. Sie wurde das blitzende Augenpaar nicht mehr los, das unter einer Kapuzenmaske sie angestarrt hatte. Augen eines Mannes.

„Was wollten die?", fragte Annette etwas tonlos.

167

Heiner horchte einer Stimme nach, die er schon einmal gehört hatte und die ihn verwirrte.

„Sie wollten uns warnen", sagte Gregor und machte eine bedeutsame Pause, „...vor der Hölle."

Annette schaute ihn befremdet an.

„Nein", sagte er und seine Mundwinkel zuckten verräterisch, „ganz im Ernst, es klang wie eine Warnung. Einer hat Deutsch mit mir gesprochen. Er sagte: Reisen sie ab, bevor es zu spät ist. Rücken Sie vor bis Cefalù. Enna ist nicht gut für Sie."

Samstag, 10. April 1982

Die Hotelbar war gut besucht. Als sie den Barraum zum Frühstück betraten, saß er bereits da. Ganz vorne, am Ausgang zur Piazza. Damit ihm nichts und niemand entgeht, dachte Heiner. Annette verzog den Mund. Keine römische Villa. Sein unrasiertes Gesicht wirkte noch dunkler und seine abgerissene schwarze Jacke war so zerknautscht, als trage er sie Tag und Nacht. Sofie wandte sich ab. Der Habicht sah sie und sah sie nicht. Er ließ seinen Blick wandern von drinnen nach draußen, dann wieder zurück. Gregor drängte in eine abgelegene Ecke. Frühstück

„Also Cefalù!", stellte Heiner nachdrücklich fest. Er sprach halblaut und seine Stimme klang etwas belegt. Mechanisch verrührte er den Zucker in seinen Capuccino.

Annette machte einen allerletzten Versuch. „Vielleicht sollten wir die Villa Belvedere vorher anrufen."

Gregor wirkte nicht sonderlich berührt. Er hatte sich entschieden. Nein, er wollte von hier nicht anrufen. „Ein Zimmer werden wir dort immer finden", beruhigte er Annette. „Ansonsten sollten wir uns ganz normal verhalten. Er soll von unserer Abreise nichts merken. Wir müssen ihn in Sicherheit wiegen." In seinem Kopf wuchsen die Umrisse eines Plans. Er griff nach einem *Tramezzino* und sah Annette und Sofie an. „Am besten, ihr bleibt hier sitzen …"

„Dann sieht euch der Habicht", sagte Heiner, „und …"

„… und wir sind wohl der Köder für den Raubvogel", lächelte Sofie säuerlich. Dann biss sie verführerisch in ein Croissant.

„… und wir organisieren in der Zwischenzeit die Abfahrt", fuhr Heiner unbeirrt fort. Sein Hunger war verflogen und irgendetwas trieb ihn zur Eile an.

Gregor schlang den Rest seines *Tramezzino* hinunter, trank den letzten Schluck seines Caffé, stand auf und querte die Bar in Richtung Rezeption, ohne den Schwarzgekleideten eines weiteren Blickes zu würdigen. Als sei es nur eine Ungeschicklichkeit – Gregor ließ die offene Doppeltür zur Bar zufallen. Niemand sollte sehen, dass sie bereits zahlten. Der junge Mann am Empfang war höflich und hilfsbereit. „Natürlich können Sie Ihr Gepäck hier stehen lassen. Und die Abfahrt für die Überland-Busse ist an der Piazza Scelfa. Wenn Sie aus dem Hoteleingang nach rechts gehen, nur drei Straßenzüge weiter. Sie können es nicht verfehlen.“

Ungesehen verließen sie das Hotel, und als sie die Fahrkarten in den Händen hielten, waren beide erleichtert. Es kam nur ein Bus nach Palermo infrage. Um 14 Uhr. Und von Palermo könnten sie mit dem Zug Cefalù noch vor Abend erreichen.

Gregor zögerte. Wahrscheinlich würden sie ihn in der Hotelbar noch vorfinden. Er schlug vor, nicht gleich dorthin zurückzukehren. Man müsse ihn verwirren. Ihn warten lassen. Dann werde er suchen. Wer verunsichert sei, begehe Fehler. Deshalb sollten sie das Gepäck erst später im Fahrkartenschalter deponieren. Gregor zeigte auf eine kleine Bar, von dort könnten sie den ganzen Platz, von dem die Busse abfuhren, überblicken.

Heiner nickte zustimmend und er musste sich eingestehen, dass er die minuziösen Überlegungen seines Freundes insgeheim bewunderte, weil Gregor aus der Perspektive des Gegners dachte. Vielleicht war er deshalb so erfolgreich?

Zwei Minuten nach Elf

Die schwere Tür fiel von selbst ins Schloss, als er den kleinen Aktenkoffer auf den Tisch stellte. Er schaute sich um. Die beiden alten Bücherschränke. Wie lange war er schon nicht mehr hier gewesen? Es kam ihm alles wieder bekannt vor. Auffällig hing ein grau gestreiftes Jackett über einem Stuhl. Es musste schon jemand da gewesen sein.

Das Schnappschloss seines Aktenkoffers schlug laut auf den Metallschutz. Er griff in den Koffer und fühlte den Griff aus kühlem Perlmutt. Dann legte er die Papiere auf den Tisch, über den eine schwere Samtdecke ausgebreitet war. Er blätterte seelenruhig. Er hatte alles. Namen. Das Hotel. Die Papiere der Bank. Den Entwurf. -

Warum hatten sie die Summen offen gelassen? – Er wurde bezahlt und sie würden bezahlen. Das Netz war aufgestellt und nun zog es sich zusammen. Niemand konnte entkommen. Er lächelte mild. Nur er kannte die offene Stelle. Niemand. Nur er, niemand sonst.

Er griff nach dem Buch, das auf dem Tisch lag, als habe es auf ihn gewartet, öffnete es blind und tippte mit dem Finger auf die Seite. Getroffen, beruhigte er sich. Er grinste und murmelte etwas vor sich hin ... Niemand ist mein Name ...

Als er bemerkte, wie sich hinter ihm die Tür öffnete, drehte er sich neugierig um und wartete auf sein lautes Lachen, mit dem er ihn gewöhnlich begrüßte.

„Es hörte sich an, als hättest du mit jemandem geredet." Der Alte kam langsam auf ihn zu, lachte laut und küsste ihn auf die Wangen. „Ich brauche ja nicht zu klopfen, ich bin hier wie zu Hause." Er lehnte den Gehstock gegen den Sessel, bevor er sich setzte.

„Du hast gerufen und ich bin gekommen."

„Ich hoffe, du hast alles mitgebracht."

Er nickte und zeigte auf den Tisch.

„Alles?"

Er wusste, was er meinte. Er nickte.

Der Ältere zeigte mit dem Stock auf das Jackett, das über dem Stuhl hing. "Ich wollte dich um einen Gefallen bitten ..."

Der Barmann stellte zwei Capuccini und einen Teller mit zwei kleinen Windbeuteln auf den runden Marmortisch. Gregor bezahlte sofort, um im Falle eines Falles die Bar sogleich verlassen zu können. Rein äußerlich schien er entspannt und auch Heiner wirkte gelassen, bis er einen Schluck aus der Kaffeetasse nahm und das Gesicht verzog. Er hatte keinen Zucker eingerührt.

Vielleicht war es auch nur die Freude über ihren Entschluss oder die Gewissheit, dass alles nach Plan lief, ja der Plan schon durchgeführt und sie ihrem Schatten eigentlich bereits entkommen waren. Vielleicht war es aber die aufkeimende Selbstgewissheit, die den Gegner klein werden ließ. Vielleicht war es nur diese tote Wartezeit, die sie auffüllen mussten. Jedenfalls entspann sich zwischen beiden ein merkwürdiges Gespräch.

„Nehmen wir einmal an, wir täuschen uns, und er ist nicht der, für den wir ihn halten." Heiner hatte einen Stein angestoßen, der den Abhang hinunterrollte und nicht mehr aufzuhalten war.

„Natürlich, der Habicht ist nur ein armer Schlucker, der nur nach Arbeit sucht." Gregor schaute durch ein Fenster und ließ seinen Blick über den Platz schweifen. „Und deshalb kommt er von Palermo nach Enna." Sein Tonfall verriet mehr, als er sagen wollte.

„Er hat so etwas Verhetztes, womöglich sucht er nur seinen Ort, ein Stück Heimat. Womöglich fühlt sich der Mann in der Nähe von Fremden sicherer."

„Ein Waisenkind von über 40 Jahren." Gregor lächelte süffisant. „Und deshalb folgt er uns wie ein Hund."

„Und du folgst einer fixen Idee …"

„Fixe Idee?" Gregor ging auf Distanz. „Und warum ist er ständig in unserer Nähe? Morgens, mittags, abends? Das ist eine Realität."

Ohne es zu wollen wurde Heiner grundsätzlicher. Sein kulturelles Bewusstsein war herausgefordert. „Und was ist, wenn die Realität, wie du sie nennst, nicht die Wahrheit ist? Schau dich an. Siehst du aus wie ein reicher Unternehmer? Alte, schlabberige, dünne Jeans, ein billiger Blouson, über das Hemd will ich erst gar nichts sagen, deine alten Turnschuhe. Das ist doch dein Inkognito. Du simulierst jemanden, der du nicht bist. Du spielst Theater!"

Gregor schüttelte den Kopf und es blieb unklar, ob er Heiner nicht verstehen wollte.

„Vielleicht ist alles nur ein Zufall. Aber er ist der Habicht, weil du und ich ihn dazu machen. Wir machen ihn zum Mafioso. – Was ist daran wahr?" Heiners Diktion wurde etwas atemlos.

Gregor machte einen letzten Versuch. „Realität hin, Wahrheit her. Und gestern Abend haben wir keine Kapuzenmänner gesehen, keine Prozessionen, keine Altäre, die getragen wurden. Und stand er nicht in unserer Nähe?"

„Die Prozessionen sind nichts als Theater, das ständig wiederholt wird. Die spielen ein Stück. Hast du nicht von Ku-Klux-Klan gesprochen? Für dich tragen sie eine tote Gipsfigur über die Piazza. Natürlich sieht das der Gläubige anders. Stell´dir alles ohne diese Musik vor. Die brauchen diese schreiende Musik. Als bäumte sich die Musik gegen etwas auf, was nicht zu ändern ist. Der Sizilianer nennt das große Oper. Und darum schauen sich das alle so gerne an. Und er – er war ein Zuschauer. Wenn der Sizilianer den Tod sieht, dann spürt er sein Leben."

Verständnislos blickte ihn Gregor an. „Seit wann spielst du den Philosophen?"

„Paradox, nicht wahr. Das ist die Lebensphilosophie der Mafia. Nicht die Liebe, der Tod provoziert zum Leben. Die Liebe ist nur die schöne Maske des Todes." Heiner liebte das Spekulative, das Frappierende, das diesem Gedanken anhaftete.

Gregor hatte ein schelmisches Lächeln aufgesetzt. „Wenn ich dich richtig verstanden habe, liebt uns der Habicht und der Habicht ist die schöne Maske des Todes."

Heiner blickte ihn verständnislos an. Wie kam er jetzt auf den Habicht?

„Du willst mich nicht verstehen. Ich habe von einem jungen Mafioso gelesen, der sich in der Haft einem Psychologen anvertraute. Er sagte in etwa: Ich will Geschäfte, ich will, dass man mich respektiert, wenn ich ein Geschäft betrete. Ich will Autos und ich will Frauen. Und dann will ich sterben. Aber wie ein echter Mann. Ich will umgebracht werden."

174

Er lachte, aber er war sich sicher, dass Gregor ihn nicht verstand, und deshalb wollte er wenigstens noch eine kleine Ketzerei loswerden. „Ich würde dir für deine Stiftung ein anderes Motto empfehlen: *In allem siegt der Tod.*" Sein Blick fiel auf die Windbeutel, die noch unangetastet auf dem Marmortisch standen.

Gregor schwieg und schaute einer Frau hinterher, die die Bar verließ. Dann sagte er zur Verwunderung von Heiner: „Er kommt spät, aber er kommt." Gregor blickte auf seine Uhr.

„Wer?"

„Deine schöne Maske des Todes." Gregor zeigte durch die offene Tür. „Verrate mir eins: Ist jetzt der Habicht nicht mehr der Habicht?"

Heiner warf einen kurzen Blick hinaus auf die Piazza. Es war nicht Gregors Frage, die Heiners Gedankengebäude in sich zusammenfallen ließ. Es war diese Gestalt, die in diesem Moment um eine Straßenecke bog, den Kopf suchend über den Platz schwenkte und abgerissene schwarze Kleidung trug.

„Er ist sieben Minuten zu spät." Gregor flüchtete sich in einen Witz.

Das Eindringliche und Beunruhigende dieser Gestalt, das sich bei ihnen eingenistet hatte, kroch wieder hoch und verscheuchte im Nu all die klugen und schönen Sätze über die Oper von Leben und Tod, über die offensichtliche Realität des einen und die maskierte Wahrheit des anderen. Der Habicht strich noch ein paar Minuten über den Platz. Ihre Capuccini waren kalt und die aufgeschäumte Milch war am Tassenrand bereits eingetrocknet. Erst, als er auf der anderen Seite in eine Nebenstraße abtauchte, verließen sie die Bar, um auf kürzestem Wege ins Hotel zurück zu kehren.

Vergessen und verwaist lagen die zwei Windbeutel immer noch auf dem weißen Dessertteller.

„Es ist weg! Es ist nicht mehr da!" Sofie empfing sie mit resignierendem Tonfall. Hilflos und erbost saß sie aufrecht in einem der beiden Besuchersessel, hatte ihre Ellbogen auf die Lehnen gestützt und ihre Hände so ineinander verschränkt, als wolle sie erst aufstehen, wenn Es wieder da sei.

Der junge Mann hinter der Empfangstheke hatte sich kurz umgedreht, dann wandte er ihnen erneut den Rücken zu und horchte weiter ins Telefon.

„Sofie meint, es muss jemand im Zimmer gewesen sein", sagte Annette vorsichtig, „er ruft gerade die Polizei." Sie wies mit dem Gesicht zur Rezeption.

Eigentlich hätte Heiner nicht mehr fragen müssen. „Das Tonrelief?"

Sofie sagte nur: „Ja!" – Diese Nacht habe sie Schritte auf dem Flur gehört. Vielleicht seien es aber auch andere, spät zurückkehrende Hotelgäste gewesen. Heiner wusste von keinen anderen Gästen. Und er war sich sicher, dass ihr Zimmer abgeschlossen war.

Inzwischen hatte Gregor dem Hotelangesellten Zeichen gemacht, er möge das Telefon auflegen. „Bevor wir die Polizei rufen, solltet ihr erst noch einmal nachsehen."

„Das habe ich mit Annette bereits gemacht", sagte Sofie etwas unwillig. „Es löst sich nur in Luft auf, wenn es jemand mitgenommen hat." Sie machte eine eindeutige Handbewegung.

„Aber, das war doch nur eine Kopie." Unruhig blickte Gregor auf seine Uhr.

„Über die Frage sollte aber kein Dieb entscheiden", reagierte Sofie gereizt. Wenn sie sich schon von dem Relief trennen musste, dann nicht so überfallartig. Überfall, das war das richtige Wort. Sie fühlte sich, als sei sie überfallen und am eigenen Leibe bestohlen.

Gregor tippte mit dem Finger auf seine Uhr. „Zehn nach Zwölf. Wenn wir jetzt die Polizei rufen, dann aufs Revier müssen, werden wir den Bus nach Palermo nicht mehr bekommen. Der geht in knapp zwei Stunden."

„Und was war mit unserem schwarz gekleideten Freund?" Heiner warf Annette einen Blick zu.

176

„Er wird am Eingang gesessen haben."

„Ich meine, hat er vor euch die Bar verlassen?"

„Was weiß ich! Wir haben nicht mehr auf ihn geachtet. Du glaubst doch nicht wirklich, dass …? Hirngespinste!"

Heiner überlegte, ob der Habicht auf der Piazza etwas bei sich getragen hatte. Er hatte nicht darauf geachtet.

„Wenn alles passt, sind wir heute Abend in Cefalù!", lockte Gregor und suchte nach seinem Rucksack. „Vor einer halben Stunde haben wir ihn gesehen. Unser Schattenmann stromert durch die Stadt. Ich möchte ihn endgültig loswerden. – Sofie, ich glaube, du musst dich entscheiden."

Es schien, als habe ihr Name sie aufgeweckt. Sofie war rasch aufgestanden, griff wortlos nach ihrem Zimmerschlüssel, der noch auf der Empfangstheke lag, und lief die Treppe hinauf in den ersten Stock. Sie hinterließ ratlose Gesichter, nur der junge Mann hinter der Rezeption tat geschäftig und sortierte einen dünnen Stapel Papier.

Ganz langsam, als wolle sie mit ihren Schritten die Stufen zählen, ging ihr Annette hinterher und warf Heiner auf dem Treppenabsatz einen Blick zu, der um Zeit und Nachsicht bat.

„ … hier hatte sie den gleichen Leberfleck", Sofie zeigte auf einen dunklen Flecken vorne auf ihrem Hals. „Sie haben mir später erzählt, sie habe geglaubt, dass der Fleck sich über ihren ganzen Körper ausbreite, bis sie nur noch ein einziger Fleck sei. – Verrückt, nicht wahr. – Und dann einfach weggesperrt."

Annette sagte nichts und Sofie blickte starr durch die geschlossenen Fensterflügel hinunter auf die belebte Piazza.

Sie sei gar nicht verheiratet, habe sie gesagt, und es gebe keinen Vater, sie sei noch Jungfrau. – In ihrem Zimmer stand ein roter Tonkrug, der mit grau-weißen antiken Figuren bemalt war. Die Figuren würden mit ihr reden. Sie solle das Kind in den Keller verstecken. – „Verstehst du das?"

„Ja!" Annettes Stimme war klar wie feines Glas. „Sie hatte Angst, dass man es ihr wegnimmt."

Dann habe sie die Osterglocken aus dem Tonkrug genommen und auf ihrem Bett verstreut. Dabei sei ihr der Tonkrug auf den Boden gefallen. Sie habe gelacht. Hört ihr, was die Scherben sagen, habe sie gesagt. Sie solle das Kind verschenken. – „Ist das nicht verrückt?"

Annette dachte an ihre Gespräche oben am Vesuv und am Strand von Taormina.

„Vier Jahre, nur mit diesen Schattenfiguren. Sie starb, als ich vier Jahre alt war. Und ich habe nur ein einziges Bild. Sie schaut aus einem Fenster und lächelt und im Hintergrund etwas verschwommen, ein Mann. Keiner konnte mir sagen, wer der Mann ist."

Sofie öffnete einen Seitenflügel des Fensters und sog die mittäglichen Geräusche in sich hinein, die von der Piazza ungehindert ins Hotelzimmer drangen. Ein Auto bremste laut. Sie verfolgte mit ihren Blicken ein Mädchen, das quer über den Platz lief.

„Vielleicht ist es gut, dass das Relief verschwunden ist. – Gregor hat Recht, es war sicher nur eine Kopie."

Als sie sich zu Annette umdrehte, stand Heiner in der halb geöffneten Zimmertür. Sie wusste nicht, wie lange er dort schon gewartet hatte.

„Komm", sagte er, „der Bus nach Palermo wartet." –

Bevor sie das Hotel verließen, kritzelte Sofie etwas auf einen Zettel, schob ihn dem Hotelangestellten zu und redete leise auf ihn ein. „Ich habe ihm den Namen unseres Hotels in Cefalù gegeben. Wenn er noch etwas herausfindet, soll er sich in jedem Fall dort melden."

Der Dunst, der seit dem frühen Morgen über der Stadt hing, hatte sich endgültig verzogen, und als Heiner und Sofie ihre Rucksäcke beim Fahrkartenschalter deponierten, brach bereits die Sonne durch. Gregor und Annette kamen, wie verabredet, kurze Zeit später. Sie waren sicher, er konnte sie nicht bemerkt haben. Zunächst vereinbarten sie, sich bis zur Abfahrt zu trennen, entschieden aber dann, sich in die gleiche Bar zurückzuziehen, in der Heiner und Gregor noch eine Stunde zuvor gesessen hatten. Sofie nickte zu allem schweigend.

Ein schwarzes Auto mit der Aufschrift *Carabinieri,* das am Rande des Platzes anhielt, zog ihre Aufmerksamkeit auf sich. Zwei Carabinieri stiegen aus und gingen ohne Zögern in ein Geschäft, das an der Ecke zu einer kleinen Gasse lag. Heiner erinnerte sich, dass ihm dieses Geschäft bereits am Morgen aufgefallen war. Im Schaufenster war ein großes Schwarzweiß-Foto ausgestellt, vielleicht 30 Jahre alt, wahrscheinlich noch älter. Ein ähnliches Bild hatte er, gerahmt an einer Wand, im Antiquitätenladen gesehen. Fischer mit nacktem Oberkörper zogen mit langen Fleischerhaken große blutende Fische aufs Boot. Und alle trugen sie Baskenmützen, wie er. Unter dem Foto stand in fetten Buchstaben *Mattanza.* Zu gerne hätte er gewusst, was es bedeutet.

Ein kleiner Menschenauflauf verdeckte ihnen die weitere Sicht. Hinzu kam, dass der Barmann sich neugierig vor ihrem Fenster aufbaute. Für einen kurzen Moment hatte Annette einen Blick frei. Sie sah noch den Kopf eines Mannes, der sich durch die Menge einen Weg bahnte. Doch schon war er hinter dem Geschäft in der kleinen Gasse verschwunden.

„Was ist los?", fragte Gregor.

„Der …!", Annette hielt inne und setzte ein reizendes Lächeln auf.

„Unser Schatten…?", sagte Gregor, als bräuchte er ihre Antwort nicht mehr.

Annette war sich nicht sicher. „Was weiß ich. Ein Mann rannte durch die Menge in die Gasse. Der Barmann hat alles verdeckt."

Heiner hatte sich längst erhoben und sah, wie die beiden Carabinieri eilig in der kleinen Gasse verschwanden. „Die Carabinieri sind hinter ihm her."

Gregor griff zu einer Zigarette. Der Barmann dreht sich zu ihnen um, lächelte wie eine Sphinx und es schien ihnen, als forme er mit den Lippen unhörbar das Wort Mafia.

12.42 Uhr

... und presste seinen Körper gegen die Mauer. Er schaute hoch gegen die Mauerkante. In seinen Ohren pochte das Blut. Unwillkürlich hielt er den Atem an, als er ihre Schritte hörte. Sie waren zu zweit, sie kamen näher, blieben stehen und sagten kein Wort.

Regungslos stand er hinter der Mauer. „... wie eine Katze", hörte er eine Stimme sagen. In der Nähe schlug ein Fenster zu.

„Der ist weg." Dann hörte er, wie sich die Schritte auf dem Straßenpflaster verloren.

Er wusste nicht, wie lange er so stehen geblieben war. Sein Fuß schmerzte. Er tastete mit seiner Hand über die Tasche. Hörbar atmete er aus.

Sein Körper rutschte geräuschlos die Mauerwand hinunter. Er schaute auf seine Uhr. Er hockte da, bewegungslos, und schloss die Augen. Er hatte noch Zeit.

Nichts sollte sie verraten. Erst wenige Minuten vor der Abfahrt holten sie ihr Gepäck aus dem Depot und verstauten es im Bauch des Überlandbusses. Sie hielten weiten Abstand zu den Wartenden, als gehörten sie nicht dazu. Als sich die Bustür öffnete, blieben sie abseits stehen, ließen sie die Anderen vor und stiegen erst in dem Moment ein, als der Uhrzeiger auf 14.00 Uhr vorrückte. Sofie und Annette saßen im vorderen Teil des Busses und Heiner und Gregor fanden nur weiter hinten noch zwei nebeneinander liegende Plätze.

„Warum fährt er nicht?" Gregor schaute angestrengt auf den Busfahrer.

Heiner versuchte es mit einer Banalität. „Sizilianer sind nie pünktlich."

Der Busfahrer erhob sich von seinem Sitz, ging zur Tür, stieg aus, redete mit einem Mann, der in seiner Nähe stand. Vorne drehte sich Sofie um und warf Heiner einen fragenden Blick zu. Der zuckte mit den Schultern und strich auffällig mit den Fingern über seinen schmalen Oberlippenbart.

„Vielleicht wartet er noch auf jemanden."

Ein junger Mann stieg zu und versuchte mit der Mine eines Habenichts Coladosen und Apfelsinen zu verkaufen. Ohne Erfolg. Laut murmelnd verließ er den Bus und der Busfahrer stieg wieder ein. Er schaute hoch auf die Uhr und startete den Motor.

Plötzlich stand er auf dem untersten Trittbrett des Busses, nahm mit Schwung die nächsten zwei Stufen, nickte dem Busfahrer zu, ging rasch durch die Busreihen, machte in ihrer Höhe eine unmerkliche Kopfbewegung, als wolle er sie übersehen. Heiner sah nach unten und entdeckte Schmutzflecken an seiner schwarzen Hose. Gregor verfolgte ihn halb mit seinen Blicken. Erst jetzt nahm Heiner die zerdrückte, schmutzig-blaue Sporttasche wahr, die er unter seinen linken Arm geklemmt hatte. Geschmeidig ließ sich der Habicht auf den hintersten Sitz fallen und schob die Tasche in eine Ecke.

Annette und Sofie schauten sich um.

Ein Zischen. Die Tür schloss sich hörbar und der Bus setzte sich in Bewegung. Der Schweißausbruch kam explosionsartig. Heiner schloss die Augen und hoffte, dass die Welle gleich abebben wür-

182

de. Er sah alles durch ein feines, hauchzartes Spinngewebe. Erst nach und nach lichtete sich der feine Schleier vor seinen Augen.

„Und jetzt?", fragte Heiner.

Er sah, wie Gregor mit den Fingerkuppen auf die Sitzlehne klopfte und angestrengt nach vorne blickte, als würde von dort her irgendetwas kommen, auf das er wartete. „Wir müssen abwarten!", hörte er Gregors Stimme sagen.

Heiner blickte zur Seite. Irgendwie war er doppelt da. Er saß in dem Bus und er kam sich vor wie in einem schlechten Traum. Flüchtig musterte er das ältere Paar, das rechts neben ihm saß. Sein Blick glitt über die alten Gesichter hinweg, in die eine stoische Gleichgültigkeit eingebrannt war, so, als sei die Zeit angehalten und wartete in Ruhe darauf, irgendwann wieder erweckt zu werden.

Erst als der Bus ruckartig bremste, fiel alles Traumartige von ihm ab. Er sah plötzlich wieder klar. Enna lag schon länger hinter ihnen. Sie fuhren an einem blauen Autobahnschild vorbei, das mit einem Pfeil nach rechts wies: *Palermo*.

„Warum fährt er nicht auf die Autobahn?", fragte Gregor. Heiner spürte seine feine Unruhe.

„Ich weiß es nicht!"

„Und wo sind wir jetzt?" Gregor suchte den Straßenrand ab. Heiner holte seinen Reiseführer hervor und versuchte sich zu orientieren.

Gregor zeigte auf ein Straßenschild. „*Villarosa*. Richtung Villarosa."

„Er fährt erst über Dörfer." Heiner atmete tief durch. Und durch Täler und Schluchten, hatte er noch sagen wollen. Er sagte es nicht. Heiner suchte einen Stift, schrieb dann zuerst *Enna* auf die weiße Innenseite seines Reiseführers, dann *Villarosa*. Er brauchte die Namen, damit sein Kopf nicht leer blieb. Sie waren die Bojen, an denen er sich festhielt. In einem namenlosen Bergnest hielten sie unvermittelt an. Das ältere Paar stieg aus. Ein kleiner Ort ohne Sonne.

Villarosa. – Gárcia. Der Bus leerte sich. Der Fahrer machte den Motor aus. Einige wenige stiegen zu. Auf die andere Seite des

Mittelgangs setzte sich eine Frau, hager und mit schwarzem Mantel. Ständig murmelte sie leise vor sich hin. Die Luft im Bus war stickig. Sie bemerkten den Habicht erst wieder, als er durch den Mittelgang langsam nach vorne ging. Er stellte sich in die offene Tür, schaute nach draußen, als erwarte er jemanden, redete mit dem Fahrer und kehrte wieder zurück. Er verzog den Mund, nickte wieder unmerklich. Es war unklar, ob es ihnen galt. Ohne offensichtlichen Grund wechselte er hinter ihnen den Platz. Klug, dachte Heiner. Plötzlich kam ihm ein Satz in den Sinn: „Du musst nur die Laufrichtung ändern", sagte die Katze und fraß sie.

„Wir sollten mit ihm reden", sagte Heiner. Irgendetwas in ihm sagte, dass sie etwas tun müssten.

Gregor fuhr sich mit dem Handrücken über die Stirn und nickte. „Wir sollten herausfinden, was er will."

Aus den Augenwinkeln sah Heiner, dass die murmelnde, hagere Frau neben ihm einen Rosenkranz in der rechten Hand hielt. Er drehte sich langsam um und wie zufällig kreuzte er seinen Blick. „Sie fahren wieder zurück?" Es sollte arglos klingen.

Der Schwarzgekleidete blickte ihn ausdruckslos an und tat, als habe er nichts verstanden, wich dann seinen Blicken aus. Er wirkte kühl, fast abweisend, wechselte dann aber auf einen freien Platz in ihrem Rücken.

„Sie fahren wieder zurück?", wiederholte Heiner.

Der Schwarzgekleidete nickte. Hatte er ihn verstanden?

„Sie wollten doch länger in Enna bleiben?" Gregor betonte jedes Wort.

Er nickte wieder. „Ja, Enna!" Es klang eher abweisend.

„Ist Ihr Onkel wieder gesund?"

Ein schmales Grinsen erschien auf seinem Gesicht. Er sagte ein Wort, was sie nicht verstanden, rieb seine Finger gegen den Daumen und sein Grinsen wurde breiter.

„Und was machen Sie in Palermo?"

„Palermo? Ich ..." In seinem Gesicht lag etwas Verächtliches. Galt das ihnen? Er sprach einen italienischen Satz.

Gregor warf Heiner einen viel sagenden Blick zu.

Ausgerechnet jetzt kam Sofie durch den Mittelgang und fragte nach dem Reiseführer. „Wie weit ist Cefalù von Palermo entfernt?" Wahrscheinlich hatte sie ihn einfach nicht bemerkt, Heiner reichte ihr den Reiseführer und Sofie drehte wieder um. Es dauerte einige Sekunden, bis sie entdeckten, dass der Platz in ihrem Rücken leer war.

Die Straße schlängelte sich durch ein schmales, felsiges Tal. Verlassene Steinhäuser, eingefallene Dächer, überwucherte Hausruinen. Hoch oben in einem karstigen Berghang entdeckte er eine Steinhütte. Alles, was Heiner je über die Mafia gelesen hatte, verwandelte seine Einbildungskraft in unauffindbare Verstecke für Gregor und für ihn: Steinhütten, Felshöhlen, Bergwerks-Stollen, einsame Bauerngehöfte, Brückenbögen. Sie würden ihn als Vermittler brauchen, als Mittler zwischen Unterwelt und Außenwelt. Irgendwo hier musste er sein. Der uralte Eingang zur Unterwelt.

„Jeder achte Sizilianer gehört der Mafia an", sagte Heiner. „Habe ich irgendwo gelesen."

Gregor nickte mechanisch.

Heiner schaute sich um. Er begann zu zählen. Eins. Zwei. Er zählte weiter. Drei? Und der Vierte ist der Habicht. Wer gehörte zu ihm? Sein Blick blieb an einem Mann hängen, der ein nichts sagendes, leeres Gesicht hatte. Das einzig Auffällige an ihm war die kleine Narbe an der linken Schläfe. Gewiss täuschte er seine Müdigkeit nur vor. Der Busfahrer. Der Busfahrer ist auch eingeweiht. Hatte er nicht in Enna auf ihn gewartet? Die hagere Frau im schwarzen Mantel. Erst jetzt fiel ihm auf, dass sie schwieg. Der Rosenkranz umschloss ihre rechte Hand. Der Rosenkranz ist ihr Mimikry. Er dachte an den *Paten* von Coppola und den gedungenen Mörder in der Soutane des Priesters. Von der Seite schaute er auf Gregors Gesicht. Wenn er sich die Wangentaschen ausstopfte und die Haare nach vorne kämmte, sah er fast aus wie der …

Gregors Stimme holte ihn aus dem Gehäuse seiner Phantasien. „Siehst du …?" Gregor brach ab und stand ruckartig auf. Noch bevor Heiner fragen konnte, zwängte er sich an ihm vorbei und besetzte einen der beiden freien Plätze auf der anderen Seite. Auch der Habicht hatte seinen Platz verlassen und drückte sich an ein

Fenster. Annette und Sofie drehten sich um und machten Zeichen, die Heiner nicht verstand. Gregor wies mit den Fingern nach draußen:

„Siehst du ...!"

Etwa 15.50 Uhr

Es hatte sie niemand gesehen. Und die Straße war wenig befahren. Das wussten sie. Was hätte man auch schon sehen können. Sie machten ihre Arbeit. Wie immer. Die Absperrgitter standen quer über die schmale Straße.

Sie stiegen in den Lastwagen und starteten den Motor. Beim Wenden fuhren sie in den weichen Grund am Rand der Straße. Das war die einzige Spur, die sie hinterließen.

Hinter einer Biegung stand ein dunkler Wagen und wartete mit abgeschaltetem Motor. Bis zur Brücke waren es zwanzig Meter.

Jetzt konnte auch Heiner die Autobahn deutlich sehen. Wie ein schmales, glitzerndes Band auf Stelzen schnitt sie sich in die kahle Landschaft hinein. Doch dann verschwand das schmale Band der Hoffnung wieder, und es dauerte, ehe sie endlich ein Hinweisschild mit der Aufschrift *Palermo* entdeckten. Kurz vor der Auffahrt stand, wie von Geisterhand in diese Einsamkeit hineingestellt, ein alter Kombiwagen. Heiner spürte, wie sich in seiner Magengegend ein klobiges Gefühl festsetzte, das die Größe dieses Kombiwagens annahm und sich erst nach und nach auflöste, als sie bereits die Autobahn befuhren. Das unbestimmte Warten auf etwas, was sich dann doch nicht zeigen wollte, machte mürbe.

Himera. Cefalù – der Pfeil wies nach rechts. *Palermo* – ein Pfeil nach links. Endlich gabelte sich die Autobahn. Diese schwarzen Pfeile waren rettende Zeichen, auch wenn sie in ein blaues Nichts wiesen. Und dieses gleißende, grünblaue Meer, das sie nur wenig später sahen, war schon das ersehnte Ziel. Villa Belvedere, der Name ihres Hotels war ein bereits erfülltes Versprechen. Der Ort der schönsten Aussichten. Nur Palermo lag noch dazwischen. Bis an die felsigen Ausläufer der Küstenberge reichten die blühenden Ginsterbäume. Ein üppiges Spektakel in kräftigen Gelbtönen.

Vielleicht, ja, vielleicht hatte es sich Heiner in seinen kühnsten Phantasien so vorgestellt. Sonst wohl niemand. Es bahnte sich unmerklich an. Gregor stellte es als erster fest. Der Bus wurde langsamer. Heiner blickte irritiert nach vorne, die Autostraße verlief eher abschüssig. Der Bus verlor an Fahrt und wich dann auf den schmalen Seitenstreifen aus. Annette und Sofie drehten sich um und suchten ihre Blicke. Heiners Phantasie überschlug sich. Hier war es. Hier war das Ende ihrer Reise. Er sprach kurz mit Gott.

Alles geschah im Zeitlupentempo. Wie sich der Mann mit der Narbe erhob, langsam nach vorne ging und genau in dem Moment beim Busfahrer ankam, als der Bus an einer Brücke anhielt. Keiner und nichts regte sich. Nur die hagere Frau mit dem Rosenkranz murmelte wieder.

Gregor blickte nach vorne.

Die Bustür öffnete sich mit einem saugenden Geräusch, wie wenn einem der Atem ausgeht. Der Mann hob die Hand, wie zu einem Zeichen. Ohne Ankündigung humpelte der Habicht durch den Mittelgang nach vorne und der Mann mit der Narbe verschwand auf einem abschüssigen Pfad auf die darunter liegende Straße.

Da unten warten sie auf uns. Heiner kämpfte vergeblich gegen die unaufhaltsame Welle, die seinen Körper hoch kroch. Niemand sagte etwas. Keiner schien auf etwas zu warten. Nur der Habicht redete in gedämpftem Tonfall aufgeregt mit dem Fahrer. Seine Hand griff in die halb geöffnete Überziehjacke, blieb dort für einige Sekunden. Dann verschwand auch er den Pfad hinab, und sprang, nach ewig langen Augenblicken, atemlos wieder in den Bus zurück. – Der Habicht ging durch den Mittelgang auf sie zu, dann achtlos an ihnen vorbei …

Es geschah nichts. Es geschah wirklich nichts.

Heiner schloss die Augen und hörte, wie die Bustür mit einem lauten Seufzer zuschnappte. Der Tag war verletzt. Sie schauten durch die Fenster auf die hohen weißen Wolkenzirren, die wie hingewischt vor dem blauen Himmel lagen. Doch der Tag blieb verletzt.

Noch bevor der Bus am Zentralbahnhof in Palermo anhielt, stand er vorne in der Bustür. Und als die Tür sich öffnete, sprang der Schwarzgekleidete hinaus und entschwand vor ihren Augen mit großen Sätzen in den offenen Hallen des Bahnhofs.

„Seine Tasche!", murmelte Heiner. Er fand sie sofort. Halb offen und leer.

Minuten später folgten sie ihm. Er blieb unsichtbar, und doch blieb er in ihren Köpfen ihr dunkler Begleiter, bis sie am frühen Abend die *Villa Belvedere* erreichten. Sie hatten Glück, ihre Zimmer waren noch frei. Und Cefalù, das waren die Lichter im Dunkeln.

Sie schlenderten in den späten Morgen, als hätte ihnen die Zeit ein neues Maß geschenkt. Diese kleine sizilianische Stadt verströmte die gediegene Ruhe und Zurückgenommenheit eines religiösen Festtages. Man promenierte, vorbei an geöffneten Geschäften, flanierte, richtungslos, ohne Ziel. Alles war so verhalten, ja verlangsamt. Vielleicht auch wegen der fast lähmenden, frühsommerlichen Wärme, die schon die Gassen und Straßen erobert hatte. Ein herrenloser Hund mit struppigem, dunkelbraunem Fell lag im Schatten einer breiten Mauer und leckte seine Wunden.

Man solle sich später am Hafen treffen, hatte Sofie vorgeschlagen und war schon mit Annette in einem Geschäft verschwunden. Den fliederfarbenen Rock im Schaufenster hatte Heiner gleich wieder vergessen. Er stand mit Gregor unter einem alten Torbogen aus Sandstein, der einen Durchgang zum Hafen bildete und nach links in ein Grottengewölbe führte. Das Wort auf einem Ausstellungsplakat hatte ihn angelockt. Es erinnerte ihn an das Foto im Antiquitätenladen von Enna. *Mattanza.* Darüber in Schwarzweiß: der Schattenreigen von Fischern auf zwei Booten vor einem dunstigen Morgenhimmel. Darunter: ein Quadrat aus Booten, Netzen und Menschen und ein aufgeschäumtes Meer mit Fischleibern, darauf ein tanzender leerer Kahn. *Camera della morte.*

„Wenn du mich fragst, heißt das Todeskammer", Heiner zeigte auf die drei Wörter. „Wie bei einer Hinrichtung."

„Wenn du mich fragst, bin ich mehr für die Sonne", sagte Gregor. „Du findest mich am Hafen."

Die Ausstellung umfasste nur zwei große Räume mit alten Photographien. Sie zeigten die dunklen Umrisse von muskulösen halbnackten Männern im Gegenlicht, die aus dem brodelnden Meer mit langen Haken menschengroße Fische in ein Boot zogen. Heiner war fasziniert von den lebenstiefen Gesichtern, die Momente höchster Anspannung und Erwartung widerspiegelten und einen blitzartigen, grellen Schmerz, der um alles weiß. Auf einer Kaimauer lagen große Fische wie aufgereihte tote Helden, die man besiegt hat.

In seinem Kopfe verwandelten sich die Bilder zu einem archaischen Männerritual von Tod und Leben. Er wollte schon seinen Rundgang beenden, als er dieses idyllische Bild von einem sonntäglichen Bootsausflug entdeckte. Ein Mann mit einem Panamahut, einige Männer mit weißen Schirmmützen und weißen Hemden, zwei Frauen in kurzärmeligen Blusen und bebänderten weißen Sonnenhüten, daneben ein Picknickkorb und halbwüchsige Kinder im Matrosenanzug, alle blicken sie mit dem Betrachter auf das kochende Meer und auf die wild um sich schlagenden Fischleiber. Die sonntäglichen Zuschauer eines blutigen Todeskampfes.

Heiner verweilte bei dem Mann mit dem Panamahut, der sich auf einen Bootssparren abstützte. Über sein weißes Hemd hatte er einen hellen Pullover lässig über die Schultern gebunden und sein markantes Gesicht war im Halbprofil dem brodelnden Meer zugewandt. Heiner meinte, ihm schon begegnet zu sein, doch der breite Hut beschattete zu sehr den oberen Teil seines Gesichtes.

Auch die Inschrift unter dem Foto sagte ihm nichts. *Mattanza. Tonnara di Bognalia 1972.* Ein Name? Ein Ort? Das Meer? Aber das Meer hatte keinen Ort. Nur das Ungenügen blieb, dass ihn seine Erinnerung im Stich ließ, oder vielmehr die Sorge, dass sein Gedächtnis ihm einen Streich spielen könnte. Da war diese Stimme im Antiquitätenladen von Enna und nachts auf dem Platz. Nun dieses Gesicht. Personen, die ihnen folgten. Der Blinde im Museum? Er träumte schlecht. Einen Moment lang zweifelte er, ob er noch alle Sinne beisammen hatte.

In einem kleinen Nebenraum lief die Unendlichschleife eines Films. Heiner sah, dass einige Fischer wie nach einer gewonnenen Schlacht in das blutrot getränkte Meer eintauchten und emporkamen wie Täuflinge, dann wuschen sie das Blut von ihren Booten und tuckerten langsam in die untergehende Sonne, die wie ein Feuerball hinter der Küstenlinie versank. Heiner hatte genug. Die Sizilianer brauchen eine Komödie, dachte er. Kitsch haben sie genug. Er summte ein Lied, das irgendwo daran erinnerte, dass bei Capri die rote Sonne im Meer versinkt. Es half nur wenig.

... er zog seinen Kopf herunter, begrüßte ihn mit einem Wangenkuss und sagte leise: „Ich danke dir, dass du es übernehmen willst. "

„Ich freue mich, wenn ich helfen kann. "

Die Tür schloss sich. Er wies mit dem Stock auf einen Sessel.

„Setz dich! Bitte!" Er faltete die Hände über die Krücke und schaute ihn lange an. „Ich sehe, deine Geschäfte gehen gut." Sein Kopf nickte wie im Takt, er lächelte selbstgefällig.

„Danke, du weißt, man muss über Sizilien hinaus denken. "

„Ja, Sizilien ist nicht mehr der Nabel der Welt. " Sein Kopf nickte wieder. Dann beugte er sich vor: „Für Emilio allein ist das eine Nummer zu groß. " Er zog die obere Lippe hoch und machte ein bedenkliches Gesicht.

„Hat er den Unfall in Nicolosi ...? "

„Nein, einer seiner Brüder. " Er fuhr sich mit der Hand über die Augen.

„Sein Zwillingsbruder? ".

Er nickte kurz. „Wir bedauern das alle. Es gab Schwierigkeiten ..." Er schaute auf den Fenstervorhang, der sich leicht bewegte. „Wir haben keine Zeit zu verlieren, nicht wahr? " Er drehte seinen Kopf.

„Bis morgen Abend muss alles entschieden sein. Wir haben noch etwas mehr als 24 Stunden Zeit. Es ist alles gut vorbereitet. "

„Und wo? " Er schob die Augenbrauen nach oben, als warte er gespannt auf eine Antwort..

„In der alten Villa. "

Ein leichtes Zucken in seinem Gesicht verriet, dass er alles so erwartet hatte.

„Was sind das für Leute, die bei ihm sind?" Er sah, wie der Andere die Schultern hochzog und an seinem Manschettenknopf drehte.

„Nimm Emilio hinzu, er hat alle Unterlagen." Er schaute ihm direkt in die Augen. „Er wird von dir lernen. Sag ihm, was er zu tun hat." Er machte eine Pause.

Dann nahm er seinen Gehstock in die Hand, hob ihn in Augenhöhe, zielte damit auf das Fenster und sagte: „Die Treibjagd kann beginnen! Alle warten wir auf die Mattanza." Er lächelte wie eine Sphinx.

Erneut zeigte er mit seinem Stock auf den Vorhang. „Lass´ ein wenig Sonne herein. Aber nicht zu viel."

„Bereits jetzt im April beginnen sie die Netze auszulegen. Wie Labyrinthe. Es dauert bis zu drei, vier Wochen." Heiner ließ den feinen Sand durch die hohle Hand rieseln. Gregor schien an Fischernetze und Fischfang nicht interessiert und Sofie und Annette schon gar nicht. Der warme Sand prickelte angenehm in seinen Handflächen und so wiederholte er das Spiel immer wieder. Sofies linke Hand ruhte auf einer Einkaufstüte. Mit dem Rücken gegen die niedrige Stützmauer gelehnt, genoss sie die warme Mittagssonne. Und wenn es nicht so kitschig gewesen wäre, hätte Sofie von einem Postkartenblick gesprochen.

Es war alles so, wie es der kultivierte Italiener in Enna beschrieben hatte. Fischerboote lagen durcheinander auf einem schmalen Sandstreifen vor festungsartigen Häusern, in die nur wenige kleine Fenster eingelassen waren. Zwei Boote, von Seilzügen steil hochgezogen, hingen wie tote Riesenfische von einer Hausmauer herab. Und hinter der Silhouette der Häuserfront wuchs ein gigantischer Bergrücken empor.

Sie empfanden diese Trägheit, auch nur irgendetwas zu unternehmen, geradezu angenehm. Und diese Schwerelosigkeit, dieses süße Nichtstun, hätten sie sicher noch länger genossen, wäre da nicht der so leichthin gesagte Satz von Annette gewesen. Vielleicht wollte sie den Satz auch gar nicht sagen, hatte ihn vielmehr nur gedacht, und als sie den Satz sagte, war sie selber überrascht.

„Vielleicht stellt er uns doch noch nach."

Jeder wusste, wer gemeint war. Die Wunde war noch frisch. Gregor ließ seine Augen über den langen Strand schweifen, an dem jetzt, zur späten Mittagszeit, nur Wenige zu sehen waren.

„Dann habt ihr gestern im Bus eure Angst aber ganz schön versteckt." Gregor schaute beide an, als erwarte er Zustimmung.

„Mehr noch, ihr habt uns ausgelacht. Klassischer Fall von paradoxer Identifikation." Heiner unterbrach sein Spiel mit dem Sand.

„Heiner, unser Psychologe", sagte Annette etwas spitz und setzte die Sonnenbrille auf.

„Man wird sich ja vor dem schwarzen Mann noch fürchten dürfen", verteidigte sich Sofie. Sie blinzelte gegen die Sonne. „Ich finde, dass es einen Unterschied macht, ob man diesen Kerl irgendwie unheimlich findet oder ihn zum Mitglied der Mafia macht!"

„Und wie erklärt ihr euch", sagte Gregor, „dass er mit uns im gleichen Bus nach Palermo zurückfährt?" Gregor erntete Schweigen. „Obwohl er mehrere Tage in Enna bleiben wollte?"

„Ich will und muss nichts erklären", sagte Sofie mit einer Sanftheit, die sie selbst überraschte.

„Und was wollten er und sein Komplize an der Autobahnbrücke?" Heiner ließ nicht locker.

Annette schüttelte ungläubig den Kopf. „Wieso sein Komplize?"

„Vielleicht wartete jemand auf ihn." Gregor sah plötzlich das Bild vor sich, wie der Habicht in seine halb geöffnete Jacke griff, bevor er aus dem Bus sprang.

Heiner schob beide Hände in den Sand. „Er hatte seine Tasche …"

Ein kreischendes Geschrei unterbrach sie. Am Ufersaum, etwa 15 Meter vor ihnen, zankten mehrere Möwen um einen toten Fisch. Links von ihnen duckte sich ein struppiger Hund unter einem Boot. Aufmerksam beobachtete er die laut streitenden Vögel. Dann schoss er, von einem Moment auf den anderen, auf die Möwen zu, die mit zornigem Geschrei aufflogen. Er schaute hoch, schnupperte an dem toten Fischkadaver, drehte sich zunächst im Kreis und trabte zurück, als sei nichts geschehen. Einige Meter von ihnen entfernt pisste er mehrmals gegen die Stützmauer.

Annette stand sofort auf. „Lasst uns gehen!", sagte sie.

Einen Augenblick später hatte sich Sofie schon erhoben. „Ja, lasst uns einen Spaziergang machen!", schlug sie vor. „Zuerst gehen wir am Strand entlang und irgendwann auf den riesigen Felsenkopf." Sie schaute hoch über die mächtige Häuserfront, die die Hafenbucht begrenzte.

Als sie den Weg um die Hafenmole nahmen, folgte ihnen der herrenlose Hund in gebührendem Abstand. Heiner richtete seinen Blick aufmerksam auf die nahe Uferstraße, die direkt am Strand vorbeilief. Der Hund ließ nicht von ihnen ab, bis sie ein Restaurant betraten, das direkt am Strand lag.

Sie entschieden sich für eine *Pasta alla Norma* und für ein *Capretto al Etna rosso*. Wahrscheinlich, weil Heiner erzählte, dass Norma die Titelheldin einer palermitanischen Oper sei, von diesem Bellini, von dem der Polizist in Taormina gesprochen hatte, und weil sie nun alle wissen wollten wer oder was sich dahinter verbarg. Und das Capretto, das erfuhren sie, sei ein Zicklein, in einem Rotwein geschmort, der an den Hängen des Ätna wuchs.

Als sie nach zwei Stunden das Strandlokal wieder verließen, blieb ihnen vor allem der rubinrote, trockene Rotwein in Erinnerung, weil sie glaubten, sie hätten das schwefelhaltige Lavagestein riechen und schmecken können. Auch der herrenlose Hund war längst vergessen und der Rückweg am Strand kam ihnen kurz vor, dafür der Aufstieg auf den riesigen Felsrücken zu lang und zu schwer.

Nach einer knappen halben Stunde erreichten sie eine Aussichtsterrasse und niemand redete vom weiteren Aufstieg. Gregor meinte, es seien die zwei Flaschen Rotwein. Oder der warme Wind. Im Schatten einiger Schirmpinien genossen sie den Ausblick auf die ganze Stadt, das gleißende Meer und den lang gestreckten Strand und die Hügel, die zum Hinterland sanft anstiegen.

„Er ist es!", sagte Heiner in die andächtige Stille.

„Wer?", fragte Gregor in ungewohnter Schärfe.

„Dort!"

Sie reckten die Hälse. Heiner zeigte auf einen kleinen dunklen Schatten, der sich am Strand bewegte und langsam dem Meeressaum näherte.

„Der Hund", sagte Heiner und lachte.

Im Eingang der Villa Belvedere stand ihr Besitzer, als habe er bereits auf sie gewartet. Er war klein von Statur, etwa 50 Jahre alt. Er sprach, das wussten sie, fließend Englisch, Deutsch und Französisch und war von einer ungezwungenen Aufmerksamkeit, in der sich feiner Charme mit lässiger Höflichkeit verband. In ihren Augen hätte er alles sein mögen, nur kein Sizilianer. Das Einzige, was ein wenig ungewöhnlich war, dass er von zwei oder drei jungen Helfern umgeben war, die ihn mit ´Signore Barone´ anredeten.

Ein feines Lächeln umspielte sein schmales, glatt rasiertes Gesicht. „Die Damen haben schon eine leichte Bräune. Cefalù scheint für Sie der richtige Ort zu sein." Er warf einen kurzen Blick auf die Einkaufstüte, die Sofie in ihren Händen trug. „Und Sie scheinen ja schon etwas gefunden, was das Herz begehrt." Er verstreute leicht und in feiner Dosierung seine Komplimente.

„Herr Baier, Sie und Ihre Freunde scheinen wichtige Personen zu sein. Aber vielleicht haben Sie auch besondere Freunde in Sizilien?" Er lächelte sybillinisch, bat sie einzutreten und sagte mit bedeutsamer Miene: „Da wurde etwas für Sie abgegeben."

Er trat hinter die Rezeption, griff unter der Marmortheke in unsichtbare Fächer und holte einen Brief hervor. „Dies hat heute Vormittag ein Fahrer mit einem großen und teuren Wagen gebracht." Er zelebrierte den Satz und sein Tonfall ließ offen, ob er seinen Worten besondere Bedeutung verleihen wollte oder ob sie mit unmerklicher Ironie gewürzt waren.

Sie sahen ihn verdutzt an. „Und der Fahrer trug die Dienstkleidung eines Chauffeurs." Er nickte mehrmals bedeutsam mit dem Kopf. Dann übergab er Gregor den Brief mit einem Lächeln, das seine ganze Sympathie für seine Gäste zum Ausdruck brachte. „Ich bin mir sicher, dass darin eine österliche Überraschung versteckt ist."

Wortlos nahm Gregor den Brief entgegen, als müsse es sich um eine Verwechslung handeln, drehte ihn um und zuckte hilflos mit den Schultern. Sofie und Annette drängten hinaus in den kleinen Garten, dessen aufdringliche Künstlichkeit an diesem Spätnachmittag etwas gedämpft schien. Umgeben von halbhohen Buchshecken standen am Rande einige Steinbänke, und hier und da, als folgten sie einem geometrischen Plan, die steinernen Nachahmungen antiker Figuren. In der Nähe eines kleinen Brunnens setzten sie sich auf gusseiserne Stühle, die seltsamerweise zu einem runden Marmortisch gehörten. Gregor betrachtete kurz die ausgeprägte Handschrift auf der Vorderseite des Briefes.

Herrn Baier und Freunden

Persönlich

Auf der Rückseite war nur eine kunstvoll verschnörkelte Initiale aufgedruckt, die wie ein Ornament oder Siegel aussah. „Der Absender liebt es, sich hinter Hieroglyphen zu verstecken", sagte Gregor.

„Und ich liebe Verwirrspiele", sagte Heiner und griff nach dem Umschlag. „Es sind drei Buchstaben. Großes A … kleines d … und M", entzifferte Heiner. Es dauerte nur wenige Augenblicke, dann blickte er die Anderen erwartungsvoll an. – „Enna!", sagte er. Mehr nicht.

Mit einer gewissen Eile riss Gregor das Kuvert auf. Er entnahm ihm einen Briefbogen aus Büttenpapier, das geheimnisvolle Wasserzeichen erahnen ließ und oben rechts mit den gleichen Initialen versehen war. In gleicher präziser und steiler Handschrift wie auf dem Couvert stand dort in bestem Deutsch:

Sehr geehrter Herr Baier!

Gerne erinnere ich mich an unsere kurze Begegnung in Enna.

Es würde mich außerordentlich freuen, wenn ich Ihnen eines unserer größeren Projekte zeigen dürfte. Natürlich sind auch die Damen und Ihr Freund herzlich willkommen. Wir könnten das mit einem kleinen Ausflug verbinden, der am Ostermontag in Sizilien eine besondere Tradition hat. Sollten Sie einverstanden sein, dann werde ich Sie am morgigen Vormittag gegen 10.30 Uhr in Ihrem Hotel abholen lassen.

Sollten Sie Ihre Zeit dafür nicht erübrigen können, was ich angesichts der Kürze Ihres Aufenthaltes sehr verstehe, dann würde ich mich freuen, wenn Sie mich heute bis 18.30 Uhr kurz anriefen.

Ich erwarte Sie gerne,

Ihr   Amadeo S. de Mauro

Gregor schaute erst auf die Anderen, dann auf seine Uhr. 18.50 Uhr. „Zu spät", sagte Gregor.

Es war zu spät. Aber vielleicht war es auch nicht zu spät. Keiner hätte absagen wollen. Und doch überlegten sie, ob der Einladende nicht in jedem Falle einen Anruf erwartet hätte. Ob das nicht höflicher sei. Ob sie es nicht jetzt noch versuchen sollten. Gregor erinnerte sich an die Visitenkarte, die er schon vergessen, aber irgendwo in seiner Brieftasche aufbewahrt hatte. Die Karte war mit den gleichen Initialen versehen und dem Namen eines italienischen Unternehmens *Societa C. Romana,* darunter klein gedruckt *Direttore generale: Amadeo S. de Mauro* und eine Telefonnummer. Die Karte wanderte von Hand zu Hand, der Brief auch.

„Nein", sagte Gregor, „es ist besser, wir rufen nicht an und wir warten ab, was morgen früh geschieht."

„Eine wahrhaft österliche Überraschung." Heiner imitierte den Tonfall des Signore Barone und lauschte seinen eigenen Worten nach.

„Ich hoffe, ans Meer", sagte Sofie zu Annette. „Wohin sonst!", antwortete sie.

Zum ersten Male nannte ihn Heiner etwas keck `Signore Barone´ und fragte, ob sie das Abendessen auf der Gartenterrasse einnehmen könnten. Es solle aber nur ein kleines sein. Der Signore Barone zögerte nur einen Moment lang, lächelte dann nachsichtig und sagte: „Ausnahmsweise!"

Beim Abendessen rätselten sie, um welches Projekt es sich handeln und wohin es gehen könnte, wobei Annette und Sofie dieses Spiel mit erkennbarem Unernst betrieben. Ihr Lachen drang bis an die tauben Ohren der alten Steinfiguren. Gewagte Spekulationen wechselten mit mediterranen Wunschträumen. Sofie hoffte auf eine Fahrt in grünblaue Meeresgrotten. Und das Projekt sei ein riesiges Unterwasseraquarium. Annette hoffte nur auf eine einsame Insel.

Was sie denn auf einer einsamen Insel wollten, meinte Heiner. Habe der Einladende nicht von Himera gesprochen? Er werde ihnen dort den Eingang zur Unterwelt zeigen.

Eher den Eingang zu einem versteckten Weinkeller! Gregor tippte mit dem Zeigefinger an seine Stirn und setzte ein wissendes

Lächeln auf, etwa so wie die steinerne Göttin im Halbdunkel, nur wenige Meter von ihnen entfernt.

Der warme Wind hielt sie noch lange im Garten fest, mit dem Blick auf das Meer und die Lichter von Cefalù, bis die aufkommende Abendkühle und die Dunkelheit sie endlich vertrieb.

Irgendwann nach 23.30 Uhr

Er hatte sie in der Dunkelheit fast nicht gesehen. Nur schemenhaft sah er die Absperrgitter. Er fuhr ganz nah an sie heran, erst dann machte er die Scheinwerfer an und die Lichtkegel tauchten die Absperrung kurz in gelbes Licht.

Sie hatten gute Arbeit geleistet.

Er rückte die Gitter so weit auseinander, damit er durchfahren konnte.

Dann rückte er die Absperrgitter wieder zusammen.

Er schaltete die Scheinwerfer auf Standlicht. Er kannte sich aus
...

„**Ich dachte, Sofie** ist hier?" Heiner blickte suchend umher.

„Sie wollte kurz ans Meer!"

„Und wo ist Gregor?"

Annette ließ sich Zeit mit der Antwort und setzte behutsam ihre Tasse auf den Frühstückstisch, auf dem eine kleine rote Handtasche lag. Sie trug eine elegante weiße Bluse mit angekraustem Kragen. „Er wollte noch einmal die private Nummer seines Geschäftsführers versuchen und dann zu Signore Barone." Sie schwieg bedeutungsvoll.

Heiner hob erstaunt die Augenbrauen, dachte einen Moment darüber nach, woher sie denn die Handtasche und die elegante Bluse habe und bestellte einen Kaffee mit Milch.

„Er hat heute Morgen den Zeitungsartikel aus Syrakus wieder gefunden", setzte sie erneut an, „und nun soll der Herr Baron den Artikel übersetzen." Sie schüttelte lächelnd den Kopf.

Gregor kam auf sie zu, auch er war anders gekleidet als sonst. Er trug ein weißes Hemd offen über eine beigefarbene Leinenhose und wedelte sichtbar mit der Zeitungsseite.

„Und?", sagte Heiner. Er bemühte sich um einen gleichgültigen Ton und schaute unauffällig an sich herunter. Zum ersten Male hatte er den Eindruck, dass er mit seiner Jeans und dem Cordjackett nicht ganz passend angezogen war. Er würde ein frisches Hemd anziehen und seine Baskenmütze hier lassen.

Gregor legte die gefaltete Zeitungsseite auf den Tisch, schob dann gemächlich seinen Stuhl nach vorne. „Es ist da passiert, wo wir waren, in Nicolosi, und der Tote ist unbekannt."

„Das erste wussten wir und das zweite war zu vermuten", sagte Heiner, „einen Namen haben wir nicht entdecken können."

„Die Polizei rätselt noch, ob es ein Raubmord oder ob es eine Eifersuchtstat ist. Man hat keine Papiere und keine Geldbörse bei ihm gefunden. Und der Wagen ist auf eine Firma zugelassen." Gregor machte eine Pause und holte tief Luft. „Die Polizei wollte allerdings nicht ganz ausschließen, dass es sich um einen Mord der Mafia handelt."

„Also alles klar und alles unklar." Heiner faltete die Zeitungsseite auseinander und schaute auf das Bild.

„Und welche Meinung hat dazu der Signor Barone?", fragte Annette. Sie schien nicht wirklich interessiert.

Gregor nahm sich umständlich eine Zigarette. „Der Signor Barone meint ...", er klopfte mit seiner Zigarette auf das Zigarettenetui, „die meisten Morde in Sizilien geschehen aus Eifersucht."

Als hätte sie ein Stichwort hineingerufen, kam Sofie mit wehendem Rock durch die offene Tür. „In Sizilien sind die Männer die Mörder und die Frauen die Opfer", sagte Sofie, als habe sie das ganze Gespräch mit verfolgt.

„Woher willst du das wissen?", sagte Heiner und blickte mit leiser Bewunderung auf ihren halblangen fliederfarbenen Rock, der glockenförmig nach unten fiel.

„Ganz einfach. In Sizilien sind die Männer heißblütig und die Frauen ihr Besitz." Sofie setzte sich, umschloss Heiners Kaffeetasse mit ihrer Hand und schaute ihn spitzbübisch an.

„Und in Deutschland?" Gregor machte einen langen Zug aus seiner Zigarette.

„In Deutschland bilden sich die Männer ein, sie seien heißblütig und die Frauen seien ihr Besitz. – Übrigens das Meer ist absolut glatt und leer und windstill. Fast unheimlich. Nur ein einziger Fischer war da."

„Jung oder alt."

„Jung!", sie lächelte unverschämt. „Und", sie tippte mit dem Finger auf das Zeitungsfoto, „ist der Fotoroman gelöst?"

„Nichts ist gelöst", sagte Gregor, der mit Sofies aufgekratzter Art nichts anzufangen wusste.

„Und wann werden wir abgeholt?" Sofie suchte vergeblich nach einer Uhr.

„Ich schätze, in einer halben Stunde", sagte Heiner mit Blick auf seine Uhr. „Vielleicht sollten wir draußen warten, in der Sonne auf der Gartenterrasse. Übrigens, der neue Rock steht dir blendend."

Sofie drehte sich einmal um die eigene Achse und griff, zu Heiners Überraschung, nach der roten Handtasche. Als sie den Frühstücksraum verließen, blieb eine zerknitterte Zeitungsseite auf dem Tisch zurück, bis sie eine Hand wegräumte.

Der Chauffeur war pünktlich, jung und gut aussehend, er trug eine Schirmmütze, hielt seine Sonnenbrille in der linken Hand und begrüßte sie höflich in italienischer Sprache. Der Signore Barone, der ihn in den Garten geleitet hatte, wechselte mit ihm ein paar Sätze. „Er spricht kein Deutsch", sagte er zu ihnen gewandt. „Ihr italienischer Freund wartet am Meer auf Sie." Gregor wehrte ab. „Wenn mich nicht alles täuscht, wird es eine Bootsfahrt werden. Das Wetter ist dazu wie gemalt."

Sofie stieß Annette sanft in die Rippen. „Grünblaue Meeresgrotten!"

„Oder einsame Insel!"

Er schaute prüfend über den blauen Himmel. „Sehen Sie den graugelben Streifen?" Er wies gegen Westen. „Der erste Scirocco, der warme Wind aus der Sahara bringt gelben Staub. Aber, wahrscheinlich wird er erst morgen kommen." Seine Miene erheiterte sich. „Ich wünsche Ihnen einen wunderschönen Ausflug." Er verbeugte sich knapp und verschwand mit dem sybillinischen Lächeln, das sie bereits kannten, das aber diesmal vielleicht eine Note zu heiter ausfiel.

Wie lange die Fahrt dauerte, hätte keiner sagen können. Der Chauffeur lächelte hin und wieder in den Rückspiegel oder zur Seite, sprach aber kein Wort. Zwar hatten sie an einem Bahnübergang länger warten müssen, aber insgesamt war die Fahrt kurzweilig, was vielleicht an der abwechslungsreichen Küstenlandschaft lag oder an den hügeligen Straßen, die mal das Meer sehen und mal verschwinden ließen.

„Und", sagte Heiner in das erwartungsvolle Schweigen, „hast du deinen Geschäftsführer erreicht?"

„Nein, wahrscheinlich ist die private Telefonnummer falsch."

An einer Straßengabelung wies Gregor, der neben dem Chauffeur saß, auf ein Schild mit antiken Säulenstümpfen. *Himera.*

„Also doch ins Haus des Hades", grinste Heiner selbstgefällig.

„Ins Haus des Hannes!", korrigierte Gregor.

Doch sie folgten weiter der Hauptstraße, die von Mandelbäumen gesäumt war, unterbrochen von schlanken Eukalyptusbäumen, deren Blätter im leichten Wind so eigenartig flatterten, als hingen sie an unsichtbaren Fäden.

Es war kein Bootshafen. Eher ein langer steinerner Anlegesteg, der ins Meer reichte und wohl selten genutzt wurde. Und niemand war zu sehen. Zwei ältere Boote lagen zur Seite geneigt vorne auf dem Steg, ein weiteres dümpelte auf dem Wasser vor sich hin. Rechts von ihnen lag ein lang gestrecktes massives Gebäude aus gelbem Gestein, von dem sich nicht sagen ließ, wie alt es war und wofür und ob es überhaupt genutzt wurde. Als das Auto am äußersten Ende des Gebäudes anhielt, wurden sie überrascht von einer kleinen Yacht, die an einer Kaimauer vertäut war.

Sie waren noch nicht ganz ausgestiegen, als zwei weißblau gekleidete Männer von der Yacht über einen schmalen Holzsteg herunterkamen und auf das Steinufer sprangen. Beide waren sie jung, braun gebrannt und der größere, der den anderen um mehr als einen Kopf überragte, hatte zu ihrer Verwunderung blondes Haar.

„Herr Baier?" Er schaute sie fragend an, blickte erst auf Heiner, danach auf Gregor, der sich dann zu erkennen gab. „Guten Morgen", sagte er höflich, auch zu Annette und Sofie gewandt. Er sah ihre Verblüffung. „Mein Name ist Joachim Baring. Seien Sie nicht überrascht, ich komme aus Norddeutschland, aber eigentlich bin ich Mitglied einer kleinen Crew." Er machte eine Kopfbewegung zu seinem kleineren Begleiter, der ebenso höflich nickte, und hinüber zur Yacht. „Ich darf Sie einladen mitzukommen. Man erwartet Sie bereits."

Was konnte sie auf dieser Reise noch überraschen.

„Entschuldigen Sie meine Neugier", sagte Gregor. „Aber, wie kommt ein junger Mann aus Deutschland hierher?" Gregor fragte direkt, ohne sein Erstaunen zu verbergen. Und er sprach aus, was auch die anderen dachten.

„Wissen Sie, Yachtbesitzer können sich Crewmitglieder über eine Agentur für eine bestimmte Zeit, sagen wir, anmieten. Wir sind zu dritt, ein Italiener, er schaute auf seinen dunkelhaarigen Begleiter, ein Engländer und ich bin aus Deutschland. Für ein internationales Publikum ist das die richtige Zusammenstellung. – Übrigens, die meisten Gäste sind schon da."

Mit dem Kinn wies er auf einen beschatteten Platz weit hinter dem Ende des gelben Gebäudes, wo etwa zehn bis fünfzehn Limousinen parkten. Unter einem Baum entdeckte Heiner eine dunkel gekleidete, schmächtige Gestalt, die auf einem Stuhl saß und offensichtlich den Parkplatz bewachte. Mehr konnte er leider im Gegenlicht der Sonne nicht sehen. Vergeblich beschattete er seine Augen.

„Und wo geht es hin?" Annette fragte mit unverhüllter weiblicher Neugier.

„Leider ist die Straße zur Villa seit zwei Tagen nicht passierbar, sonst hätten Sie nicht mit uns den schönen Umweg über das Meer nehmen müssen. Es ist nicht sehr weit von hier. Das ist auch der Grund, warum wir Sie hier und nicht am nächsten Hafen abholen. Der wäre zu weit entfernt." Er drehte sich um und ging ihnen voran.

„Was ist das für ein Gebäude?", fragte Heiner interessiert.

Er wechselte ein paar Sätze in Italienisch mit seinem schwarzhaarigen Begleiter, von dem nur ein Wort bei Heiner hängen blieb. „So viel er weiß, eine alte Fangstation für Thunfisch. Die Sizilianer nennen sie Tonnara. Tonnara di Bognalia. Im Mai oder Juni beginnt erst die Jagd."

„Tonnara di …", wiederholte Heiner mechanisch. „Sagte er nicht … Mattanza?"

„Ja, sie nennen es, glaube ich, Mattanza. Es ist das sizilianische Wort für ihre Thunfischjagd."

Unwillkürlich dachte Heiner zurück an die Ausstellung in den Grotten von Cefalù, und auf einmal dämmerte ihm, wer der Mann auf dem älteren Foto war, der den Panamahut trug und so angespannt auf die sich windenden Fischleiber blickte.

Auf der Yacht geleitete er sie eine halbe Treppe nach unten. In der Vertiefung eines schweren Holztisches standen Gläser und Getränke. „Wenn Sie etwas zu trinken wünschen, bitte bedienen Sie sich." Höflich verneinten sie. „Sie werden die schöne Küste genießen."

Draußen auf dem Meer verloren sie schnell das Gefühl für Zeit und Orientierung. Zunächst sahen sie die Küste links, dann rechts. Ob sie später eine halbe Drehung nach rechts oder vorher einen weiten Bogen nach links machten, die Richtung blieb ihnen irgendwie verborgen. Erst als sie nach einiger Zeit um eine von Pinien bewachsene Felsnase in eine versteckte Bucht einliefen, verlangsamte sich die Fahrt. Sie waren überrascht schon angekommen zu sein.

„Nicht schlecht", raunte Gregor, als sie aufs Deck traten.

„Klassizismus!", sagte Heiner. „Mindestens hundert bis hundertfünfzig Jahre alt."

Etwa 50 Meter vom Meer entfernt lag eine großzügige dreistöckige Sommervilla in einem gedämpften Ockergelb. Ihre Mitte war von einer halbrunden Freitreppe bestimmt, die hinauf zu einem klassizistischen Eingangsportal führte. Der breite Eingang wurde zu beiden Seiten von schlanken Säulen begrenzt, die ganz oben, über einem halbrunden Balkon, in einem dreieckigen Giebel endeten. Rechts und links umfassten Säulenbalustraden zwei vorgelagerte Terrassen, und oben bildeten Eckloggien eine schöne Symmetrie. Zu ihrer Seite hin erstreckte sich ein Seitenflügel mit Arkadengängen. Heiner nahm an, dass sich auf der anderen Seite ein gleicher Anbau befand.

„Ein oder zwei Zimmer mit Loggia genügten", sagte Annette trocken. Sofie nickte, ohne dass sie es merkte. „Ich würde auch den ersten Stock bevorzugen. Man bekommt nie nasse Füße, wenn das Meer mal ansteigt." Sie blinzelte.

Ein leger gekleideter schlanker Mann mit blauem Leinensakko und offenem weißem Hemd kam ihnen auf dem Anlegesteg entgegen. Es war ihr italienischer Gastgeber, der sie eingeladen hatte. Heiner entdeckte auf seinem Sakko das Monogramm dreier Buchstaben, aufgestickt in dezentem Rot

„Ich freue mich sehr, dass Sie gekommen sind. Ich hoffe, der Umweg über das weite Meer war nicht zu beschwerlich." Er begrüßte jeden mit Namen. Sein Lächeln bat um Nachsicht und er gab ihnen die Hand. „Aber manche Umwege müssen sich auch lohnen." Seine Stimme hatte ein weiches Timbre.

Gregor bedankte sich für die Einladung.

„Ich hoffe", sagte er, „die Villa Belvedere ist ganz nach Ihrem Geschmack und ich habe Ihnen von Cefalù nicht zu viel versprochen." Sein Tonfall verriet seine geheime Zuneigung, so dass sie ihm auch dann nicht widersprochen hätten, wenn sie anderer Meinung gewesen wären. Sofie schwärmte von dem fast göttlichen Ausblick von der Aussichtsterrasse hoch über der Stadt.

Sie gingen seitlich die Freitreppe empor und am Eingangsportal drehte er sich um, blickte mit ihnen auf die von Pinien und Felsen eingefasste Meeresbucht und sagte mit einer Selbstverständlichkeit, die an nichts zweifelte: „Sizilien hat viele schöne Orte. Nur wissen nicht viele davon."

„Treten Sie ein und seien Sie unsere Gäste. Ich darf Sie ein wenig mit unserem Haus bekanntmachen." Er führte sie durch ein halbrundes Entrée, das sich nach hinten zu einem offenen Flur öffnete. Zwei Seitentreppen führten zu den höher gelegenen Stockwerken. Durch eine breite Doppeltür gelangten sie links in einen saalartigen Raum, der mit stilvollen alten Möbeln und noch älteren Bildern ausgestattet war und dessen halbrunde Fenster und Türen Blicke aufs Meer freigaben.

„Unsere Sommervilla ...", sagte er, „unsere Sommervilla ist der Sitz unserer Familienstiftung. Das ist der Repräsentationsraum. Hier trifft sich der Stiftungsrat, in dem auch einige Partner aus dem Ausland engagiert sind." Er sagte es mit einer Beiläufigkeit, die jeden Besitzerstolz vermissen ließ.

„Hin und wieder wird die erste Etage von der Gründerfamilie privat genutzt. Im linken Teil befindet sich eine Gästewohnung mit Loggia, auch ganz oben sind weitere Räume für Gäste. Einige unserer Freunde und Gäste wohnen zurzeit hier. Auch eine Kunsthistorikerin mit einem deutschen Bekannten. Eine sizilianische Kunsthistorikerin. Unsere Stiftung unterstützt auch solche Arbeit." Er lächelte verständnisvoll.

„Aber verzeihen Sie, ich bin ein schlechter Gastgeber, darf ich Ihnen etwas zu trinken anbieten." Ohne eine Antwort abzuwarten, hatte er schon auf einen Knopf gedrückt, und durch seine seitliche Tür trat ein junger Mann und stellte zu den Gläsern, die bereits auf einem langen Tisch standen, zwei Säfte, Mineralwasser und Wein in verschiedenen Karaffen. Im Weggehen flüsterte er ihm noch etwas zu.

„Bitte, was Sie mögen!" Er zeigte auf eine dunkelrote Flüssigkeit. „Granatapfelsaft, eine Spezialität des Hauses."

Annette schaute sich um und bewunderte die geschmackvolle Einrichtung.

„Ich interessiere mich seit langem für Stiftungen", sagte Gregor. „Lassen Sie mich raten, was der Zweck ihrer Familienstiftung ist: Förderung der sizilianischen Kunst und Kultur?"

„Oder Philosophie?" Heiner schaute auf Gregor. Gregor nippte an seinem Weinglas.

Der italienische Gastgeber lachte verwundert. „Nein! Die Sizilianer sind, wenn man so will, immer schon Philosophen. Lebensphilosophen. Sie halten sich für kleine Götter. So hat es jedenfalls ein sizilianischer Dichter formuliert. Sie glauben, sie sind vollkommen."

„Ja", sagte Sofie, „das ist ein schöner Gedanke, da ist ein deutscher Dichter etwas bescheidener." Sie würzte ihren Tonfall mit ein wenig Humor. „Für ihn war noch der Edelste ein Engel und Teufel in Menschengestalt."

„Kleist, nicht wahr! – Die Deutschen sind Romantiker. – Der Arme hatte doch stets Schulden." Aus der Stimme ihres italienischen Gastgebers hörten sie ein Bedauern. „Hat er sich nicht erschossen?"

Heiner war erstaunt über seine Kenntnisse. „Heinrich von Kleist", hörte er sich sagen. „Er erschoss zuvor seine Freundin."

„Nun, manchmal müssen die Deutschen das Lachen noch lernen, auch in den eigenen Katastrophen." Er trank einen Schluck Mineralwasser. „Kleist?", er lächelte bei seinem Gedanken, „hat der nicht den wunderschönen Satz mit dem Torbogen formuliert?

Schauen Sie", er zeigte hinaus auf die Arkaden, „wir Sizilianer lieben die Rundbögen, die Stützbögen. Wie hieß der berühmte Satz noch?"

„Der Torbogen steht, weil alle Steine zugleich stürzen." Heiner kannte den Satz. „Ja, Kleist ist erstaunlich modern. Eigentlich ist das Leben die noch gerade verhinderte Katastrophe."

„Man sollte nur besser keinen Stein herausbrechen." Er hatte wieder dieses weiche Timbre in seiner Stimme, das ihnen wohl tat und seinem Satz einen anderen, leichteren Sinn gab.

Sie schlenderten an alten Gemälden vorbei, die rechts und links neben einem antiken marmornen Kaminsims hingen.

„Der Hausherr hat eine Vorliebe für mythische Stoffe", sagte Heiner anerkennend.

„Ja, italienische Meister. Das ist Kain und Abel und das ist David mit dem abgeschlagenen Haupt des Goliaths. Aber das haben Sie sicher schon erkannt."

Mit der unaufdringlichen Aufmerksamkeit eines Gastgebers goss er Annette ein wenig Wasser nach, die ein Bild mit antikischer Landschaft betrachtete. Sofie hatte sich für den Granatapfelsaft entschieden.

„Die Ruinen des Tempels von Himera. Vielleicht erinnern Sie sich?"

Annette nickte höflich und fügte bewundernd hinzu: „Ihre Villa ist eine Galerie für alte Kunst und alte Meister."

„Ich muss Sie korrigieren. Nicht meine Villa. Und nicht immer Originale", sagte er mit gespieltem Bedauern, während Annette sich wieder zu Sofie gesellte, die neugierig ein anderes Ölbild bestaunte.

Dann wandte er sich wieder Gregor zu. „Ich wollte gerne noch Ihre Frage von vorhin beantworten. Unsere Stiftung unterstützt Familien und Personen, die sich unvorhergesehen in einer sozialen Not befinden und auf Hilfe angewiesen sind. – Aber seit einigen Jahren denken wir in eine neue Richtung. Wir fördern die Wiederentdeckung alter Kunstwerke. Denn Sie haben Recht, auch die Kunst ist auf Unterstützung angewiesen. Das ein oder andere veräußern wir zum Nutzen der Stiftung. Manche leihen wir zeitweilig aus, kostenfrei, etwa an unsere Partner. Und natürlich sind unserer Stiftung weitsichtige Unterstützer immer herzlich willkommen."

„Meeresgrotte mit grünblauem Wasser. Sagte ich es nicht?" Sofie lächelte versonnen und Annette zählte die Nymphen, die im Wasser einer Grotte badeten. „Da waren ´s nur noch acht", sagte sie süffisant und zeigte auf den nackten Mann, der eine nackte junge Frau nach hinten in die sich öffnende Landschaft hinweg trug.

„Eine echte Kopie, eine Originalkopie." Ihr italienischer Gastgeber lächelte, als bitte er um Nachsicht. Er nannte den Namen eines Malers, den sie nicht kannten. „Ein Bild, das lange als verschollen galt."

„Echte Kopie?", fragte Gregor, nicht ohne sein Erstaunen zu zeigen.

„Ja, es ist echt, weil es aus der Werkstatt des Malers kommt, aber es ist eine Kopie, weil seine Gehilfen das ursprüngliche Original noch einmal abgemalt haben. Manchmal gibt es von einem Original zwei, drei echte Kopien. Nur dieses dort, das ist nur ein bescheidener Abguss."

Er zeigte auf ein Tonrelief, das zwischen zwei Fenstern hing und wohl deshalb niemandem aufgefallen war. Sofie drängte als erste hinüber. Sie erkannte es sofort. Es war die gleiche Votivtafel, nur fehlte kein Stück. Gebannt starrte sie auf den männlichen Kopf.

„Sie haben beide das gleiche maskenhafte Lächeln."

„Sie scheinen es zu kennen?"

„Wir haben es in Taormina …", Sofie suchte nach dem richtigen Wort.

„… in den Händen gehalten", ergänzte Heiner höflich und wunderte sich, dass er nur die halbe Wahrheit sagte.

Der Italiener zögerte und über sein Gesicht flog ein kleiner Schatten der Verwunderung. „Sicher gibt es noch mehr Abgüsse. – Der Kopf des Mannes ist eine freie Ergänzung. Unser Original ist zurzeit bei einem Restaurator in Enna. Er sollte das fehlende originale Teilstück wieder einfügen. Ich wollte es am Freitag abholen, aber aus irgendeinem Grunde hatte er es noch nicht fertig. Nun wird es gebracht und ich hoffe, dass es morgen oder übermorgen wieder an seinem Platz hängt."

Als sei ihm etwas Wichtiges eingefallen, hatte er sich schon von ihnen weg gewandt. „Bitte, entschuldigen Sie mich einen Moment!", sagte er und durchschritt den Saal.

Er konnte nicht sehen, wie Sofie in sich versank und Heiner über seinen Oberlippenbart strich. Der Antiquitätenladen in Enna. Nein, das war nicht seine Stimme. Annette schien unberührt und Gregor begrub seine Neugier unter betonter Gelassenheit. Jeder schwieg, als hätten sie eine geheime Absprache getroffen.

Ihr italienischer Gastgeber öffnete die Seitentür und der junge Mann erschien im Türrahmen. Er sprach mit ihm leise und der junge Mann verschwand wieder.

„Verzeihen Sie bitte", sagte er, „ich wollte Ihnen ja eines unserer Projekte vorstellen, eigentlich sind es zwei, und da sind noch ein paar Vorbereitungen zu treffen."

Er schritt hinüber zu einem großen Fenster an der Stirnseite. „Schauen Sie", er winkte sie heran. „Sehen Sie die beiden Wege über die kleine Felskuppe? Dahinter befindet sich eines unserer Projekte. Es ist nicht weit. Und dort", er machte den großen Flügel eines anderen Fensters halb auf, „dort sind die italienischen und europäischen Freunde und Partner unserer Projekte."

Lachen und Geplauder drang zu ihnen herüber. Vor und unter den Arkaden standen in kleinen Gruppen elegant bekleidete Damen und sportlich gekleidete Herren verschiedensten Alters, die auf nichts zu warten schienen, als auf sich selbst.

Ein seltsames Paar hatte sich im Schatten zweier Schirmpinien an einen kleinen Marmortisch zurückgezogen. Die jünger wirkende Frau trug ein gewandähnliches, rot-weiß geblümtes Kleid, das ein wenig aus der Zeit fiel. Ein auffällig breiter, roter Stoffgürtel umschlang ihre Hüfte. Sie fuhr sich langsam mit der rechten Hand über ihr dichtes, pechschwarzes Haar, das seitlich zu einem Zopf gebunden war. Und ihr Gesicht hatte, soweit man das aus der Distanz erkennen konnte, einen melancholischen Ausdruck. Neben ihr saß, seltsam aufrecht, ein Mann mit graumeliertem Haar in einem Holzsessel und drehte ihnen den Rücken zu. Nur der Knauf eines

212

Stocks ragte seitlich hervor. Mit seiner rechten Hand strich er über das seidige, grauschwarze Fell eines Hundes, als ein Bediensteter zwei Getränke brachte.

„Die Besitzerfamilie ist schon da!" Er schien etwas verwundert.

„Vater und Tochter", sagte Gregor leichthin.

„Nein", sagte er, „eher Herr und Begleiterin. So prosaisch klingt das im Deutschen. Manche sagen, sie sei eine ferne Verwandte." Er hob langsam die Schultern. „Sie begleitet ihn seit Jahren. Sie spricht nie ein Wort. Soviel ich weiß, kommt sie aus einem Taldorf ganz in der Nähe. Es hat einen sprechenden Namen. *Villaurea,* goldenes Haus. Jedes Jahr, am Ostermontag, taucht sie hier auf. Dann wird sie für ein Jahr nicht gesehen. Sie verströmt einen eigentümlichen Glanz, nicht wahr. Man nennt sie La bella Donna, die schöne Frau."

Und es schien, als verbinde er mit diesen formelhaften Worten etwas Persönliches, das im Verborgenen bleiben sollte. Er lächelte, nickte lässig, um dann eilig hinzuzufügen: „Ich bin sicher, man erwartet uns schon."

12.40 Uhr

Sie warf einen kurzen Blick in ihre Handtasche und verschloss sie wieder. Mit spitzen Fingern schob sie ihre Sonnenbrille ins Haar. Betont langsam drehte sie sich in den Schatten.

Er schwieg.

„Er!" Sie machte mit ihren Augen ein Zeichen. „Und Sie!" Sie nickte unmerklich und versuchte ein Lächeln.

Er lächelte starr zurück. „Ich weiß."

Er trank einen Schluck aus seinem Glas.

„Und wo ist ...?"

„Du musst warten", unterbrach sie ihn. „Er ist da."

„Kennt er ...?"

Sie schüttelte leicht den Kopf. „Nein. Noch nie gesehen."

Er schwieg und suchte mit den Augen.

„Vielleicht hat er doch einige Zeit auf Sizilien gelebt."

„Wer?"

„Niccoló ..."

„Nein!", sagte sie.

„Woher weiß man eigentlich, dass die Bilder von ihm sind?" Er griff in die Tasche des Jacketts, wo sich das Notizbuch befand.

„Ich weiß es." Sie lächelte.

Seine Hand zuckte zurück.

„Was ist, wenn sie nicht kommen?"

„Sie kommen!" Sie wies mit dem Kopf zum Eingang.

Spielerisch öffnete sie den Verschluss ihrer Handtasche.

Völlig unvorbereitet traf sie die beißende Helligkeit, als sie aus dem Seiteneingang ins Freie traten. Heiner blinzelte gegen das gleißende Sonnenlicht, und Annette suchte vergeblich ihre Sonnenbrille.

„Kommen Sie!", er winkte leicht mit der offenen Hand. „Ich mache Sie mit anderen Gästen bekannt, am besten wohl mit deutschen. Ich kenne selbst nicht alle. Einige hat wohl die Familie des Besitzers eingeladen." Mit seinem dunklen Lachen öffnete er sich einen Weg durch die Schar seiner Gäste, die in kleinen oder größeren Gruppen zusammen standen, sommerlich gekleidet, wie farbenfrohe Blumensträuße, die sich immer wieder neu sortierten. Man schien sich zu kennen. Sie durchquerten die lebendigen Blumensträuße und das Geplauder glich eher dem auf- und abschwellenden Summen eines Bienenschwarms.

„Ein kluger Deutscher, leider habe ich seinen Namen vergessen, hat einmal gesagt: Sizilien sei das Land der unbegrenzten Gastfreundschaft. Sicher hat er übertrieben, aber probieren Sie unsere sizilianischen Spezialitäten!" Er wies auf zwei lang gedeckte Tische im Schatten der Arkaden. Etwas entfernt stand ein Barbecue. Drei weiß beschürzte Kellner warten auf Wünsche.

„Übrigens, dort drüben", er wies mit dem Kopf auf ein älteres Paar, „sie kommen wohl aus München. Es sind noch andere hier", er suchte über die Köpfe der anderen hinweg. „Vielleicht das Paar, das oben wohnt. Ich habe es noch nicht gesehen." Er zeigte auf die Loggia. „Sie werden sie von selbst finden. Ah, vielleicht dort drüben." Sie wussten nicht wer und wo.

Er verließ sie mit einem kleinen Lächeln, redete mit einem älteren Paar und lachte hinüber zu einer Frau, die ihm einen Satz zuwarf, um sich danach in den Schatten der Schirmpinien zu begeben, wo der Besitzer und seine jüngere Begleiterin auf ihn zu warten schienen. Erst jetzt bemerkte Heiner, dass der Mann eine dunkle Sonnenbrille trug, die auch die Seiten der Augen verdeckte.

„Ob sein Tonrelief …?", Sofies Satz blieb in der Luft hängen.

„Du meinst, ob dein Relief, ich meine sein …?" Heiner verfing sich in seinem eigenen Satz.

„Mein, dein und sein ...", Gregor drehte den Kopf zu den Arkaden. „Uns! Die sizilianischen Spezialitäten sind für uns. Hat er das nicht gesagt?"

„Der Tag hat doch erst begonnen", wiegelte Heiner ab, dann fuhr er überraschend fort: „Ich habe ihn in Cefalù gesehen."

Sie blickten ihn fragend an.

„Er trug einen Panamahut." Er machte eine Pause. „Auf einem Foto in der Ausstellung."

Annette beobachtete an Gregors Schultern vorbei die illustre Schar der Gäste wie eine Jägerin. Eine ältere Schöne zeigte beim Lächeln ihr starkes Gebiss.

„Ihre vornehme Blässe ist aufgepudert ..., ich tippe auf eine Engländerin", zischelte Annette.

„Mit den schwarz geränderten Augen ...?" Sofies Interesse erlosch wie eine Kerze. „Ich tippe auf Schlaflosigkeit."

Heiner hüstelte gekünstelt. Sein Blick schwenkte zu einer elegant gekleideten Frau, die im Schatten der Arkaden stand und ihnen halb den Rücken zudrehte. Sie hielt einen kleinen runden Handspiegel vor ihr Gesicht und zupfte an ihren hochgebundenen, dunklen Haaren. „Es sieht eher so aus, als beobachte sie jemanden mit dem Spiegel ..."

Er versuchte, ihrem Blickwinkel zu folgen und drehte sich schon vollends weg, als er hinter sich die Stimme eines Mannes vernahm.

„Auf Sizilien kann sich niemand verstecken."

Verwundert drehten sie sich um und blickten in ein bekanntes Gesicht. Und von den Arkaden kam seine dunkelhaarige Begleiterin lächelnd auf sie zu.

„Ich sehe, Sie sind ebenso überrascht wie wir."

Heiner suchte seine Verblüffung zu verstecken. „Nun, an Ihrer Stimme hätte ich Sie nicht erkannt! – Aber Sie wissen ja, für Gesichter habe ich ein photographisches Gedächtnis. Und für die Freitreppe in Noto."

„Hier finden sich die Nadeln im Heuhaufen. Sagt man nicht so?"
Seine schwarzhaarige Begleiterin zog amüsiert die Augenbrauen
hoch und Gregor erinnerte sich augenblicklich, wie gut ihr italienischer Akzent mit dem melodischen Klang ihrer Stimme verschmolz.

„Ja, so ungefähr", sagte Annette und überging geschickt die
kleine Ungenauigkeit. „Lucia und Rolf, nicht wahr?" Sofie und
Heiner haben uns alles verraten." Sie nannte ihren Namen.

„Und Sie sind Gregor!", sagte Rolf.

„Woher wissen Sie...?"

„Auf dem Parkplatz bei den Felsengräbern nannte sie Ihren Namen." Er blickte auf Sofie. „Ich glaube, sie sprach dabei von einem
Relief aus Terracotta."

„Und wie kommen Sie von Noto, ich meine von Ragusa, hierher?" Sofie schien immer noch überrascht.

„Hatten wir Ihnen nicht verraten, dass wir in diesen Tagen hier
an der Nordküste sind?" Er tat, als suche er sich zu erinnern.

„Aber, wie sind Sie an diesen wunderschönen Ort gekommen?"
Die Ränder ihrer Worte kräuselten sich dunkel.

„Eine persönliche Einladung des Gastgebers." Gregor wies mit
dem Kopf zu den Schirmpinien, wo er ihn und den Besitzer vermutete.

„Ja, ohne besondere Einladung kommen Sie in keine sizilian-
sche Familie und in keine alte Villa."

„Sie kennen ihn?"

„Signor Miseno?"

„Ich meinte, Herrn de Mauro", sagte Gregor.

„Sie meinen den Besitzer der Villa, da drüben im Schatten?"
Heiner grinste wissend. „Miseno. So hieß unser Hotel in Pachino.
Vielleicht ist er auch Besitzer dieses Hotels. Ich glaube in Sizilien
an keine Zufälle mehr."

„Signor de Mauro?" Sie wiederholte den Namen betont langsam, als suche sie nach einer bestimmten Antwort. „Nur flüchtig. – Ich kenne Mitglieder der Familie."

„Ist er blind?", fragte Heiner.

„Wer?", fragte Lucia etwas verwirrt.

„Er trägt eine sehr dunkle Sonnenbrille."

„Vielleicht hat er lichtempfindliche Augen." Sie hakte sich bei ihrem Begleiter ein und blickte hinüber zu den gedeckten Tischen unter den Arkaden.

„Haben Sie schon die Gemälde und Kunstwerke gesehen?", fragte Sofie. „Es sollen auch Kopien darunter sein."

„Eine Originalkopie!", korrigierte Gregor, „sagt er."

Für einen Moment weiteten sich ihre Augen und es schien als husche ein Gedanke über ihr Gesicht.

„Nein!" Sie schüttelte den Kopf. „Ich habe nur davon gehört. Eintritt gibt es nur für Privilegierte." Sie drohte scherzhaft mit dem Zeigefinger, als wisse sie und verschweige für immer, wer und wie man dieses Privileg erhält. „Kommen Sie! Was halten Sie davon, wenn ich Sie für eine kurze Zeit mit den Delikatessen der sizilianischen Küche bekanntmache?"

Gregor schnalzte mit der Zunge. „Auch gerne länger!"

Es war vielleicht eine Stunde später. Ihr italienischer Gastgeber hatte sich aus einer Gruppe von drei Paaren gelöst, kam auf sie zu und in seiner Linken spielte er mit seinem Hut. Einem weißen Panamahut. Heiner schloss kurz die Augen.

„Ah, Sie haben schon eine Bekanntschaft gemacht." Seine weiche Stimme dehnte sich zwischen den Wörtern und seine Augen wanderten zwischen allen hin und her, als ob er sich vergewissern wolle, ob er störe. Sicher war es der Instinkt des geübten Gastgebers. Er warf ihr einige italienische Wörter zu, die sie spielerisch zurückgab.

Entschuldigen Sie", er blickte sie und ihren Begleiter an, als nötige ihn ein Versprechen, „ich wollte Ihre Gesprächspartner für eine kleine Weile entführen." Er setzte ein gewinnendes Lächeln auf. „Ich verspreche Ihnen, ich bringe sie unversehrt wieder zu Ihnen zurück. Ihre Gläser lassen Sie einfach hier."

Wie zum Zeichen setzte er seinen Hut auf.

„Herr Baier, ich wollte Ihnen noch zeigen, welche Projekte wir verfolgen. Ich bin sicher, es wird Ihnen gefallen." Es dauerte einige Sekunden, ehe Heiner ihn von der Seite musterte.

Sie nahmen den oberen Weg, der auf die Felskuppe führte. Und weil er leicht anstieg und wohltuend schattig war, ließ man sich Zeit.

„Ich glaube, ich habe Sie in Cefalù gesehen." Leichthin hatte Heiner den Ball in ein unsichtbares Spiel geworfen.

Für einen Wimpernschlag blitzte etwas in seinen Augen auf, dann zog Amadeo de Mauro die Augenbrauen hoch, als sei er erstaunt. „Da müssen Sie sich täuschen. – Oder es wird wohl mein Double gewesen sein", sagte er mit halb gespielter Verwunderung.

„Und ich dachte schon, Sie wären es gewesen, auf einem älteren Foto, in einer Ausstellung über die Thunfischjagd." Heiner empfand undeutlich, dass er etwas berührte, was wohl nicht berührt werden sollte.

„Ich hoffe, ich bin nicht der Einzige in Sizilien, der diesen Hut trägt." Wieder lachte er und Heiner war dankbar, dass dieses dunkle Lachen alle Verlegenheit auflöste.

Oben von der Anhöhe blickten sie, zu ihrer Überraschung, auf eine weitere Bucht. Ein Ensemble großzügiger Ferienvillen lag verstreut rund um eine mondsichelförmige Bucht und zog sich den sanften Hang hinauf. Einzelne Villen waren halb versteckt von alten Bäumen, die kubischen und maurisch anmutenden Bauformen mit ihren Loggien und überdachten Terrassen passten vorzüglich in die wild belassene Natur.

„Ich hoffe, ich habe Ihnen nicht zu viel versprochen."

„Ein phantastischer Ort", sagte Gregor anerkennend, „und eine vorzügliche Lage."

Annette hatte sich bei Gregor mit beiden Armen eingehakt und ließ ihren Blick schweifen. „Und wirklich gut erreichbar?"

„Die Straße ist nur vorübergehend gesperrt. Ich bin ganz sicher, ab morgen ist sie wieder zu befahren."

„Ich muss Ihnen ein Kompliment machen", sagte Heiner. „Eine selten schöne Einheit von Architektur und Natur." Sein Satz klang ein wenig gestelzt. Sofie schwieg.

„Diese Architektur hat bei uns eine lange Tradition. Sie wurde nur zu lange vergessen. Wenn Sie wollen, zeige ich Ihnen eine Villa."

Annette nickte sofort.

„Sie sind noch nicht alle bewohnt. Ich wäre schon neugierig, was das Auge des Fachmanns sagt." Er streifte Gregor mit einem einladenden Blick.

Die Besichtigung hatte vielleicht eine halbe Stunde gedauert und sie wollten die Villa schon verlassen, als Heiner noch einmal stehen blieb. „Die Räume vermitteln eine fast luxuriöse Großzügigkeit", sagte er. „Verraten Sie mir das Geheimnis dieser Fenster? Man könnte glauben, man betrachtet lebendige Landschaftsbilder."

Drei unterschiedlich große Fensterflächen erzeugten die Illusion von drei verschiedenen Landschaftsbildern und jeder wusste, es war Realität. Das leicht bewegte grünblaue Meer, die graugelben Felsen, die schwarzen Schirmpinien, die der Wind gebogen hatte, die mediterrane Natur in einem kräftigen grüngelborangeroten Meer von Farben, mit dunkelblauen Blumentupfern, ein ockergelber Hauskubus, der sandfarbene Weg. Und am unteren rechten Rand … Heiner war sich nicht sicher: eine Frau, mit dunklem hochgestecktem Haar? War das nicht …? Die flirrende Landschaft verdeckte mehr, als sie zeigte.

„Die Scheiben sind direkt in die äußere Kante der Außenmauer eingelassen." Gregor strich mit einer Hand über die leicht abgeschrägte Fensterwange. „Dadurch wirkt diese weiße Einfassung wie ein moderner Bilderrahmen."

Ihr Gastgeber nickte. „Als sei die Landschaft selbst Teil dieses Raums. Diese drei Fenster haben nur einen winzigen Nachteil, man kann sie nicht öffnen. Wollen Sie noch ein Zweites anschauen? Dort kann man die Fenster übrigens öffnen."

Für einen vielleicht zu langen Moment sagte niemand etwas. Gregor lächelte und aus seinem Lächeln wurde ein kurzes Lachen.

„Danke! Ich denke eher, nein!", sagte Gregor höflich und schaute ihn offen an. „Verzeihen Sie mir, aber man könnte den Eindruck gewinnen, Sie wollten mir oder uns eine dieser Villen empfehlen."

„Nein, ich bitte Sie", er hob abwehrend die Hände in die Höhe, „sie stehen nicht zum Verkauf. Diese Villen sind Eigentum unserer Stiftung. Ein Teil des Stiftungskapitals ist hier angelegt und soll sich, wie man so schön sagt, langfristig für die Ziele der Stiftung rentieren."

Er genoss sichtlich ihre Verwunderung. „Herr Baier, es wird Sie überraschen, wir möchten eher etwas von Ihnen. Vielleicht können wir Sie für ein Projekt gewinnen." Sein Tonfall war einnehmend und doch ohne den nötigen Ernst, den man hätte erwarten können.

Er blickte auf seine Uhr. „Kommen Sie!" Wie selbstverständlich, fast in einer Art freundschaftlicher Geste, legte er kurz seine Hand auf Gregors Rücken. „Vielleicht können wir später darüber reden. Wir denken darüber nach, die Wirtschaftsgebäude mit den Arkaden in eigene Wohnungen umzubauen. Was halten Sie davon?" Im Plauderton gingen sie zurück.

Ein Teil der Gäste war verschwunden. Oder nur unsichtbar. Vielleicht waren einige schon frühzeitig abgereist oder man hatte sich aus der Sonne irgendwohin zurückgezogen. Die Yacht hatte gerade abgelegt und hielt auf die mit Pinien bewachsene Felsnase zu. Auch ihre neue Bekanntschaft war nicht zu sehen.

„Schade!" Ihr Gastgeber blickte suchend umher. „Ich wollte Sie noch mit dem Hausherrn bekannt machen. Hausherr, das hört sich im Deutschen so hausbacken an. Sagen Sie nicht so? Er ist eher, wir sagen, der Herr dieser schönen Welt. Die Sizilianer sagen `Il Signore Padrone´. Sicher ergibt sich nachher noch die Gelegenheit."

Sein Blick folgte der Yacht, bis sie auf das offene Meer zudrehte. Einen langen Augenblick schien er zu überlegen. Unschlüssig wanderte sein Blick zurück. Er spielte mit seinem Hut, den er inzwischen in seinen Händen hielt. Ein Bedienter kam von der Villa auf sie zu und sprach leise zu ihm.

„La bella Donna! Unsere stumme Schöne hat uns bereits verlassen. Sie hat schon die Yacht genommen. – Was halten Sie davon, Herr Baier?", wieder berührte er leicht Gregors Schulter, „wir lassen die Damen und Herrn Richter zu ihrem Vergnügen hier bei den übrigen Gästen, vielleicht lockt Sie das Meer. Und ich mache Sie mit dem Hausherrn und unserem Projekt bekannt." Er streifte Sofie und Annette mit einem Blick. „Nur für eine halbe Stunde, das versichere ich Ihnen." Er unterschrieb sein Versprechen mit den Augen.

„Das Projekt wird Sie sicher interessieren", er zeigte auf den Seiteneingang zur Villa. „Natürlich können Sie, Herr Richter, wenn sie möchten, gerne mitkommen." Sein Tonfall verriet, es war ein höfliches Angebot, das man ebenso höflich ablehnen sollte.

Heiner überlegte noch, woher de Mauro seinen Namen kannte, aber bevor er antworten konnte, nickte Gregor ihm auffordernd zu. „Natürlich!", sagte er. Heiner spürte, dass Gregor irgendetwas anlockte. Doch der kultivierte Charme ihres Gastgebers überdeckte das Rätselhafte seines Angebotes.

Annette nahm Sofie unter den Arm und zog sie fort. Ein Weißbeschürzter kam auf sie zu und fragte nach ihren Wünschen.

15.24 Uhr

„Und ..., wo ist der Schattenmann?"

Sein Kopf ging in verschiedene Richtungen.

„Such´ ihn dir aus."

„Wie?"

„Wenn die Sonne weg ist, werden wir es wissen."

Gewiss war es der Seiteneingang. Oder der schmale Flur. Oder der Wechsel vom Sonnighellen ins Dunkle. Heiner fand die Atmosphäre verändert. Doch als sie wieder in den Salon traten, schien ihm alles wie zuvor. Nur der große Fensterflügel war wieder geschlossen, dafür eine große Terrassentür weit geöffnet und die Gläser, die sie auf dem Tisch zurückgelassen hatten, waren weggeräumt. Heiner sah durch die Terrassentür ins helle Sonnenlicht. Und doch, irgendetwas war anders.

„Kommen Sie", sagte ihr italienischer Gastgeber einladend und schritt auf einer unsichtbaren Diagonale durch den Salon. „Zunächst darf ich Sie mit dem Padrone unseres Hauses bekannt machen."

Er saß hinter einem Tisch im schattigsten Teil des Salons, nur wenige Meter von ihm entfernt lag der grauschwarze Hund und hob den Kopf. Auf dem Tisch lag quer der silbrige Gehstock. Eine karierte Decke verhüllte den größten Teil seines Körpers und erst, als er sich zu ihnen hindrehte, bemerkten sie den Rollstuhl.

„Il Signore Padrone Aidello", sagte ihr Gastgeber mit feiner Nachdrücklichkeit und wechselte ins Italienische.

Ein weinroter Seidenschal war locker um seinen Hals geschlungen, als schütze er, wenn auch nur ein wenig, vor der Kühle des Raumes. Das graumelierte Haar war leicht gelockt und sein schmaler, eisgrauer Schnurrbart stach auffällig hervor. Englisch, dachte Heiner, englischer Schnurrbart. Die dunkle Brille verdeckte noch den unteren Teil seiner Stirn und ließ sein Gesicht kleiner erscheinen, als es war. Ein schmales Lächeln erschien auf seinen Lippen.

„Il Signor Baier e il Signor Richter."

Wieder wechselte er ins Deutsche. „Ich habe Signor Aidello schon von Ihnen erzählt. Seien Sie nicht überrascht, manchmal scheint es, er weiß mehr, als ich ihm erzähle." Er lächelte. „Es bleibt sein Geheimnis."

Der Name, dachte Heiner. Hatte ihre neue Bekannte nicht einen anderen Namen genannt? Er war verwirrt.

Von der Lehne seines Rollstuhls hob er die linke Hand, während er mit seiner rechten nach dem Knauf des Gehstocks griff. Seine Stimme war leise und gedämpft, doch sein Italienisch klang fremd, kehlig und abgehackt. Es fehlte alle Geschmeidigkeit und der seidige Ton.

„Er freue sich besonders über deutsche Gäste und hoffe, dass Ihnen der Ort gefallen hat", übersetzte ihr italienischer Gastgeber. – Sie nickten höflich.

„Er bittet Sie zu entschuldigen, aber seine Brille, seine Augen sind empfindlich. Und der Rollstuhl. Er hatte vor zwei Wochen einen Jagdunfall. Nicht alle, die ein Gewehr haben, halten sich an die Regeln. In Sizilien sterben viele bei der Jagd." Er lächelte nachsichtig.

Wie selbstverständlich übernahm der Grauhaarige das Gespräch. Heiner horchte auf den fremden Klang der Stimme.

Man habe etwas Verbindendes. Köln sei doch eine ehemalige römische Kolonie, wie Sizilien. Wie denn dort die Geschäfte so seien. Es blieb unklar, ob er Gregors Unternehmen meinte oder die Geschäftslage allgemein.

Man sei zufrieden, sagte Gregor mit der Zurückhaltung eines Gastes.

Er freue sich, dass er sich für die Stiftung des Hauses interessierte.

Natürlich auch, korrigierte Gregor vorsichtig, er interessiere sich für Stiftungen allgemein. Zurzeit beschäftige er sich damit, eine Stiftung zu gründen.

Er beglückwünsche ihn zu dieser Überlegung. Wer Mitglied ihrer Stiftungsfamilie werde, sei wie in einer Familie immer gut aufgehoben. Nur wenige Wohlhabende hätten das, was sie in Sizilien eine soziale Seele nennen.

Er denke eher an Philosophie, vielleicht auch an Kunst.

Aber auch das sei ja ein Engagement für das Notwendige. Er sei sich sicher, ein jeder könne sich freuen, wenn man ihn als Partner gewinne. Auch er liebe die Kunst. Mit seinem Gehstock zeigte der Padrone auf das Gemälde von *Kain und Abel*, das sie bei ihrer Ankunft bereits gesehen hatten.

„Amadeo!", sagte er mit leiser Aufforderung.

Dieser schob vorsichtig einen graublauen Raffvorhang zur Seite. Der Seidenstoff knirschte wie frisch gefallener Schnee. Dann gab er eine kleine Nische frei, in der ein größeres Gemälde hing.

„Es darf nicht zuviel Licht bekommen", sagte Amadeo de Mauro.

Vom Rollstuhl zeigte der Alte auf das sichtbar gewordene Gemälde und blickte die beiden Gäste erwartungsvoll an. Eine junge Frau, barbusig und schön und mit einem sybillinischen Lächeln, bot einem Greis ihre nackte Brust, dagegen forderte ein nacktes Kleinkind hartnäckig seinen Anteil. Das Bild war ihnen ein Rätsel.

„Er fragt, welches von beiden Gemälden Ihnen besser gefalle?"

„Erstaunlich!", sagte Gregor. Erotische Flüssignahrung, dachte er. Doch er hörte sich etwas anderes sagen. Er könne sich nicht entscheiden.

„Beide sind von Tornioli. Niccoló Tornioli. Mehr als 350 Jahre alt. Ein Nachfolger Caravaggios, Sie verstehen!"

Heiner nickte.

„Ein ähnliches Motiv hat Caravaggio in seinen *Sieben Werken der Barmherzigkeit* verarbeitet. Er hängt in Neapel, er hat es dort für eine wohltätige Stiftung gemalt. Dieses Gemälde heißt eigentlich *La Carita Romana*. Sagen wir: Die wohltätige Mutter Roma hilft den Bedürftigen. Unser international tätiges Stiftungsunternehmen hat sich davon seinen Namen geliehen ..."

Gregor suchte sich zu erinnern, was auf der Visitenkarte stand.

„Eine Kostbarkeit, wir haben sie wiederentdeckt. Aber, seit sie hier in Sizilien ist, sprechen wir nur von *La Carita siciliana*." Amadeo de Mauro machte eine bedeutsame Pause, „... weil die Stiftung hier geboren wurde."

„Ein ungewöhnliches Bild", sagte Heiner. Aber die schöne Szene sei wohl trügerisch und wies auf den düsteren Männerkopf, der aus dem dunklen Hintergrund auf die Szene blickte. „Wer ist der Mann im Schatten?"

Amadeo de Mauro lächelte.

„Er ist die Schlüsselfigur zum Ganzen." Er lachte. „Ja, er hält alle Schlüssel in der Hand, nur man sieht sie nicht."

„Schlüssel?" Heiner blickte ihn fragend an. „Hat er einen Namen?"

„Darüber rätselt man immer noch. Die einen sagen so, die anderen so. Lassen wir ihm sein kleines Geheimnis. Ich glaube, er hat keinen wirklichen Namen."

„Und sicher, ein Original!", warf Gregor ein.

Ihr Gastgeber nickte beifällig und fiel kurz ins Italienische. „Naturalmente, il originale", sagte er. „Natürlich, das Original. Eine schöne Kopie ist in Rom in Privatbesitz. Von beiden." Er warf einen kurzen Blick hinüber zum Tisch. „Signor Aidello liebt vor allem dieses Bild. Wer kann schon einen Brudermord lieben?!"

Heiner schaute noch einmal auf die ins Licht gestellte nackte Brust der jungen Frau, die sie dem Greis entgegenhielt.

Hinter ihnen öffnete sich die Seitentür. Der Bedienstete kam, brachte neue Gläser und Getränke und flüsterte im Vorbeigehen ihrem italienischen Gastgeber etwas zu. Ein Zeichen hinter dem Tisch hielt den jungen Mann zurück, dann mischte sich der grauhaarige Padrone des Hauses wieder ein.

„Leider …!", übersetzte ihr Gastgeber, „Signor Aidello bedauert sehr …, leider! Er würde sich noch gerne mit Ihnen über das Bild unterhalten. Leider erwartet er noch jemanden. Aber, er wünscht dem Projekt den allerbesten Erfolg. – Und Ihrem Unternehmen."

Gregor nickte höflich.

Der grauschwarze Hund sprang plötzlich auf, als wisse er, dass das Gespräch beendet war, dann umrundete er einmal die beiden Gäste.

Was immer Gregor dachte, sein Mienenspiel verriet nichts. Er verfolgte die eingeübten Bewegungen, wie der Grauhaarige den Rollstuhl aus dem Schatten herausfuhr, wie er kurz die linke Hand hob und dann ins Halsband des Hundes griff.

„Ich hoffe, ich sehe Sie wieder!", sagte er plötzlich in einem fast akzentfreien Deutsch. Es klang angelernt und wegen seiner kehlig-dunklen Stimme etwas fremd. Dann entschwand er mit dem Bediensteten durch die Doppeltür.

Wie eine Erscheinung aus einer anderen Zeit, überlegte Heiner. Gregor dachte an ein Phantom.

Auf dem Gesicht ihres Gastgebers war so etwas wie eine leichte Verwirrung zurückgeblieben. Heiner fühlte es deutlich. Irgendetwas war anders. Zum ersten Male spürte er die Kühle des Raumes. Er fühlte sich unbehaglich und er kam sich plötzlich überflüssig vor.

„Nehmen Sie! Was Sie wollen!", de Mauro zeigte auf die Getränke. „Ich möchte Ihnen gleich einen meiner Mitarbeiter vorstellen. Er vertritt unsere Gesellschaft in Westdeutschland und Berlin." Er blickte auf seine Uhr. „Er muss gleich da sein. Dann ziehen wir uns zurück."

Heiner suchte nach einem Grund, den Salon zu verlassen, und er fand ihn sofort. „Ich glaube, es ist doch besser, wenn ich die Damen nicht alleine lasse", sagte Heiner plötzlich und drehte sich zur Seitentür. Er warf Gregor einen Blick zu, der um Verständnis bat. „Wahrscheinlich verstehe ich auch von geschäftlichen Dingen zu wenig." Gregor lehnte seltsam entspannt an der offenen Fenstertür, nickte nur und goss sich einen kleinen Schluck Wein ins Glas.

Ihr italienischer Gastgeber schien nicht überrascht. „Nun, natürlich, man sollte Damen nicht allein lassen." In seinem Tonfall mischte sich Verständnis mit Bedauern. „Soll ich Sie begleiten, damit Sie auch sicher hinausfinden? Für manche ist die Villa wie ein Labyrinth."

Heiner lehnte dankend ab und verließ den Raum durch die gleiche Seitentür, durch sie gekommen waren.

15.41 Uhr, kurz bevor

„Du kommst später als erwartet."

Mit einer ausdrücklichen Geste schob er die dunkle Brille in die Brusttasche seines Jacketts.

„Die Absperrung der Straße ..."

„... du hättest es wissen müssen", unterbrach er ihn. Sein Blick flog kurz über die schmale Mappe, die auf dem Tisch lag. *„Was sagen deine ..."*, er lächelte sanft, *„Kontakte? Wo ist jetzt das verschollene dritte Gemälde?"*

„Es ist schon lange nicht mehr in Berlin. – Es hängt in einer Privatsammlung, in Rom." Er machte eine Pause. *„Mit den beiden anderen!"*

Er fuhr mit einer Hand über seine Augen, zog seine Brille wieder aus seiner Brusttasche und setzte sie auf. Dann stülpte er die Lippen nach außen, als denke er nach. *„Schon lange nicht mehr in Berlin. – In Rom!"*, sagte er leise. *„Und was sagen deine Kontakte über unsere beiden ..."* Er legte seinen Stock auf die Mappe und schob sie langsam über den Tisch.

„Nichts Gutes ...", er brach ab, als er seine unwirsche Geste sah. *„Meine beiden Kontakte kommen beide zum gleichen Ergebnis. Alte Leinwand, aber Kopien, keine 20 Jahre alt. Die Originale ...?"* Er schüttelte kurz den Kopf. *„Er macht private Geschäfte. In der Mappe ist alles zu finden."*

Wie in einem Spiel schob er mit seinem Stock die Mappe langsam an die Tischkante, bis sie plötzlich abkippte und mit einem dumpfen Geräusch auf dem Marmorboden aufschlug.

„Wir werden ihn einladen, zur Mattanza." Er schwieg einige Sekunden und umfasste den silbrigen Knauf mit beiden Händen. *„Nach altem Ritus"*, sagte er dann. *„Sag ihm gleich, du hast gehört, er werde auch an der Mattanza teilnehmen ..."*

„Was ist mit seinem Gast?"

Er machte eine Handbewegung, die er nicht gleich verstand.
„*Wie laufen seine Geschäfte?*"

„*Schlecht, sagt unser Gewährsmann.*"

„*Schlecht? Das ist gut!*"

Er dachte noch darüber nach, was ihn wirklich hinausgetrieben hatte, da bemerkte er, dass er wohl in einen falschen Korridor abgebogen sein musste. Er fand den Treppenabgang zum Seitenausgang nicht. Verwirrt nahm er einen schmalen Flur, der auf einen breiteren dunklen Korridor stieß. Er hörte zwei Stimmen.

Eine Tür zu einem Zimmer stand eine Handbreit offen. Im Vorbeigehen sah er …, er zuckte zusammen, blieb wie angewurzelt stehen und bewegte sich nicht. Er war sich ganz sicher. Er hatte einen grau gestreiften Anzug gesehen und schwarze halbhohe Stiefeletten. Und die Stimme, war das nicht die Stimme … Er schloss die Augen. Ganz sicher, er sah Gespenster. Und er hörte Stimmen. Langsam drehte er sich um, versuchte einen zweiten Blick …, als die Tür zufiel.

Es dauerte eine Zeit, bis er einen Ausgang fand und auf der Rückseite der Villa ins Freie trat. Sicher, ganz sicher täuschte er sich. Langsam fiel alle Anspannung von ihm ab. Etwa dreißig Meter von ihm entfernt endete an einem kleinen Pinienwald eine Asphaltstraße. Zwischen den Bäumen blitzte etwas auf. Ein Auto? Aber, die Straße … Er beobachtete sich, presste seine Augen fest zusammen, schüttelte dann seinen Kopf. Gewiss, er sah inzwischen Gespenster.

Langsam ging Heiner die Rückseite des Seitenflügels entlang und fand sich wieder am Ende der Arkaden. Eine Zeitlang beobachtete er die wenigen Gäste, die sich weit zerstreut hatten. Ein Kellner kam auf ihn zu, er nahm ein Glas Weißwein, schaute gedankenverloren auf die Steinbögen der Arkaden. „Man sollte besser keinen Stein herausbrechen", murmelte er.

Sofie und Annette waren nicht zu sehen. Dann entdeckte er sie schon etwas entfernt, wie sie untergehakt wieder den Weg auf die felsige Anhöhe hinaufgingen. Und mit ihnen Lucia, ihre neue italienische Bekannte. Vergebens suchte er nach ihrem deutschen Begleiter.

Unten an der Bucht fand er einige Liegestühle unter aufgespannten Sonnenschirmen. Heiner nahm den ersten Liegestuhl und drückte das Weinglas in den hellen Sandboden. Eine Zeitlang beobachtete er eine fremde Yacht, die gerade am Steg gegenüber anlegte. Doch niemand betrat den Steg. Auf den kleinen Wellen brach sich gleißendes Sonnenlicht. Er blinzelte. Was für ein schöner Ort. Was für ein unwirklicher Ort. Das war das wahre Refugium. Wie hieß es noch? Refugio Sapienza. – Er müsste mit Sofie noch reden. – Seine Gedanken wanderten wie von selbst. An den Ätna. Ein grau gestreifter Anzug. An den Strand von Taormina. Das Gespräch mit Gregor. Auch Gregor hatte er nicht alles gesagt.

Er spürte, wie sich nach und nach eine angenehme Müdigkeit in seinem Körper ausbreitete und alles um ihn herum sich ins Amorphe auflöste und er überließ sich ganz jenem seltsamen somnambulen Zustand zwischen Wachsein und Schlafen, der die Tagträume wachsen lässt und die Alpträume gebiert.

Obwohl es nur drei oder vier Minuten waren, kam ihm das Warten länger vor. Aber er wusste, das war jetzt der Zeitpunkt. Etwas unschlüssig stand Gregor an der geöffneten Fenstertür zur Terrasse. Die neue Yacht am Steg war größer, als die, mit der sie gekommen waren. Der Herr des Hauses verlässt seine Villa, dachte er. Der grauschwarze Hund lief ihm voraus, blieb stehen und verfolgte genau, wie der Bedienstete seinen Herrn im Rollstuhl über den Steg begleitete, bis sie von der Yacht aufgenommen wurden.

„Entschuldigen Sie, Herr Baier, dass wir Sie etwas warten ließen, darf ich Ihnen Signore Emilio ... vorstellen!"

Den Namen hatte er nur halb verstanden und als Gregor sich umdrehte, erkannte er ihn sofort. Catania und Nicolosi, dachte er, der grau gestreifte Anzug, der gleiche Aktenkoffer, nur das Gesicht ist glatt rasiert. Zu Ostern stehen die Toten wieder auf. Aber er hielt ja nichts von Gott und den Heiligen. Bilder können lügen, sagte er sich.

Er sortierte seine Gedanken und zwang sich zur Ruhe, versuchte ein höfliches Lächeln und ging langsam auf ihn zu. „Ich bin sicher, wir haben das gleiche Flugzeug genommen, vor gut einer Woche, bis Catania."

Sein Gegenüber schaute überrascht. „Möglich ist alles, Signore Baier."

Sein kultivierter Gastgeber schien verwundert, nur seine Stimme hatte etwas an Wärme verloren. „Mein Mitarbeiter vertritt unsere Stiftung in Westdeutschland und Berlin."

„Und wo arbeiten Sie in Westdeutschland?", fragte Gregor. Es sollte interessiert klingen. Er wunderte sich über seine Ruhe und bekämpfte ein leises Unbehagen.

„Setzen wir uns", lud ihn sein Gastgeber ein, „machen wir es uns ein wenig bequem. Ja, wir sollten über unsere kleinen und großen Gemeinsamkeiten reden. Es scheint, Sie haben einen verwandten Geist, Herr Baier. Deshalb sind wir auf Sie gekommen."

„Sie machen mich neugierig", sagte Gregor und ohne, dass er sich anstrengen oder gar zwingen musste, verwandelte er sich in den Geschäftsmann Gregor Baier.

„Nun, Ihre Stiftung trägt der gleiche Geist, wie die unsere. Ich sprach vorhin von der Mutter Roma." Er zeigte auf das Gemälde in der Nische hinter dem Kamin. „Wenn Sie das Wort Roma rückwärts lesen, ergibt sich das Wort Amor." Er lachte. „Nur ein Spiel", sagte er, „aber ein kluges. Omnia vincit Amor."

„Sie kennen …?"

„Nun, unterschätzen Sie uns nicht. Die Stiftungsgemeinde in Deutschland", er schaute auf seinen Mitarbeiter, „ist verschwiegen wie eine Bruderschaft. Aber wichtige Informationen kursieren da und dort. Und das vorgesehene Stiftungskapital. Eine ungewöhnliche Summe."

„Woher wissen Sie …? Gregors Stimme klang erstaunt und doch interessiert.

„Nun, wir bereiten uns auf jedes Projekt gut vor, Herr Baier. Und unserem Mitarbeiter wird manches zugetragen." Unmerklich wechselte seine Stimme ins Geschäftliche.

„Unser Stiftungsvermögen ist vor allem in teuren Gemälden angelegt, deren Preise stetig steigen. Und jeder, der unsere Stiftung unterstützt, darf für seine Uneigennützigkeit natürlich eine Gegengabe erwarten."

Er machte eine kleine Kunstpause und ließ dem Gesagten seinen Raum und sein doppeldeutiges Echo.

„Mein Mitarbeiter ist, sagen wir, ein Experte in verschiedenen Künsten. Emilio, wie hoch ist der derzeitige Schätzwert für unseren David und Goliath?"

Der mit Emilio Angesprochene schlug eine kleine Mappe auf und Gregor sah, wie seine Finger ein Blatt suchten und fanden.

„Etwa 850.000 …"

„Deutsche Mark. Und die beiden Tornioli?"

Der Mann im grau gestreiften Anzug beugte sich etwas vor. „ Man schätzt sie in ähnlicher Höhe." Dann fügte er hinzu: „Leider sind nicht alle Expertisen fertig geworden."

„Aber …", für einen kurzen Moment hob de Mauro die Augenbrauen, als sei er erstaunt, dann lächelte er zuversichtlich.

„Aber hier in der Mappe befindet sich eine Übersicht mit ausgewählten Expertisen." Sein Mitarbeiter schob die Mappe über den Tisch.

Gregor hob abwehrend die Hände. „Danke!", sagte er. Er suchte in ihren Andeutungen nach einer Linie, nach einer Richtung. Nichts. Er spürte nur deutlich, dass ihn nichts mehr überraschen könnte. Wenn nicht ...

„Lassen Sie mich noch eins wissen, Herr de Mauro", Gregor sprach ihn zum ersten Male mit seinem Namen an. „Dies alles hier ist doch nicht aus einer zufälligen Begegnung in Enna entstanden." Gregor griff nach seinem Zigarettenetui und entnahm betont langsam eine Zigarette.

„Wenn man ein Ziel hat, sollte man wenig dem Zufall überlassen. Zum Beispiel Herr Baumeister, ihr Geschäftsführer, war ein sehr angenehmer Gesprächspartner ..."

„Mein Geschäftsführer...? Gregor unterbrach das Ritual mit seiner Zigarette.

„Ihr gebuchter Aufenthalt in der Villa Belvedere kostete nur ein paar Telefonanrufe ..." Sein Tonfall war freundlich und von einer kühlen Geschmeidigkeit. „Allerdings, unsere Begegnung in Enna beruhte auf einem sehr angenehmen Zufall: unser gemeinsames Restaurant. Wissen Sie, in Sizilien unterstützt der Zufall manchmal die guten Pläne." Er lächelte das sybillinische Lächeln der Sizilianer.

„Und der gleiche Flug nach Catania?" Gregor blickte auf den Mann ihm gegenüber, der gerade aus seinem Aktenkoffer weitere Unterlagen entnahm.

„Haben Sie noch ein wenig Geduld. Manches klärt sich gleich von selbst."

Lächelnd schob er einen Aschenbecher über den Tisch, aber sein Mienenspiel blieb rätselhaft. „Herr Baier, das Projekt, das wir Ihnen und - sagen wir - Ihrem Unternehmen vorstellen möchten, ist etwas, das werden Sie gleich verstehen, was Sie nicht ablehnen sollten ..."

Heiner fuhr jäh hoch. Irgendetwas musste ihn aufgeschreckt haben. Eine Möwe schlug mit einem Peitschenknall aufs Wasser. Er sah, wie eine zweite pfeilschnell ins Meer eintauchte und mit einem Fisch im Schnabel wieder abdrehte, eine dritte über ihm mit klagendem Geschrei.

Er suchte sich zu erinnern. Irgendetwas hatte er geträumt. Ganz sicher. Und doch schien es ihm bedeutsam. Der Mann mit dem gesteiften Anzug geisterte kurz durch seinen Kopf, verschmolz mit ihrem italienischen Gastgeber, nein, mit dem Herrn des Hauses, dann mit Gregor ... Heiner schüttelte seinen Kopf, als wolle er seinen Kopf freimachen für etwas Anderes. Aber seine Erinnerung war wie blockiert.

Ein leichter Wind streifte sein Gesicht. Die fremde Yacht lag nicht mehr am Steg. Und als er sich zur Sommervilla umwandte, kam Gregor in seinen Blick, der langsam auf den Anlegesteg zuging. – Heiner erhob sich sofort, er wollte ihm noch etwas sagen. Er bückte sich nach seinem Weinglas.

Erst am äußersten Ende des Stegs blieb Gregor stehen, schaute hinaus auf den leeren Horizont, dann auf das leicht bewegte Wasser, als verfolge er dort Gedanken, die sich wie Blasen vom Ufergrunde ablösten und an die Oberfläche strebten.

Als Heiner ihn erreichte, sagte er zunächst nichts. Gregor schien nicht ansprechbar. Dann sagte Heiner etwas, weil er meinte, etwas sagen zu müssen.

„Auch einen Schluck Wein?"

Gregor reagierte nicht. Er schien auch nicht überrascht, dass Heiner auf einmal hinter ihm stand.

Heiner blickte unschlüssig auf sein Glas.

„Ich habe meinen Vertrag an der Hochschule nicht aufgelöst."

Er machte eine Pause, als warte er auf Gregors Reaktion.

„Sie haben meinen Vertrag einfach nicht verlängert. Es sei kein Geld dafür da."

Er schwieg.

„Sofie weiß noch nichts davon. Ich muss mir eine neue Stelle suchen. – Geld ist Scheiße."

Er schaute Gregor von der Seite an.

„Dann wird auch nichts aus meiner Regieassistenz. – Vielleicht tauge ich auch nicht zum Künstler. Als Künstler musst du ein riesengroßes Ego haben. Wahrscheinlich ist das Allerheiligste nicht die Kunst, sondern das Ego."

„Was hast du gesagt …?" Gregor schaute ihn komisch an.

„Nichts von Belang", sagte Heiner. „Ich werde mich, wenn wir zurückkommen, um eine Stelle als Lehrer bewerben."

Gregor nickte mechanisch.

Sie sahen, wie eine Yacht auf der Strichlinie des Horizonts auftauchte.

„Manchmal sehe ich Gespenster. – Grau gestreifte."

„Das gibt es!", sagte Gregor lakonisch.

„Und?" Mehr sagte Heiner nicht.

„Was und?"

„Was hat er dir verkaufen wollen?"

„Nichts!" Gregor sagte es einfach so. „Sie wissen von meiner Stiftungsidee." Sein Blick flog kurz über Heiners Gesicht.

Der schaute ihn ungläubig an. „Ich verstehe nicht. – Und woher?"

„Manchmal ist etwas schneller gestorben als geboren. Sagtest du nicht, in allem siegt der Tod?" Gregors Lächeln wirkte aufgesetzt. – „Und sie kennen geschäftliche Details meiner Firma! – Sie haben mir ein Angebot gemacht."

Heiner unterdrückte seine Neugier. – „Wieso sie …?"

„Er, de Mauro, und sein …", Gregor blickte Heiner direkt ins Gesicht, „und sein Unternehmen."

„Du meinst ihre Stiftung! – Und jetzt?", sagte Heiner.

Gregor verfolgte den Weg der Yacht.

„Weißt du, manchmal ist es wichtig zu entscheiden, was man macht, und manchmal ist es wichtig zu entscheiden, was man nicht macht. Irgendein Komiker hat, glaube ich, einmal gesagt: Zu den Tragödien des Lebens gehört, dass man Entscheidungen treffen muss, von denen man nicht weiß, wo sie hinführen. Er hat sich dann, glaube ich, erschossen." Er lächelte schief. – „Ich habe mich eben entschieden."

Heiner wusste nicht, ob er etwas sagen sollte. Gewiss, die Reise hatte ihre Spuren hinterlassen. Aber Gregor redete zunehmend in Rätseln und wenn er fragte, kam ein weiteres Rätsel hinzu.

„Ich glaube, ich verstehe dich nicht ganz", sagte Heiner. Er trank einen Schluck aus dem Weinglas und goss den warmen Rest ins Meer. Sie sahen beide, wie die Yacht die Richtung wechselte und in einem weiten Bogen auf die Bucht zusteuerte.

„Wenn es irgendwie geht", sagte Gregor rasch und bestimmt, „werden wir morgen oder übermorgen von Palermo aus zurückfliegen. Ich versuche seit einer Woche meinen Geschäftsführer zu erreichen. Meine Sekretärin sagt, er sei krank. Und er ist nicht zu erreichen. Vor Ostern hat meine Hausbank angerufen. Ich weiß nicht, was los ist. Das Geschäft braucht mich."

„Das ist nicht dein Ernst!"

„Das musst du verstehen. Ihr könnt natürlich mitfliegen. Aber ich könnte verstehen, wenn ihr noch hier bleibt. Sofie wollte doch noch Palermo sehen." Gregor sagte es mit einer seltsamen Entschiedenheit

„Und, was machst du mit dem Brief aus Pachino?" Heiner wusste nicht, aus welchen Klüften er diesen Satz hergeholt hatte.

Gregor machte eine lange Pause.

„Der Brief aus Pachino …", sagte er langsam. „Amadeo S. …" Sein Blick glitt ins Leere. „Der Brief aus Pachino …", wiederholte er. – „Wo sind Annette und Sofie?"

„Bei den Ferienvillen." Heiner blickte den Weg hinauf, der auf die Felskuppe führte. Erst jetzt bemerkte er, dass kein Gast mehr bei der Sommervilla zu sehen war. „Die Yacht wird uns wohl als letzte mitnehmen."

„Ich muss noch einmal mit ihm sprechen!", sagte Gregor plötzlich. „Ich will wissen, ob der Brief von ihm stammt."

„Der Brief ...?"

„Der in Pachino. Was bedeutet das S.? Er heißt Amadeo S. de Mauro?" Er ließ Heiner stehen. „Wir treffen uns später hier."

Heiner blickte verständnislos hinter ihm her. Er spürte, dass er ihm etwas Wichtiges sagen müsste. Unsicher blieb er auf dem Steg stehen. „Ich hole Sofie und Annette", rief er ihm unschlüssig hinterher. Nur das leere Weinglas in seiner Hand, das wollte er noch loswerden, denn er sah, wie zwei Hausangestellte die Tische unter den Arkaden wegräumten. Wie in Zeitlupe bewegte er sich hin zur Villa, doch in seinen Gedanken ging er bereits den schattigen Felsweg hinauf.

Gleichzeitig

Er verfolgte ihn mit den Augen bis zum Aufgang. Er überlegte. Dann entschied er, dort zu bleiben, wo er war.

Ohne Zeit

Vorsichtig schraubte er die Kappe auf den Füllfederhalter und legte ihn zu den Unterlagen auf den Tisch. Überrascht drehte er seinen Kopf, als sich ein zweites Mal die Tür hinter ihm öffnete.

„Nun?", fragte er.

Der Angesprochene blieb zunächst an der Tür stehen, ging dann einige Schritte auf ihn zu. „Ich habe noch etwas vergessen", sagte er. „Alle sprechen davon ..."

„Wovon?", fragte er und drehte sich ihm zu.

„Du nimmst an der Mattanza teil ...?"

„Mattanza?... Mattanza!" Eher ungläubig wiederholte er das Wort.

„Nach altem Ritus."

„Wer hat das gesagt?", fragte er und blickte ihm scharf ins Gesicht.

Der gab zunächst keine Antwort ...

Niemand war zu sehen. Das Ferienhaus, das sie besichtigt hatten, war offen, aber leer. Vielleicht haben sie den unteren Weg genommen und sie sind schon bei der Yacht. Vergebens suchte Heiner nach seiner Uhr. Gewiss lag sie unten am Liegestuhl. Irgendetwas trieb ihn zur Eile.

Als er oben von der Felskuppe auf die Sommervilla blickte, schien sie ihm verändert, gealtert, wie verlassen, wie ein schlafendes herrschaftliches Haus. Häuser brauchen Menschen, dachte er.

Auch auf dem Steg war niemand zu sehen. Bewegungslos lag die Yacht auf dem glatten Wasser, wie auf einer alten Fotographie. Kein Laut drang zu ihm hoch. Kein Wind. Als sei die Zeit vorübergehend zum Stillstand gekommen. Als warte alles auf irgendetwas. Er schaute suchend in den wattigen, fahlgelben Himmel. Der Scirocco, murmelte er.

Er sah das Flugzeug erst, als es mit rasender Geschwindigkeit im fernen Himmel über dem Meer verschwand. Und Augenblicke später erfasste ihn dieser kurze, trockene Doppelschlag, der betäubend laut vom Himmel auf die Erde fiel und die Luft erzittern ließ und in seinem Körper nachhallte.

Heiner spürte, wie seine Gedanken in einen Taumel gerieten, wie er überschwemmt wurde von absurden Ahnungen, die bereits vor ihm den Felsweg hinunter eilten zu der Sommervilla. Er bemerkte nicht, wie er ins Laufen geriet. Nicht, dass ein leichter Wind aufkam. Er sah nicht die Gestalt, die oben auf der Loggia erschien, dann wieder verschwand. Es war wie ein feiner Riss zwischen ihm und der Welt.

Er befand sich in einem Niemandsland zwischen Ich und Welt, dort wo die Sinne sich verflüchtigen, wo Wünsche und Befürchtungen sich unentwirrbar vermengen und wo Ahnungen sich ins Absurde vergrößern. Als habe eine Angst ihn urplötzlich ergriffen. Ein Zustand, in dem man in eine Starre verfällt und der unsteuerbare Geist nur wilde Phantasien gebiert, in dem man sich dem Unvorhersehbaren überlässt und das Undenkbare nicht mehr ausschließt, in dem man sich nichts sehnlicher wünscht, alles sei nur ein Traum, eine Geschichte, ein Roman …

Zuerst sah er alles nur leicht verschwommen, dann klärte sich sein Blick. Auf die Frontseite der Villa fiel schräger Sonnenschein und der halbrunde Treppenaufgang lag bereits im Schlagschatten der seitlichen Balustrade. Auf der ersten Stufe entdeckte Heiner Richter seine vermisste Uhr. Verwirrt hob er sie auf. 16.47 Uhr. Sie war stehen geblieben. So langsam wie er die Treppe empor ging, so langsam löste sich seine Betäubung.

Oben, auf der Anhöhe zur anderen Bucht, winkte jemand. Oder täuschte er sich? Heiner hob langsam einen Arm. Es sah lässig aus. Sie sollten kommen! Gregor, warum kam er nicht? Warum ließ er so lange auf sich warten?

Das klassizistische Eingangsportal stand weit offen. Der Mauerputz hatte Risse und die ockergelbe Farbe war an einigen Stellen abgeblättert. Auf einem Messingschild stand *Museo Villa Siciliana* – Darunter etwas kleiner: *Lunedi chiuso, Monday closed.* Sie mussten es bei ihrer Ankunft übersehen haben. Das galt nicht für ihn, nicht für sie alle, und natürlich war es geöffnet.

In der Eingangshalle hingen alte Gemälde, die ihm vorher nicht aufgefallen waren. Er horchte an der Doppeltür, die zum Wohnsalon führen musste. Er klopfte, wartete, bevor er die Klinke nach unten drückte. Sie war verschlossen. – Vergebens versuchte er zwei andere Türen.

Er sprach den Namen seines Freundes halblaut in die Eingangshalle, als wolle er mit seiner Stimme noch einmal vorsichtig anklopfen an alle Türen, Die Wandlampen, die die seitlichen Treppenaufgänge säumten, spendeten nur wenig Licht. Von oben, aus der ersten Etage, drang plötzlich das dünne, wechselnde Stakkato einer Schreibmaschine herunter.

„Hallo ...?" Heiner zog das Wort in die Länge, als entschuldige er sich schon im Voraus für sein ungefragtes Eindringen. Er entschied sich für den linken Treppenaufgang. Bevor er die oberste Treppenstufe erreichte, zögerte er noch kurz, dann stand er in einer halb geöffneten Tür und das laute Stakkato endete abrupt.

„Treten Sie ruhig ein!", sagte eine männliche Stimme. „Ich habe bereits auf Sie gewartet."

Die Stimme, dachte Heiner. Diese Stimme? Kein Akzent!

„Entschuldigen Sie", sagte Heiner, während er endgültig ins Zimmer trat, „aber ...."

„Ich weiß, Sie suchen nach Ihrem Freund." Wie selbstverständlich sprach er Deutsch. Er machte eine Kunstpause. „Gregor!"

„Sie wissen ..., Sie kennen meinen Freund." Heiner redete schnell. „Verzeihen Sie, dass ich störe. Sie wissen, wo ...?" Sein Blick flog durch das Zimmer. Alte Möbel. Ein Schreibtisch. Es war groß und hell. Der Flügel einer Doppeltür war geöffnet. Sie führte auf eine Loggia.

Der Mann, der ihm gerade noch den Rücken zugedreht hatte, erhob sich von einem Stuhl, zog ein Blatt aus der Schreibmaschine und legte es zu einem Stapel bedruckter Blätter auf den Schreibtisch. Er strich mit zwei Fingern über die Maschine. „Wie damals, sie funktioniert immer noch", sagte er. Dann wandte er sich um.

„Ich glaube, ich kann Ihnen helfen." Er blickte auf seine Uhr. „Haben Sie noch ein paar Minuten Geduld." Seine Stimme klang vertraut, fast persönlich.

Etwas älter als sechzig, dachte Heiner. Diese Stimme! – Nichts öffnete sich in seiner Erinnerung. „Ich verstehe nicht ganz ..."

Heiner musterte ihn sekundenlang. Er trug für sein Alter eine Hose in einem gewagten Rot, dazu ein Halstuch unter seinem weißen Hemd. Sein kurz geschnittenes dunkles Haar hatte wenige graue Lichter. Die randlose Brille ließ ihn jünger erscheinen. Heiners Blick schweifte durch das Zimmer. Als könne etwas der Schlüssel sein, blieb er an einigen Fotos hängen, die auf dem Schreibtisch lagen, neben Briefen, ein paar Büchern, verstreuten Papieren und handgeschriebenen Zettel. Auf einer Ecke lag ein kleines Notizbuch und daneben ein dünnes Briefpaket.

„Kommen Sie ruhig näher, schauen Sie alles in Ruhe an! Vielleicht verstehen Sie dann besser." Seine Stimme klang ruhig, aber aufmerksam. Er hatte eine Hand in seiner Hosentasche versenkt und schaute über den Schreibtisch hinweg durch ein halb geöffnetes Fenster auf die Felskuppe, als könne er seinem Gast nicht alle Aufmerksamkeit schenken.

„Die beiden Frauen waren noch ...", er hielt kurz inne, „sind noch auf der anderen Seite. Mit ihrer neuen italienischen Bekannten. Dort drüben, nicht wahr! Ich habe es von hier oben gesehen."

Heiner nickte schnell. „Verzeihen Sie, wir ..., ich warte schon einige Zeit, aber die beiden müssen gleich kommen. Und Gregor ..." Heiner bemerkte, wie ihn die Ruhe des Unbekannten verwirrte. „Die Yacht wartet ... wir sind die letzten."

„Ich weiß. Sie müssten gleich den Weg herunter kommen. Einige Minuten müssen Sie warten." –

„Das hier werden Sie kennen", sagte er dann und zeigte auf ein Schwarzweiß-Foto, das gerahmt auf dem Schreibtisch lag. Aus einem brodelnden Meer zogen Fischer mit langen Haken blutende Fischleiber auf ein Boot. Am unteren Rand des Bildrahmens war gerade noch ein Wort sichtbar. *Mattanza.*

Eher widerwillig nahm Heiner das Bild in seine Hand: „Es hing vor ein paar Tagen in einem Antiquitätenladen in Enna." Die Stimme! Er versuchte seine Unruhe zu verbergen.

„Ich habe es gekauft", sagte er. „Und das kennen Sie sicher auch." Aus den verstreuten Fotos zog er eines hervor und reichte es ihm.

Ein kurzer Blick genügte. „Signor de Mauro, auf dem Boot. Der Panamahut." Heiner blickte ihn ratlos an. „Wieso ...?"

Sein Gegenüber nickte nur. „*Mattanza. Tonnara di Bognalia 1972.*" Er las die Inschrift auf dem Foto in einem Tonfall, als kenne er all dies aus intimer Vertrautheit. „Mattanza! Die Familie benutzte es als Code. Verstehen Sie?"

Heiner gab keine Antwort.

„Die Stiftungsfamilie." Er zog das Wort in die Länge. „Sie werden es noch verstehen. Sie haben das Foto wohl in Cefalù gesehen. Ich habe mir eine Kopie besorgt." Er nahm ihm Foto und Bild aus der Hand und zeigte auf die Schwarzweiß-Abbildung eines alten Gemäldes, das mit Stecknadeln über dem Schreibtisch befestigt war.

„Ein Tornioli, Niccoló Tornioli, 16. Jahrhundert", sagte er, „*Madonna mit Kind und Engel.* Sie werden es nicht kennen. Es hing in der italienischen Botschaft im alten Berlin, 1945, mit zwei weiteren seiner Gemälde. In den letzten Tagen des Krieges verlor sich ihre Spur. Sie blieben verschollen. Bis nach 35 Jahren Gerüchte auftauchten."

Als er die Schwarzweiß-Abbildung von der Wand herunternahm, fiel etwas zu Boden. Es musste sich von der Rückseite gelöst haben. Heiner bückte sich nach dem kleinen, grauen Papier. Die Kanten war abgeschrägt und auf feinen Linien standen handgeschriebene Kürzel und Ziffern.

Der verlorene Inventarzettel, fuhr es durch seinen Kopf. Er merkte, wie eine feine Welle in seinem Körper hoch kroch. „Woher …?", fragte Heiner.

„Ach!", sagte er. „Ich habe es schon vermisst." Er drehte die Abbildung um. „Wie es dort hingekommen ist? – Ich habe den Zettel von einem Antiquitätenhändler in Enna. Er klebte auf der Rückseite eines Tonreliefs, das er ergänzen sollte. Er war sein Restaurator." Er zeigte mit dem Finger nach unten, durch die Decke. „Ich wollte wissen, ob es ein Original war."

„… ein Original?" Heiners kämpfte gegen den Taumel in seiner Stimme.

„Hatten Sie nicht auch ein solches Relief?" Er blickte ihn an, als kenne er bereits jeden seiner Gedanken.

„Woher wissen Sie?"

„Das Tonrelief war nicht eingeplant. Ich bin mir bis jetzt nicht sicher, wer oder was dahinter steckte, für wen es bestimmt war. Vielleicht war es nur ein Zufall. Wir mussten abwarten, ob es etwas bedeutete."

„Wir …?"

„Geduld ist nicht ihre Stärke. Sie werden noch warten müssen."

Heiner hörte nicht, was er sagte. Er sah, wie der Unbekannte, um Platz zu finden für die Fotos und den Inventarzettel, auf dem Schreibtisch etwas zur Seite schob. Einen zerknitterten Briefumschlag, eine abgegriffene Visitenkarte. Irgendetwas zwang ihn, beides in die Hand zu nehmen. *Per il tedesco biondo*, der Briefumschlag war leer, und die Visitenkarte war von Gregor.

„Ereigniskarten ...", sagte Heiner mechanisch. Er starrte ihn entgeistert an. „Woher haben Sie...?"

„Mit Visitenkarten ging ihr Freund etwas freigiebig um. Ich habe sie von einem Taxifahrer."

„Am Vesuv!" Heiner redete mehr mit sich selbst.

Er nickte kurz. „Bis Catania. Leider war er der Diener zweier Herren. Wir haben es zu spät bemerkt. Syrakus war etwas schwieriger. Und auf dem Weg nach Pachino hatten wir etwas Mühe. Der Brief in der Pension hat uns einige Kopfschmerzen gemacht. Er hatte die sizilianische Krankheit. Es fehlte der Absender und die Telefonnummer war nicht registriert. Auf dem Weg nach Noto sind Sie uns entwischt. Es kostete Mühe, Sie wieder zu finden. Aber Sie wissen ja." Er lachte leise.

„Sie sind uns immer ... gefolgt!" Heiner schaute ihn ungläubig an und in einer abgelegenen Kammer seines Gedächtnisses öffnete sich langsam der Spalt einer Tür.

„Sagen wir ... begleitet."

Die drei Wörter wehten an ihm vorbei, denn aus dem Türspalt drängte sich eine kleine Flut von Personen, Orten und Ereignissen, zwischen denen seine Gedanken unkontrolliert hin und her sprangen, bis ihm alles wieder entglitt.

„Vor allem mussten wir Sie in Enna mit ihrem italienischen Gastgeber zusammenbringen."

„De Mauro ...", Heiner blieb an diesen Namen hängen.

„... und der Habicht. So haben Sie ihn genannt!" Er kicherte. „Er hat uns Sorgen gemacht. Wir wussten nicht, ob auch er zwei Herren diente." Er lächelte nachsichtig.

Heiner blickte suchend umher, als könne irgendetwas das Gesagte erklären. „Nichts! Nicht ein einziger Zufall?", murmelte er. „Die wissen schon, wo Sie sind. Die wissen immer alles."

„Eigentlich war es nur ein Versuch. Ein Experiment."

„Ich verstehe nicht. Ein Experiment?" – Heiners Stimme wurde etwas schrill. „Wozu?"

„Sie werden ihm da unten ein unwiderstehliches Angebot gemacht haben. Und wer Mitglied ihrer Stiftungsfamilie werde, der sei wie in einer Familie immer gut aufgehoben. Sagte das nicht jemand? Das war ein merkwürdiges Versprechen!"

„Woher wissen Sie …?"

Der Unbekannte zog die Augen zusammen und blickte durch das offene Fenster. „Bis jetzt, ja – bis jetzt hatte alles funktioniert."

„Hatte …?" Heiner blickte ihn fragend an. „Ich verstehe nicht ganz." Er war entschlossen, das verrückte Spiel mitzuspielen, um herauszufinden, was …

„Vielleicht hätte ich es verhindern können", unterbrach er Heiners Gedanken. „Ich war gerade draußen in der Loggia."

Er wandte sich vom Fenster weg, schaute auf seine Uhr und trat in die Flügeltür, die nach draußen führte. „Ich glaube, sie müssten jetzt bei der Yacht angekommen sein." Erneut schaute er auf seine Uhr. „16.44 Uhr." Er winkte ihn heran, strich sich dann mehrmals mit der Hand über sein Haar. „Sehen Sie!"

Heiner zwängte sich an ihm vorbei auf die Loggia. Sofie und Annette gingen lachend den Steg entlang, bis zum Ende. Unschlüssig warteten sie vor der Yacht, winkten dann wie zum Abschied ihrer italienischen Bekannten zu, die im Schatten der beiden Schirmpinien zurück geblieben war. Sofie blickte auf die Sommervilla, Heiner hob seinen Arm, um auf sich aufmerksam zu machen. Er wollte schon rufen …

„Sie werden sie nicht hören und sie können uns nicht sehen", sagte er kühl.

„Warum?" Er wusste, dass seine Frage überflüssig war.

„Ich wundere mich. Ich dachte, Sie hätten es längst begriffen."

„Was?"

„Dass Sie aus Ihrer Geschichte ausgestiegen sind. Sie sind ein Meister der Kopfgeburten und sie kramen doch ständig in ihrem Unbewussten herum. Haben Sie es denn nicht gesehen?" Mit einer einladenden Geste wies er ins Zimmer.

248

Langsam ging Heiner zurück durch die offene Flügeltür. Sein Blick wanderte langsam durch den Raum, zur Tür, über den Schreibtisch, vorbei an einem alten Schrank, die hellen Wände entlang, als suche er nach einer Antwort, – bis er an einem Kalenderblatt hängen blieb. Es war ein Glanzbild der Sommervilla aus früheren Zeiten und auf dem unteren Rand stand in Zierschrift *Museo Villa Siciliana.* Das Kalenderblatt schien leicht gewellt, aus dicker Pappe, und das Datum und der Tag waren aufgesteckt mit kleinen Kärtchen, die man täglich wechselte. Erst, als er sich umdrehte, wurde ihm das Datum bewusst. *12. April 2004.*

„Vor Jahren hat der Staat die Villa, wie man offiziell sagt, übernommen. Aus gewissen Gründen", hörte er ihn sagen. „Es ist heute ein Museum für sizilianische Malerei. Villa Siciliana. Ein Name mit besonderer Geschichte, wie Sie wissen. Und es hat immer noch diese Gästewohnung."

Alles ein Irrtum. Nur eine verrückte Geschichte. „Welchen Tag haben wir heute?", fragte Heiner ungläubig.

„12. April 2004", sagte er, „Ostermontag, das wissen Sie doch. Es ist auf den Tag 22 Jahre her."

Er bildet sich alles nur ein, dachte er. Das verrückte Spiel eines Alten, eines verrückten Alten, der sich in einem Gespinst von Einbildungen verfangen hat. Wahnvorstellungen. Das Datum stammt von ihm. Vergebens suchte er in seinem Gesicht, suchte ein untrügliches Zeichen, einen Wimpernschlag, ein Zucken, das alles verriete.

„Ich habe Ihre Geschichte angehalten, weil ich Sie und mich über bestimmte Dinge nicht im Ungewissen lassen wollte." Seine Stimme klang freundlich, aber bestimmt.

„Ich habe Ihre Reise unterbrochen. Vorübergehend sozusagen. Noch für ein, zwei Minuten. Wenn Sie einverstanden sind?" Für einen langen Augenblick sagte er nichts, als warte er auf eine Antwort.

„Sie können die Loggia, Sie können mein Zimmer jederzeit verlassen – zurückkehren in Ihre Geschichte."

Heiner schwieg. Es war merkwürdig still. Als sei die Welt draußen und um ihn herum abgeschaltet. Er bewegte sich nicht.

„Ich wusste, Sie würden bleiben. Weil auch Sie darauf warten."

„Worauf?" Es war Abwehr. Ein hilfloser Versuch der Abwehr.

„Sie wissen es schon. Wir wissen es beide. Sie wissen es so gut wie ich."

Er machte zwei Schritte zum Schreibtisch und nahm das Blatt, das neben dem Stapel bedruckter Papierblätter lag. „Diese Seite fehlte noch. Ich habe erst heute verstanden, warum es geschah. Ich werde sie unter *Ostermontag, 12. April 1982* einordnen. *15.41 Uhr, kurz bevor.* Fast eine sprechende Überschrift. Finden Sie nicht?" –

Auffordernd hielt er ihm das Blatt entgegen. Einen Moment lang schien es, als schwebe es in der Luft, dann legte er es wieder zurück. „Sie werden es lesen. Später."

Er zog die Manschette seines Ärmels zurück und warf einen Blick auf seine Uhr. „Gleich", sagte er. „Sie hatten doch diese verdammte Ahnung. Sie wollten ihm doch noch etwas Wichtiges sagen."

Ungläubig starrte Heiner auf sein Gegenüber. – Er suchte nach einer Regung, die ihm alles verriet.

„Wer sind Sie?"

„Sie haben mich schon kennen gelernt."

Heiner schüttelte wie zur Abwehr seinen Kopf. – „Ich erinnere mich nicht."

Er lächelte mit schmalen Lippen. „Man könnte sagen, ich bin Ihr Schöpfer."

Ein Anflug von Paranoia. – Eine undeutliche, ferne Ahnung stieg in ihm auf und verflüchtigte sich wieder. Diese Stimme …

„Sie glauben mir nicht? Sagen wir einfach, ich bin Ihr Erzähler." Er legte seine Hand auf den Papierstapel. „Das ist das Manuskript. Ich musste es aufschreiben, alles aufschreiben. Wir haben Fehler gemacht."

Heiner blickte ihn ratlos an.

„Sie sind verblüfft? – „Ich sagte doch, ich habe Sie begleitet, von Beginn an."

„Wie ein Schatten ..."

„Ich habe Sie am Anfang unterschätzt. Schon in Taormina und vorher. Sie haben eine überscharfe Wahrnehmungsfähigkeit. Einen ausgeprägten Instinkt für Verbindungen zum Unterirdischen." Er lachte heiser.

Heiner war dem Klang dieser Stimme gefolgt und den Orten, wo er diese Stimme gehört. In Enna, aus dem Hinterzimmer des Geschäftes, am späten Abend bei der Begegnung mit den Kapuzenmasken und dann in ...! Er wartete auf diesen Lichtblitz. – Und plötzlich nahm diese Stimme eine Gestalt an.

„Sie sind ..."

Verwirrt brach er ab, weil sich an der Stirnseite des Zimmers eine Seitentür geöffnet hatte. Herein trat eine elegant gekleidete Frau, vielleicht etwas jünger als sein Gegenüber. Sie hielt einen geöffneten Bildband in der Hand und ging geradewegs hinüber zum Schreibtisch.

„Rodolfo, was hältst Du davon? Ich habe etwas entdeckt." Ihr italienischer Akzent betonte den letzten Buchstaben eines jeden Wortes.

„Von Torniolis verschwundenem Bild gibt es wohl zwei Versionen. Auf dem ursprünglichen gibt es noch keine dunkle Gestalt." Sie trug ein eng anliegendes schwarzes Kleid mit hellen Tupfen und tief angesetzten Ärmeln. Es schwang nach unten etwas weiter aus, um die Mitte eine locker geknotete, schmale rote Schärpe. Erst, als sie von ihrem Bildband aufsah, erblickte sie Heiner in der Flügeltür.

„Ach", sagte sie mit gespieltem Vorwurf in der Stimme, „ich wusste nicht, dass dein Besuch schon da ist. Verzeih! Du hättest es mir doch sagen sollen." –

„Entschuldigen Sie!" Sie streifte Heiner mit einem kurzen Lächeln und wandte sich zu der Tür, woher sie gekommen war. „Wir können ja später darüber sprechen." Die Seitentür schloss sich fast lautlos und beide schwiegen.

„Ich glaube, ich lasse Sie jetzt allein", sagte er nach kurzer Zeit.

Heiner schloss die Augen, als könne er damit die Gespenster vertreiben und die Namen. Als er die Augen wieder öffnete, stand er noch vor der Tür, hinter der sie verschwunden war.

„Sie … ist es, nicht wahr!" Heiner erwartete keine Antwort.

Er nickte. Er schwieg einige Sekunden, als denke er über etwas nach.

„Und jetzt?", fragte Heiner. „Wie geht es weiter?

„Was noch geschieht? – Es endet in Palermo."

„Palermo?" Das Wort löste eine leichte Unruhe bei ihm aus. „Was meinen Sie damit?"

„Sie können es auf den letzten Seiten lesen." Er zeigte auf den Papierstapel, der auf dem Schreibtisch lag. „Aber Sie werden es ja erleben." Er blickte auf die Uhr. Dann schloss er hinter sich die Tür.

Die beiden Flügeltüren zur Loggia standen weit offen. Es musste ein plötzlicher Windstoß gewesen sein. Heiner wusste nicht, wie lange er schon vor dem Schreibtisch stand. Ein warmer Wind strich durch die Flügeltür und erst jetzt bemerkte er, dass er ein Blatt in der linken Hand hielt und in der rechten noch einen dünnen Packen, und der Boden war bedeckt mit durcheinander gewirbelten, bedruckten Paperblättern. Er ließ das eine Blatt fallen, als sei es mit giftigem Pulver bestreut. Erst ungläubig, dann gebannt las er die Sätze auf dem nächsten Blatt, es dann ebenso fallen ließ und nach dem nächsten suchte.

Die letzten Seiten! Wo waren die letzten Seiten? Er suchte nach dem Fortgang der Geschichte, nach dem Fortgang seiner Geschichte. Wahllos griff er nach zwei Blättern, die vor seinen Füßen lagen, blickte nur auf die Überschrift, Samstag, 4. April 1982. „Der Anfang, was will ich mit dem Anfang?", sagte er laut. „Der Anfang ist immer schon das Ende." Er sagte es ohne jede Bedeutung.

In einem plötzlichen Entschluss verließ er das Zimmer. Er lief die Treppe hinunter, durchquerte das Eingangsportal, hinaus, als sei er auf der Flucht, als flüchtete er vor dem, was sich in ihm sammelte und anschwoll, bis es zu platzen droht.

… Heiner Richter war erstaunt, als er sich unten an der Villa wieder fand. Erstaunt, wie jemand, der unvermittelt aus einem hypnotischen Zustand erwacht und sich fragt, wo er gewesen war. Und hatte er nicht gelesen, dass man in diesem Zustand die seltsamsten Begegnungen hatte, manch einer sogar tief unten auf dem Boden des Meeres und manch einer in den Zimmern eines labyrinthischen Palastes?

Vor der Freitreppe hielt er inne und drehte sich zurück zur alten Villa. Auf der untersten Treppenstufe lag seine Uhr. Das Armband musste sich wieder gelöst haben. Verwirrt schüttelte er den Kopf und hob sie auf. Er schüttelte sie hin und her, um zu prüfen, ob sie stehen geblieben war. 16.47 Uhr. Der Zeit war nicht mehr zu trauen.

Der Wind war stärker geworden. Heiner schaute hinaus über die Yacht. Niemand wartete am Steg. Der größte Teil des Himmels sah aus wie Safranreis. Ein angeschmutztes, fahles Gelb. Nur weit über dem Meer bildete der Himmel noch einen tiefen blauen Raum, den in diesem Augenblick ein zweites Flugzeug durchquerte. Ohne jeden Laut.

Dann geschah es. Es geschah genau in diesem Moment. Es klang wie ein Schuss. Ein heller, trockener Knall. Er fuhr herum, blickte auf die Villa, auf die offene Terrassentür … dann hörte er es noch einmal und noch einmal und noch einmal … wie Schüsse … und zwei, drei Augenblicke später, noch einmal, als sei etwas aus dem Takt geraten.

Dann war es still. Unendlich still. Wie die knisternde Stille nach einer Sprengung. Bevor die fallende Mauer die Erde erreicht. Nur, nur der erwartete dumpfe Schlag blieb aus …

Bis ein kurzer, harter Doppelschlag sein Ohr erreichte.

18.37 Uhr

Vorsichtig klappte er die Klinge auf, bis sie in ihre Halterung einschnappte. Er nahm den weißen Briefumschlag, den er gerade erhalten hatte, schlitzte ihn behutsam auf und legte das geöffnete Messer neben den Gehstock auf den Tisch.

Mit spitzen Fingern zog er ein gefaltetes Papier heraus. Leicht entzifferte er die ungelenke, gehetzte Handschrift.

„Mattanza. Die Treibjagd hat begonnen."

Achtlos legte er das beschriebene Papier zur Seite und saß minutenlang, mit eingefrorenem Lächeln, wie eine Statue ...

Er stülpte die Lippen nach vorne und murmelte etwas vor sich hin. „Mattanza!", murmelte er. Dann zündete er ein Streichholz an und legte das brennende Papier in einen Aschenbecher.

Dienstag, 13. April 1982

Sofie verbarg ihre Augen hinter ihrer Sonnenbrille.

Er sprach langsam und betont. Man bedauere sehr. Seine Polizeikappe wechselte von der rechten in die linke Hand, während der Baron Wort für Wort übersetzte. Die Kommissarin, die die Untersuchung leite, würde Ihnen gerne ein paar Fragen stellen. Sie sei sicher, Sie könnten zur Aufklärung beitragen. Und sicher dauere es nicht lange. Und Palermo sei so weit nicht. Ein zweiter Polizist warte vor dem Eingang der Villa Belvedere.

Die Polizeistation war in einem flachen, gesichtslosen Gebäude untergebracht. Von einem schmalen Flur gingen mehrere Zimmer ab. Wie in Taormina, dachte Heiner. Am äußersten Ende des Flures klopfte der junge Polizist, der sie begleitete, an eine Tür, und als sie in das karg möblierte Zimmer traten, blieben sie überrascht stehen.

Überrascht war das falsche Wort. Sofie war verblüfft, ja, verwirrt. Sie sagte nichts. Und wenn Heiner überrascht war, dann verbarg er es gut. Nur seine Blicke wanderten hin und her. Er war sich unsicher und suchte in den Augen der beiden, die ihm gegenüber standen, nach einer Antwort.

Sie, ganz in elegantem Schwarz gekleidet, stand hinter einem schmalen Tisch, auf dem eine dünne Mappe lag, und er stand etwas abseits am Fenster.

„Ich glaube, wir müssen uns entschuldigen, dass wir Ihnen etwas Wichtiges verschwiegen haben", sagte sie. „Aber manchmal gehört es zu unserem Beruf. Mein Name ist Lucia …", sie lächelte etwas verlegen, „aber mein ganzer Name ist Anna Lucia Bellini. Ich bin Kommissarin einer besonderen Abteilung bei den Carabinieri in Syrakus."

Während Heiner noch dachte, was er sagen sollte, wiederholte Sofie etwas tonlos den Namen. „Commissaria Bellini!"

Dann sagte auch er: „Commissaria Bellini!" Sekundenlang rätselte er, wo er das Kärtchen mit ihrer Telefonnummer gelassen hatte.

„Und Rodolfo…, Rolf", korrigierte sie sich, „ist hier im Auftrag des Bundeskriminalamtes."

„Mein Name ist Rolf Bode", sagte er. „Sicher ist das alles etwas viel, nach dem gestrigen Tage."

„Der Kongress in Syrakus …", murmelte Heiner. Wieder wanderten seine Gedanken zurück.

Niemand sagte etwas.

„Vielleicht ist es besser, wenn wir uns setzen", durchbrach sie das Schweigen. "Und bitte entschuldigen Sie diesen Raum." Einladend wies sie auf zwei Stühle.

„Das mit Ihrem Freund tut uns sehr leid. Wir warten noch auf weitere Informationen. Bitte verstehen Sie!"

Sofie schaute hinaus aus dem Fenster und Lucia Bellini wartete, bis ihr Blick wieder zurückkehrte.

Ihre Aufgabe seien verdeckte Ermittlungen, sagte sie dann, und manchmal führten sie in die Höhle des Löwen. Sie seien zuständig für Kunstfälschungen und geraubte Kulturgüter. Natürlich untersuchten sie die gestrigen Geschehnisse, auch weil sie wohl damit in Zusammenhang stehen.

„Sicher wissen Sie es noch nicht", sagte sie und ihr Blick tastete ihre Gesichter ab „Ihr Freund wurde zweimal getroffen."

Behutsam gab er eine erste Erklärung. „Dass Ihr Freund noch einmal zurückkam, wird ihn überrascht haben?"

Heiner sah ihn fragend an. „De Mauro?"

Erst schüttelte er den Kopf, dann nickte er. „Den Täter!", sagte er. „Und natürlich auch ihren italienischen Gastgeber. Fünf Schüsse. Er war wohl sofort tot."

Blitzartig leuchtete Sofies Erinnerung auf und ganz kurz sah Sofie seine feingliedrigen Finger, die Finger eines Klavierspielers.

„Hat Ihr Freund Ihnen gesagt, warum er in die Villa zurück wollte?", fragte Lucia Bellini.

Heiner wiegte seinen Kopf. „Er wollte noch einmal mit de Mauro sprechen. Ich glaube, er wollte wissen, ob der Brief, den er vor einer Woche in Pachino erhielt, von ihm stammte. Auf seiner Visitenkarte stand Amadeo S. ..."

„Ein Brief?", unterbrach er.

„Der Brief war nur mit S. unterschrieben. Er versprach ihm ein gutes Geschäft. Es war kurios. Gregor hat von Ragusa aus mit der angegebenen Nummer telefoniert. Wir haben es nicht ernst genommen."

„Und wo ist der Brief jetzt?" Lucia Bellini öffnete eine dünne Mappe, die vor ihr auf dem Tisch lag ...

Sofies Blicke verschwanden erneut durch das Fenster. Sie hatte kein Gefühl für die Zeit, die inzwischen vergangen war. Sicher war es mehr als eine Stunde her, dass sie in diesem Zimmer saßen. Lucia Bellini hatte auf jede Förmlichkeit verzichtet und ihre Rücksicht tat ihnen wohl.

Der Raum war stickig und das Fenster zu klein. Durch eine Häuserlücke blickte sie auf ein schmales Stück Meer. Wie abwesend strich sich Sofie mit beiden Händen über ihre Arme. Das Gespräch geisterte noch durch ihren Kopf. Der Brief in Pachino. De Mauro. Die alten Bilder. Von welchen Bildern er gesprochen habe? Ob er von einem Bild gesprochen habe, auf das er noch warte? Ob er Berlin erwähnt habe oder die alte italienische Botschaft am Tiergarten ...?

Die meisten Fragen hatte Heiner beantwortet. – Eigentlich hatte sie mit Annette nur das eine Bild betrachtet und dann das Relief. Die Polizeistation in Taormina kam ihr wieder in den Sinn, dann das Hotel in Enna. Zum ersten Male war sie froh, dass das Tonrelief verschwunden war.

„Ich glaube, wir müssen jetzt ein wenig das Geheimnis um seine Sommervilla lüften", sagte Lucia. Obwohl sie etwas Neues ankündigte, klang es wie ein Schlusssatz.

„Heute Morgen haben wir einige Bilder beschlagnahmt. Wir nehmen an, dass es Fälschungen sind. Zwei Bilder von Niccoló Tornioli sind darunter. *Kain und Abel* und das Bild, das sie *Carita Siciliana* nannten." Sie zeigte auf Fotos, die auf dem Tisch lagen. „Er handelte mit Kopien und Raubkunst. Seine Stiftung war eine Tarnung für dunkle Geschäfte."

Sofie schaute sie groß an, schüttelte dann ein-, zweimal den Kopf, als wolle und könne sie nicht alles glauben.

Heiner sagte nichts. Das Wort Originalkopie kam ihm in den Sinn. Vor seinem inneren Auge erschien das Bild mit der barbusigen Schönen, mit ihrem sybillinischen Lächeln und dem düsteren Männerkopf.

„Können wir das Fenster etwas öffnen?", sagte Sofie.

„Es tut mir leid", sagte Lucia. „Leider lässt es sich nicht öffnen. Die Vorschriften!" – Sie blickte auf die Wanduhr. „Meine Kollegen müssten längst zurück sein. Ich hoffe, wir müssen nicht mehr lange warten."

„Ist dahinter die Hafenbucht von Palermo?"

„Ja!", sagte sie. „Der Fischerhafen ist links von hier. – Sie fuhr sich langsam mit zwei Fingern über die Stirn, als beschäftigte sie etwas. Dann schob sie die Fotos zusammen und legte ihre Hände darauf, als sei die Befragung abgeschlossen.

Sofie blickte auf die dezent lackierten Fingernägel in patiniertem Rot. Ihre Gedanken schweiften wieder weg.

„Auf Sizilien dauert alles etwas länger", sagte Rolf und erhob sich. „Das habe ich schon gelernt. – Soll ich noch einen Caffé …?"

Sofie reagierte nicht.

Heiner winkte dankend ab, dann begann er unvermittelt, als müsse er etwas loswerden.

„Gregor war nach dem Gespräch mit de Mauro verändert. Er sagte mir, de Mauro hätte wichtige Finanzdetails seines Unternehmens gekannt. Er wüsste von seiner Stiftung. Gregor wollte eine Stiftung gründen …" Sein Blick wanderte zwischen beiden hin und her. „Woher wusste de Mauro davon? Wussten die wirklich alles? Die …! Verstehen Sie?"

„Ich verstehe!" Langsam stand Lucia auf, öffnete die Tür, steckte ihren Kopf durch die Tür, schloss sie wieder und blieb nach einigen Schritten am Fenster stehen.

„Ich glaube, wir müssen da noch eine Sache auflösen."

Rolf nickte ihr auffordernd zu.

Sie holte tief Luft. „Wir haben ihn schon lange beobachtet. Aber wir kamen nicht an ihn heran. Wir wussten, dass er die Sommervilla nutzte, um neue Partner zu gewinnen – für die Projekte der Stiftung. Nannte er das nicht so?"

Rolf legte ein kleines Notizbuch auf den Tisch. „Man hat ihm vor Monaten einige Informationen zugespielt. Über einen wohlhabenden Unternehmer, über seine Absicht, mit sehr viel Kapital eine Stiftung zu gründen, für Kunst und Philosophie. Die Stiftung haben wir etwas geschönt. Über eine Reise nach Sizilien …" Er brach ab und ließ die Sätze lange wirken.

„… Gregor war ein Köder?" Sofie schüttelte ungläubig ihren Kopf.

„Und wir die kleinen Fische, die um ihn herum schwammen." Heiner schien nicht überrascht. Es klang eher, als habe er alles bereits geahnt, ja gewusst.

Rolf erhob sich betont langsam von seinem Stuhl und sprach dann genauso betont und langsam nur drei Worte:

„Er war einverstanden …!"

Für einen Augenblick war Stille.

„Wer …?" Heiner streifte sein Gesicht.

„Ihr Freund …!"

„Sie haben es mit ihm abgesprochen …?" Sein Satz zerbrach in einzelne Wörter.

„Nein. Dafür gibt es, sagen wir, besondere Personen. Die tauchen in ihrem Leben auf und verschwinden wieder. Ihr Freund durfte uns so wenig kennen, wie Sie. Das war wichtig, weil sonst das Spiel, nennen wir es einmal so, gefährdet wäre. Man darf die Karten erst am Schluss aufdecken."

„Es war kein Spiel!", sagte Sofie, die bisher geschwiegen hatte. „Für keinen."

„Alles war nur ein Versuch. Wir hatten eine Absicherung. Ihr Freund sollte im Zweifelsfall eine bestimmte Person in seinem Unternehmen anrufen. Eine sizilianische Telefonnummer war zu auffällig, falls sich doch jemand für seine Anrufe interessierte." Rolf hielt kurz inne. – „Diese bestimmte Person war sein Geschäftsführer. Er war eingeweiht und sollte dann mit meiner Abteilung Kontakt aufnehmen …"

„Gregor hat mehrmals versucht ihn zu erreichen", fuhr Heiner dazwischen, „doch er bekam keinen Kontakt zu ihm, er sei krank. Ich dachte, da war etwas mit seiner Bank …"

Rolf nickte. „Ja, wir wissen!"

„Wir haben Fehler gemacht!", sagte Lucia. „Wir glaubten, wenn wir ..."

Ein junger Polizist, der hinter ihnen eingetreten war, machte ihr ein Zeichen.

„Signora Commissaria."

Sie nickte und verließ den Raum.

„Er bringt wohl Nachrichten ...", sagte Rolf in die aufkeimende Stille.

Nach einer halben Minute, die ihnen wie eine Ewigkeit vorkam, kehrte sie wieder zurück und hielt einen kleinen Zettel in ihrer Hand.

„Ich glaube", sagte Lucia und ein kurzes Lächeln huschte über ihr Gesicht, „das Spiel wird nicht so böse enden, wie es aussah. Ihr Freund ist aus dem Koma erwacht. Er ist stabil."

Für einen Moment sagte niemand etwas.

„Wir können ihn besuchen?", fragte Sofie. Sie schien wie befreit.

„Heute noch?" Heiner berührte Sofies Arm.

„Ein Besuch ist in den nächsten Tagen leider nicht möglich. Man wird ihn noch einmal in ein Koma versetzen. Es wird wohl zwei, drei Wochen dauern, bis er nach Deutschland zurückkehren kann. Ihre Freundin weiß schon Bescheid und er und sie sind bei uns in bester Obhut. Sagt man nicht so?" Und mit dem Ton eines ausdrücklichen Versprechens sagte sie: „Von uns ist immer jemand in ihrer Nähe." –

Noch einmal überflog sie den Zettel in ihrer Hand.

„Es gibt wohl ein Problem, von dem die Ärzte nicht wissen, wie es sich entwickelt. Er erinnert sich an nichts. Er erinnert sich nicht an die Sommervilla und nicht an die Schüsse. Ihr Freund kann sich an nichts erinnern, was am gestrigen Tag und zuvor passierte. Er weiß nur, dass Sie in Catania gelandet sind. Das letzte, woran er sich erinnert, sind zwei alte Bilder im Dom von Taormina. Und mehr nicht ..."

Die letzten drei Wörter erschufen einen bedrohlich leeren Raum, der sie alle zum Schweigen brachte. Lucia blickte auf den kleinen Zettel, dann ging sie hinüber zum Tisch und legte ihn mit den Fotos in die Mappe.

„Die Altar-Bilder der heiligen Lucia und Agatha", sagte Heiner in die Stille. „Dabei hatte er für das Heilige nichts übrig." – „Ich glaube", sagte er dann, „man nennt das partielle Amnesie. Es sind die Folgen eines schweren Traumas."

Sofie schaute ihn fragend an. „Partielle Amnesie?"

„Das ist, wie wenn man seinen Kopf verliert", sagte Heiner etwas gedankenverloren, „für eine kürzere oder längere Zeit."

Sie standen auf und wandten sich zur Tür.

„Ich lasse Sie nach Cefalù zurückbringen", sagte Lucia. „Ach, eine Frage habe ich vorhin noch vergessen." Sie blickte zu Heiner hinüber. „Haben Sie sonst noch jemanden in der Sommervilla gesehen? Ich meine, außer den Bediensteten und Signor Aidello?"

Eine lange Sekunde dachte Heiner nach. – Dann schüttelte er den Kopf. Gespenster sind niemand, dachte er.

„Und dieser Signore Aidello, ich habe bis jetzt nicht verstanden, welche Rolle er eigentlich spielt."

„Es kursieren Gerüchte. Die einen sagen so, die anderen so. Aber man weiß nichts Genaues." Sie nahm die Mappe und schob sie unter ihren Arm.

„Wir werden natürlich dafür sorgen, dass Sie bald einen Rückflug bekommen", sagte sie fast beiläufig, - „wenn Sie einverstanden sind."

Heiner konnte ihren schwebenden Tonfall nicht deuten. Er streifte sie mit einem kurzen Blick. –

Mittwoch, 14. April 1982

Heiner schaute hoch. Auf der Anzeigetafel ratterten die Buchstaben. Doch die Namen der Orte flogen an ihm vorbei.

Fünf Schüsse.

Der Mörder hatte ihn tanzen lassen.

Heiner betrachtete erneut das Bild des toten de Mauro auf der Vorderseite der italienischen Zeitung. Das blaue Sakko war zurückgeschlagen. Von dem Buchstabenmonogramm war nichts zu sehen. Auf dem weißen Hemd breiteten sich zwei Blutflecken aus. Fünf Schüsse. Den letzten in den Kopf. Der Kopf war nicht zu sehen. Zum Glück. Er war nach hinten weggeknickt. Von Gregor war nichts zu sehen.

Sie saßen in der Abflughalle von Palermo und warteten. Rolf und ein Polizist hatten sie zum Flughafen begleitet. Man habe für alles gesorgt, hatte Rolf gesagt. Heiner hatte nicht fragen wollen, was er damit meinte.

Sofie hatte ihre dunkle Sonnenbrille aufgesetzt und ordnete ihre Gedanken. Annette hatte sie gedrängt. Sie sollten den nächsten Flug nehmen. Sie selbst würde noch bleiben. Lucia Bellini hatte ihr ein Hotel in Palermo vermittelt, in der Nähe der Klinik. Sie würden sich selbstverständlich um sie kümmern, hatte sie gesagt. Lucia Bellini hatte dabei wieder diesen schwebenden Tonfall. Als wolle sie etwas sagen, was sie nicht sagen wollte.

Auch Annette hatten sie befragt, behutsam und eher indirekt. Annette hatte den Brief in Pachino erwähnt. Vorsichtig hatten sie nachgefragt. Sobald sie ihn gefunden habe, wolle sie ihn aushändigen.

Heiner blickte auf die große Uhr an der Wand der Flughafenhalle. 17.18 Uhr. Sie hatten noch etwas Zeit. Er verfolgte die wechselnden Buchstaben auf der Anzeigetafel, die immer wieder neue Namen bildeten, Orte und Städte versprachen, die auftauchten und wieder verschwanden, und irgendwo auf der Tafel dann doch wieder einen anderen Platz fanden. Er machte die Augen zu, sah wieder den Toten, das Bild in der Zeitung, sah die Bucht, diesen unwirklich schönen Ort, das Eingangsportal der Sommervilla, er hörte diese hellen, trockenen Schüsse. – Heiner presste die Augen zusammen, um die Bilder zu verscheuchen.

Die Polizei hatte schneller entschieden, als gedacht. Er hatte sich schon gefragt, warum. Noch am Morgen hatte alles anders ausgesehen. In Sizilien gehe die Zeit langsamer, hatte der Baron gesagt, und bei der Polizei, da hinke die Zeit.

Kurz vor Mittag waren noch einmal zwei Carabinieri ins Hotel gekommen. Er hatte mit Sofie am Brunnen auf der Gartenterrasse gewartet. Darauf, dass man sie hinein riefe. Nichts dergleichen geschah. Sofie hatte dem Fratzengesicht des Wasserspeiers den Rücken zugekehrt. Der Marmorkopf mit den blinden Augen sei ihr unheimlich. Nur wenige Minuten später sahen sie, wie die beiden Polizisten wieder in ihr Auto stiegen. Gespannt hatten sie gewartet, bis der Baron zu ihnen auf die Terrasse trat …

„Ich habe eine schöne Nachricht für Sie. Sie können heute noch von Palermo aus fliegen. Man hat das Flugzeug schon gebucht. Und die Polizei hat keine Fragen mehr." Der Baron hatte sich die Hände gerieben und seine Miene und seine Stimme waren aufgehellt. „Ich glaube, das Interesse unserer Polizei an diesem Mord ist eher gering."

Sofie schaute ihn fragend an.

„Gnädige Frau", sagte er, und seine höfliche Übertreibung diente mehr der Beruhigung. „Unsere Polizei geht davon aus, dass es sich", er senkte seine Stimme, „um einen Fememord innerhalb einer Familie handelt, einer besonderen Familie, wenn Sie mich verstehen. Sie glauben", er senkte seiner Stimme zu einem verschwörerischen Flüsterton, „es habe etwas mit der Mafia zu tun."

„Mafia?", fragte Heiner, er tat überrascht. Er blickte aufmerksam den abfahrenden Polizisten hinterher.

„Die Polizei sagt, der Mörder hat ihm zuerst in die Füße geschossen." Sie schauten ihn verständnislos an.

„Die sterben müssen …, die sterben müssen", wiederholte er, „die müssen tanzen. Das werden Sie gewiss nicht verstehen. Das hat gewissermaßen etwas mit einer, sagen wir, blutigen Tradition in Sizilien zu tun. Ein Zeichen gewissermaßen. Wenn bei der Thunfischjagd die großen Fische in die Enge getrieben werden, wissen sie, dass sie sterben müssen. Dann tanzen sie im flachen Wasser wie Verrückte – um ihr Leben. Die Fischer nennen es Mattanza. Die Prosa des Todes. Eine blutige Prosa."

Sofie schwieg und Heiner schaute immer noch dorthin, wo das Auto der Polizisten längst verschwunden war.

„Über Ihren Freund schreibt die Zeitung nur wenig. Sie schreiben, dass ein unbeteiligter Gast durch zwei Schüsse lebensbedrohlich verletzt wurde. Er habe keine Erinnerung und er liege im Koma. Ein Glück für ihn, dass er sich an nichts erinnert. Glauben Sie mir, die Seele heilt sich von selbst. Und in Sizilien ist es manchmal gut, wenn man sich an nichts erinnert." Er nickte bestätigend mit dem Kopf. –

„Ja", sagte Heiner, „das ist, wie wenn man Gespenster sieht. Am besten macht man für eine gewisse Zeit die Augen zu und sagt kein Wort. Dann verschwinden sie meistens von selbst."

Der Baron wackelte verwundert mit dem Kopf.

„Man glaubt", fuhr er fort, „dass über etwas Wichtiges verhandelt wurde. Die Polizei hat nichts gefunden, nur einen Füllfederhalter mit vergoldeter Kappe. Sie wollen ihn auf Fingerabdrücke untersuchen. So etwas benutzen wir in Sizilien nur für besondere Verträge, wenn Sie mich verstehen. Die arbeiten meistens mit einem Köder, und wenn sie angebissen haben, dann – verstehen Sie, was ich meine? Ein Lockmittel für den Mörder und für das Opfer."

Nein, so ganz verstanden sie ihn nicht. So ganz wollten sie ihn auch nicht verstehen.

„Eine vertrackte Geschichte!", sagte Heiner, nur um etwas zu sagen.

„Aber irgendwie muss der Täter in die Villa gekommen sein", wunderte sich Sofie.

„Und irgendwie wieder weg." Heiner schien zu überlegen.

„Ein englischer Gast hat gesehen, wie hinter der Villa ein Wagen weggefahren ist. So steht es in unserer Zeitung, die Sie ja leider nicht lesen können."

„Man sagte uns, die Straße sei seit zwei Tagen gesperrt." Heiner versuchte sich zu erinnern. Hatte er nicht doch die Umrisse eines Autos gesehen?

„Ach, wissen Sie", der Baron lächelte weise, „in Sizilien wird heute eine Straße gesperrt und morgen ist sie wieder frei, und wer sie gesperrt hat und warum sie morgen wieder frei und übermorgen wieder gesperrt ist, weiß keiner." Er lächelte sein sybillinisches Lächeln.

„Und niemand hat etwas gesehen?" Sofies Stimme verriet eine gewisse Hilflosigkeit.

„Ach, der italienische Bedienstete, der in der Villa war, schweigt", der Baron schüttelte beredt den Kopf, „er habe niemanden und nichts gesehen und nichts gehört."

Der Baron verbeugte sich leicht und wollte sich schon umdrehen. „Ach, beinahe hätte ich vergessen, es Ihnen zu sagen. Die Polizei schließt übrigens einen Zusammenhang mit dem Toten von Nicolosi, Sie wissen, was ich meine, nicht mehr aus. Und noch etwas. Der Tote heißt nicht, wie Sie angenommen haben, de Mauro. In der Zeitung steht, er heiße Miseno, Amadeo Salvatore Miseno. In der Tasche seines Sakkos fand man eine leere Patronenhülse. Wahrscheinlich ein Talisman."

„Salvatore?", sagte Heiner. „Nicht Sylvestro?"

Erneut machte der Baron eine leichte Verbeugung und schaute dann auf den Himmel. „Der Scirocco hat sich aufgelöst und man weiß nicht, warum." Sein Gesicht zeigte ein geheimes Einverständnis. „Sizilien ist ein schönes Land. Ich bedaure doch sehr, dass Sie Ihren Aufenthalt abbrechen müssen."

… „Was hat der Herr Baron noch am Schluss gesagt?"

Heiner machte abrupt die Augen auf und blickte auf die ratternde Anzeigetafel.

„Sizilien sei ein schönes Land", antwortete er langsam und mechanisch, „und er bedauere sehr, dass wir unseren Aufenthalt abbrechen müssten."

„Nein", sagte Sofie, „ich meine, das mit dem falschen Namen. Da war doch etwas mit der Pension in Pachino."

„Ja, Miseno", sagte Heiner, „er hieß in Wirklichkeit Amadeo Salvatore Miseno."

Hier hängt alles unentwirrbar mit allem zusammen, dachte er. Nichts ist das, was es ist, und nicht einmal das, was es zu sein vorgibt. Und wenn etwas auftaucht, ist es wieder verschwunden. Vielleicht ist diese Welt nur eine Buchstabenmaschine. Nichts ist falsch und nichts ist wahr. Er erschrak, als er entdeckte, dass dies alles eine unheimliche Faszination auf ihn ausstrahlte. Vergeblich suchte er in den flatternden Buchstaben auf der Anzeigetafel eine Ordnung zu entdecken. Er suchte nach ihrem Flug und fand ihn nicht.

Es fiel ihm ein, dass er Sofie noch immer nicht die ganze Wahrheit gesagt hatte. Er würde es morgen versuchen oder übermorgen.

„Warum hat Gregor bei dieser Geschichte mitgemacht?", hörte er Sofie fragen.

„Ich glaube, er liebte das Abenteuer, das Risiko. Vielleicht war es seine ganz persönliche Mutprobe."

„Aber er fürchtete doch die …" Sofie sprach das Wort nicht aus. „Dann die Geschichte mit dem Zeitungsfoto …"

„Manche Vergiftungen bekämpft man am besten mit einem Gegengift."

Sofie nahm ihre Sonnenbrille ab. Zum ersten Male seit zwei Tagen huschte ein kurzes Lächeln über ihr Gesicht. „Vielleicht wollte er ein bisschen Held spielen."

„Helden sind immer ein bisschen lebensmüde."

Eine melodiöse Frauenstimme aus dem Lautsprecher unterbrach ihr Gespräch. Erst Italienisch, dann Englisch, dann Deutsch.

„Erste Aufforderung für die Passagiere der All Italia mit der Flugnummer 3482 über Rom nach Düsseldorf. Bitte begeben Sie sich zum Flugsteig 14."

„Das sind wir", sagte Heiner. Jetzt entdeckte er ihren Flug auf der Anzeigetafel.

Er stand auf und schaute durch die hohen Fensterflächen. Ein Flugzeug startete steil in den Himmel, der aber nicht irgendein Himmel war, sondern ein unfassbar tiefer blauer Himmelsraum. Den er bereits vor zwei Tagen gesehen hatte. Über dem Meer. Und den er sich am liebsten in die Tasche gesteckt hätte.

Wieso können sich Flugzeuge in der Luft halten? Warum fallen sie nicht vom Himmel? Er fühlte ein unangenehmes Kribbeln in der Magengegend. Flugzeuge fliegen nicht, hatte Gregor gesagt, sie werden vom Himmel angesogen. Welche geheimen Kräfte da am Werke waren, er hatte es nicht verstanden. Einen langen Moment lang befiel ihn die völlige Unsicherheit, ob alles, was geschehen war, auch wirklich geschehen war. Ein leichter Schwindel erfasste ihn. Und wer hatte ihm zuletzt gesagt, er habe eine überscharfe Wahrnehmungsfähigkeit ...?

Heiners Blicke verschwanden im blauen Nirgendwo. „Die tiefe Bläue des Himmels täuscht ..."

„Woher die Poesie?", sagte Sofie.

Man müsste die ganze Geschichte aufschreiben", sagte er plötzlich, „für Gregor! Ich habe gelesen, dass Geschichten heilen können. – Ob seine Geschichte mit der Stiftung echt war ...?"

Die weiche Frauenstimme aus dem Lautsprecher meldete sich wieder und schreckte sie auf.

„Frau Sofia Krapp und Herr Heiner Richter aus der Bundesrepublik Deutschland, bitte kommen Sie zur Information. Frau Sofia Krapp und Herr Heiner Richter, bitte kommen Sie zur Information."

Sie schauten sich überrascht an. „Nur keine unangenehmen Nachrichten!", sagte Heiner.

Sofie erhob sich sofort. „Wir haben nicht mehr viel Zeit." Sie griff nach ihrer Tasche und eilte davon.

Sie fanden die Information weitab in der Ankunftshalle. Am Schalter war niemand zu sehen. „Gerade jetzt", entfuhr es Heiner und drehte sich suchend nach allen Richtungen.

„Signora Krapp!", sagte eine Stimme, „Signor Richter! Ich habe Sie noch rechtzeitig getroffen."

Hinter ihnen stand der Besitzer der Villa Belvedere.

„Signore Barone?", Heiner war sichtlich überrascht.

„Signora Krapp", sagte der Baron, „eigentlich bin ich für Sie gekommen." Sein feines Lächeln überdeckte die kleine sprachliche Ungeschicklichkeit. „Ich habe etwas für Sie." Er holte hinter seinem Rücken ein schmales Paket hervor. „Es ist an Sie adressiert. Sehen Sie:

Signora Sofia Krapp

Hotel Villa Belvedere

43, Via dei Mulini

90015 Cefalù

„Sind Sie sicher?", sagte Sofie ungläubig.

„Vielleicht ist es eine Verwechslung", sagte Heiner

Er schüttelte den Kopf. „Ihr Name, mein Hotel, Anschrift, alles stimmt! Es ist nur wenig später angekommen, nachdem Sie das Hotel verlassen haben. Was hätte ich machen sollen? Sicher ist es etwas Wichtiges. Ich hatte keine Adresse von Ihnen. Nun bin ich hier und ich freue mich, dass ich es Ihnen noch geben kann." Er lächelte erleichtert.

Vorsichtig nahm Sofie das Paket in ihre Hände.

„Leider hat es keinen Absender. Aber Sie werden es schon wissen. Sehen Sie! Es kommt aus Palermo. Es ist am letzten Samstag aufgegeben worden. Per Express! Sehen Sie den Poststempel. Und heute schon da. Vier Tage! Über Ostern! Das ist ein Rekord." Er lachte, dann blickte er auf die Uhr in der Flughafenhalle.

„Ich sehe, Sie müssen sich beeilen. – Ich wünsche Ihnen einen guten Flug! Und wenn Sie alles vergessen haben, kehren Sie wieder zurück." Er verbeugte sich leicht und ging gemächlich dem Ausgang entgegen.

„Du kannst reisen, wohin du willst", sagte Sofie und blickte auf das Paket in ihren Händen, „am Ende kommst du bei dir selber an."

Sie hatten vergessen, sich zu bedanken. Etwas abseits fanden sie freie Sitze. Es dauerte ein wenig, bis sich der Knoten lösen ließ. Vorsichtig entfernte Sofie den oberen Deckel, drückte mit ihren Händen dünnes Papier zur Seite und blickte dann etwas starr in das offene Paket.

„Das Tonrelief!", sagte sie verwirrt.

„Die Jungfrau und der kopflose Hannes", sagte Heiner. „Hannes finde ich besser als Hades. Und auf dem Thron ist sie auch keine Jungfrau mehr."

Nachdenklich betrachtete er das Relief – und suchte nach Antworten. Wieso war es wieder aufgetaucht und wie kam es von Enna nach Palermo? Und wer kannte in Palermo ihre Namen und die Adresse ihres Hotels?

Heiner suchte nach einem Brief, nach ein paar Zeilen, einen Hinweis. Nichts. Plötzlich fingerte er in dem zerdrückten Papier und zog einen zerknitterten Zettel hervor. „Der fehlende Inventarzettel!", sagte er verblüfft. „Der war doch weg! Ich verstehe das nicht."

Sofie fuhr vorsichtig mit ihren Fingerkuppen über das Relief der weiblichen Figur. „War das nicht so? Für die schönste Zeit des Jahres durfte sie auf die Erde zurückkehren. Ich finde sechs Monate sind ein bisschen wenig. Neun Monate sollten es schon sein."

Sie blickte Heiner prüfend von der Seite an. „Jetzt weiß ich wenigstens, wie der Kopf des Mannes ausgesehen hat."

„Ich versteh dich nicht ganz!", sagte Heiner.

„Weißt du, was Annette gesagt hat? – Man muss viele Frösche küssen, um einen Prinzen zu finden."

„Ich dachte, du findest Frösche ekelhaft", sagte Heiner.

Plötzlich war Sofie ganz dicht an seinem Kopf. Sie überlegte einen langen Moment. – Dann flüsterte sie ihm etwas ins Ohr.

Heiner schaute sie groß an. Er schien lange zu überlegen. „Ich hole uns noch schnell zwei Whisky", sagte er lächelnd. Er zögerte plötzlich, als hätte eine unsichtbare Stimme ihm noch etwas zugeflüstert. „Oh nein", sagte er, „nur für mich!"

Epilog

Vor einigen Wochen, ich war gerade mit den letzten Seiten des Manuskripts beschäftigt, sah ich H. R., wie eine leibhaftige Erinnerung an damals, im Garten der sizilianischen Sommervilla. Er war allein, sonst niemand.

Er hatte sich zunächst im Schatten der beiden Schirmpinien aufgehalten, die in der Nähe der alten Museumsvilla stehen. Zögernd, ja zaudernd, wie jemand, der sich fürchtet, vermintes Gelände zu betreten, wandte er sich in Richtung Eingang. Ich beobachtete ihn oben von der Loggia der Gästewohnung, die sich im ersten Stock der Museumsvilla befindet. Zuerst erkannte ich ihn nicht, er trug keine Baskenmütze, keine Jeans, auch nicht das beige Cordjackett des Intellektuellen, das er während der sizilianischen Reise getragen hatte, jetzt nur eine ockerfarbene Leinenhose und ein weißes Hemd. Und gegen die Sonne einen weißen Panamahut mit schwarzem Band. Der schwülwarme Wind aus der Sahara kündigte den ersten Scirocco an und obwohl es April war, hatte die Sonne an diesem Tag kein Erbarmen.

Es war wieder ein 12. April und es war wieder ein Ostermontag, wie damals – auf den Tag genau, 22 Jahre danach. Ostermontag, den 12. April 2004. Ich erinnerte mich an das Kalenderblatt in dem anonymen Briefpaket und an das angekreuzte Datum. Eine seltene kalendarische Wiederholung und noch seltsamer, dass ich ihm hier begegnete, am gleichen Tag, am gleichen Ort, wo alles geschah. Hatte sich erneut der Zufall mit dem Notwendigen, ja Unausweichlichen vermählt?

Ich wusste sofort, dass nur er mir das anonyme Briefpaket geschickt haben konnte. Aber was hatte ihn hierher gebracht? Er war nicht der Täter, der zwanghaft den Ort des Geschehens aufsucht.

Natürlich würde ich ihn danach fragen. Ich war sicher, dass er den Haupteingang nehmen würde. Nach einigen Minuten klopfte es an meiner Tür. Ich sagte: „Treten Sie ruhig ein." Und wie im Scherz fügte ich hinzu: „Ich habe bereits auf Sie gewartet." Niemand trat ein. Als ich die Tür öffnete, war niemand zu sehen, auch nicht im Treppenhaus der Villa, auch im Garten war niemand.

Ich frage mich seitdem, ob alles vielleicht nur pure Einbildung war.